조선대학교 재난인문학연구사업단
재난인문학 번역총서 04

공해원론 3

* 이 책은 2019년 대한민국 교육부와 한국연구재단의 지원을 받아 수행된 것임
(NRF-2019S1A6A3A01059888)

…대학교 재난인문학 번역총서 04

공해원론 3

公害原論

조선대학교 재난인문학연구사업단 기획

우이 준(宇井純) 지음 / 김경인·임미선 옮김

역락

발간사

조선대학교 인문학연구원이 〈동아시아 재난의 기억, 서사, 치유-
재난인문학의 정립〉이라는 연구 아젠다로 교육부와 한국연구재단이
지원하는 인문한국플러스(HK+) 사업에 첫발을 내디딘 지 어느덧 3년째
가 되었다. 그동안 우리는 아젠다를 심화하기 위한 방안으로 학술세미
나와 공동연구회(클러스터), 포럼, 초청 특강, 국내·국제학술대회 등 다
양한 학술행사를 개최하는 한편, 지역사회와 연계한 지역인문학센터를
설치하여 '재난인문학 강좌'와 'HK+인문학 강좌'를 다채롭게 기획, 운
영해 왔다.

이제 지난 3년간의 성과물 가운데 하나로 재난인문학 관련 번역
총서를 간행하는 작업도 빼놓을 수 없는 과제가 되었다. 우이 준의 『공
해원론 3』은 이와 같은 취지에서 기획된 네 번째 '재난인문학 번역총
서'이다.

흔히 일본 근대문명이 싹을 틔웠다고 보는 1860년대 후반부터
2011년 도쿄전력 후쿠시마 원전 사고에 이르기까지, 일본은 3세기를
가로질러 굴곡진 '공해의 역사'를 가진 나라다. 흔히 일본을 '공해대국'
이라 부르는 것도 바로 이러한 이유에서다. 『공해원론』은 이와 같이 길
면서도 골이 깊은 일본 공해의 역사를 한눈에 알 수 있도록 해 주는 책
이다. 단순히 공해의 과학적·통계적 자료에 그치는 것이 아니라, 무엇

보다 피해자 입장에서 공해 사건과 문제해결 및 보상과 재발 방지 책임은 물론 미래지향적인 공해 반대 운동론까지 제시하고 있다는 점에서 매우 중요한 의미를 지닌다고 할 수 있다.

『공해원론』의 또 한 가지 특징은 일본의 전공투(全共鬪) 직후인 1970~71년에, 일본의 근현대 지식의 산실이라 할 수 있는 도쿄대학, 그러나 당시 누군가는 '국가권력의 하수인으로 타락한 학문적 세뇌의 장'이라고 혹평했던 바로 그곳에서 공개강좌로 열린 강의내용을 고스란히 수록한 총 3권으로 구성된 대서사시라고 할 수 있다는 점이다.

당시 도쿄대학의 조교였던 우이 준과 공개강좌에 참여했던 시민 및 학생들은 일본에서 큰 위기를 맞고 있던 공해 문제의 진실과 책임규명 방법을 함께 찾아가자는 취지하에 총 13회에 걸쳐 '공해원론'이라는 강의를 진행하였다. 시민과 학생 그리고 그들로 구성된 실행위원회가 한마음이 되어 일궈낸 『공해원론』에는, 50여 년이 지난 현재에도 이를 읽는 독자에게 현장감 넘치는 감동으로 전해지는 우이 준의 열띤 강의 음성이 담겨있다. 그리고 이는 '변화'의 단계를 넘어 '위기'에까지 치닫고 있는 기후와 환경문제에 직면한 현대의 인류에게 그 어느 때보다 강력하게 요구되는 교훈과 운동의 목소리가 아닐 수 없다.

이와 같이 다양한 의미를 지닌 『공해원론 3』을 본 사업단의 네 번째 번역총서로 간행할 수 있게 된 것은 동아시아가 공동으로, 또는 각국이 경험해 온 특수한 재난의 기억과 역사를 새롭게 조명하려는 목적에 부합하는 것이라는 점에서 그 의의가 결코 작지 않다고 할 것이다. 더욱이 이 번역서는 그 분량 면에서 세 권을 합하여 총 920쪽이나 되는 엄청난 작업의 결과물이라는 점에서도 의의가 있다. 어려운 번역 작업에 참여하여 팬데믹 못지않은 고통과 힘겨운 노동의 시간을 견뎌냈을 두 분 선생님의 노고에 깊은 감사의 뜻을 전한다.

조선대학교 재난인문학연구사업단장 강희숙

『공해원론』을 옮기며

2011년 3월 11일의 동일본대지진과 도쿄전력 후쿠시마 원전사고가 발생한 이후, 일본의 다방면의 전문가들이 아시오구리광산 광독사건과 짓소미나마타병 사건의 시절로 거슬러 올라가며 '결국 반복되고만' 역사적 재난재해 사건들을 소환하기 시작했다. 그 와중에 거론되던 고전 중의 하나가 우이 준의 『공해원론』이었다.

『공해원론』은 저자 우이 준이 1970년 10월 12일부터 1971년 3월 18일에 걸쳐 자주공개강좌 형식으로 매주 실시한 강의 내용을 그대로 수록한 강의록이다. 책 제목에서 알 수 있듯이 공해(公害)에 대한 내용이다. 다만 그 깊이와 넓이는 원론에 그치고 있는 책이 결코 아니다. 일본이 근대문명을 부리나케 좇기 시작했던 19세기 말 무렵부터 일본 곳곳에서 발생한 공해사건의 원인과 결과, 그에 대한 공해반대 및 보상운동, 그로 인해 빚어진 갈등과 대책 마련 과정 등에 이르는 일본 공해의 전체적인 역사를 망라하고 있다. 그뿐만 아니라 공해 문제에 대한 우이 준의 끈질긴 추궁과 '운동'적 노력은 유럽을 비롯한 세계의 공해 문제로까지 뻗어나가, 그 면면이 이 책에 고스란히 기록되어 있다.

1권은 1880년대 이후의 아시오구리광산 광독사건과, 1950년대 들어 처참한 정체를 드러낸 짓소미나마타병 사건에서의 공해 문제 자체와 인물, 운동까지를 아우르고 있다. 2권은 근대 이후부터 전후에 이르기까지 일본에서 발생한 광산, 제지와 철강 등의 산업개발로 인한 물과 공기의 오염, 그로 인해 발생한 이타이이타이병 등의 폐해, 그를 둘러싸고 기업과 정부, 어용학자들을 상대로 끊임없는 투쟁을 벌여온 주민들의 공해반대 운동의 역사를 미래지향적인 방향 제시와 함께 역설하고 있다.

독자의 혼란을 피하기 위해 한 가지 미리 언급해 둘 사항은 2권에서 7회와 8회, 11회 등 세 개의 강좌가 빠져 있는데, 이는 우이 준의 유럽 출장에 대한 내용의 강좌가 3권에 편성되었기 때문이다. 따라서 3권은 FAO 로마 해양오염회의의 보고를 필두로 유럽의 해양과 공기 오염의 실태를 조사자료 등을 활용해 강의한다. 게다가 각국의 중대한 공해 사건과 그에 대한 전문가와 주민들 중심으로 전개되어 온 오염대책 활동 등을 실질적 자료를 곁들여 집약해 보고하고, 이를 통해 향후 지향해야 할 공해반대 운동의 방향성이 함께 제시되고 있다. 참고로, 이 세 권의 『공해원론』은 1988년, 『공해원론 합본』이라는 타이틀로 한 권으로 엮이어 다시 태어났다.

우이 준의 『공해원론』이, 공해 대국이라고 일컬어지는 일본에서 공해와 환경문제를 논할 때 빼놓을 수 없는 고전으로 손꼽히는 데에는 여러 이유가 있을 것이다. 학문적인 우수함과 방대하고 정확한 자료성 때문이기도 할 것이고, 환경운동 면에서의 선구적인 파급력 때문이기도 할 것이다. 그리고 무엇보다 '자주공개강좌'라는, 기존의 틀을 깨고 이뤄지는 진실성 있는 소통 때문이라고 감히 단언할 수 있다. 아마도 이러한 이유로, 2006년의 합본에 추천사를 쓴 작가 야나기타 쿠니오(柳田邦男)는 "세월을 초월하는 보편성이 있는 사상(事象)의 본질을 간파하는 '감성'과 '사고력'과 '사고의 틀'이 내포되어 있기 때문이다."라고 말했는지도 모르겠다.

『공해원론』은 공해 문제를 등한시하는 기업과 정부에 대한 통렬한 비판과 함께, 일본 공해의 역사가 각 시대의 다양한 에피소드와 함께 마치 눈 앞에 펼쳐지듯이 50여 년의 시간을 넘어 생생하게 전해진다. 그리하여 50여 년 전 개최되었던 우이 준의 공개강좌에, 2021년의 역자들은 청중 가운데 일부로 참여하여 그날그날의 강의에 귀를 기울이면서 해결되지 않는 공해의 현실에 걱정하고 피해 주민들의 처참한 삶에 가슴 아파했다. 아마도 진실성 있는 소통과 "세월을 초월하는 보편성 있는 사상의 본질을 간파하는" 우이 준과 『공해원론』에 내재한 힘 때문이었다고 할 것이다.

기후 위기 등 전 지구적인 환경문제에 직면하고 있는 현실과 싸워나가야 하는 독자들에게, 일본의 행동하는 과학자이자 기술자였던 우이 준의 50년 전 공개강좌에 참여할 수 있는 수강권을 이 책과 함께 부친다.

옮긴이 김경인·임미선

『공해원론 3권』은 내가 직접 현지에 나가 조사한 것, 연구자들에게 들어온 외국의 공해현상을 중심으로 편집하였다. 처음에는 외국의 상황에 관해서는 더 간단히 정리할 예정이었다. 예정보다 복잡해질 수밖에 없었던 데에는 두 가지 사정이 있다.

하나는, 늘 그렇듯이 공해문제에서도 외국을 추종할 줄밖에 모르는 일본 지식인의 비참함을 최근 일 년 동안 고스란히 목격하였기 때문이다. 1970년 닉슨 대통령이 '공해방지, 공해해결책' 운운하는 연두교서를 발표한 이래, 환경문제는 국제적인 관심사로 떠올랐고, 너도나도 공해에 관해 논하는 것이 하나의 유행처럼 된 면도 있다. 게다가 그 내용은 "미국에서는……" "유럽에서는……"이라고, 마치 자신만이 대책의 수입 총대리점이라도 되는 듯한, 하지만 지금까지의 지식수입과 전혀 다를 바 없는 방식에 지나지 않는다. 경제학자 시바타 토쿠에(柴田徳衞, 1924-2018)가 '~에서는 의 부적'이라고 조롱하던 상황이 공해에서도 그대로 재현되고 있다. 하지만 닉슨의 교서는 그 자체가, 궁지에 몰린 베트남전쟁에 대한 국민의 불만을 딴 데로 돌리려는 정치적 목적을 위한 것이었음은 공공연한 비밀이고 미국의 공해 또한 결코 어제오늘 시작된 문제가 아니다. 그 정도 상황마저 전제하지 않고 무시한 '~에서는 의 부적'들의 현실 인식이 결여된 논의가 통용되고 있는 풍조에는 동조

할 수 없음을 분명히 하고 싶었다. 그리고 최근 일 년, 일본의 공해로 인한 실질적인 피해자를 시야에서 완전히 거둬낸 듯한 공론(空論)의 횡행이, 한층 더 피해자를 곤경으로 몰아세우고 있다는 사실을 명심해야 한다.

또 한 가지는 PCB의 오염이 국제적으로 확산되고 북태평양의 먼 바다까지 기름오염이 심각해지는 등, 우리를 둘러싼 환경이 급속도로 독극물 지옥이 돼가고 있는 현실이, 1970년 12월에 개최된 FAO(유엔식량농업기구) 로마회의에서 명백해졌다는 사실이다. 일본정부의 용서키 어려운 태만과 과학자들의 무관심으로, 이 회의의 내용은 일본에 충분히 전달되지 않고 있는 실정이다. 이 때문에 해양오염에 관해서는 오히려 문외한인 내가, 그 내용을 소개하기 위해 상당한 시간과 에너지를 쏟아붓게 된 것이다. 하지만 국제학회의 최신성과가 공개강좌에서 소개되고 또 그 안에서 소화되는 것도, 공개강좌의 새로운 측면으로 의의가 있을 것이다. 필요한 사실을 민중의 손에 어떻게 전달할 것인가는 이 강좌의 목적 중 하나이기도 하다.

이런 사정으로 인해 외국의 사례 소개의 비중이 커진 만큼, 향후 다뤄야 할 운동론과 조직론에 관한 부분이 시간적 제약으로 단축되었지만, 원래 공해반대운동은 제로에서 출발한 데다 운동론과 조직론은 목하 형성단계에 있다. 내가 보고 듣고 참가한 운동에서 도출한 것이 이 정도 내용밖에 안 된다는 비참함을 누구보다 통감하지만, 그보다 더 비참한 것은 자칭 운동의 프로라는 사람들, 특히 정치가들이 이 정도의 문제의식조차 없고 사회과학자라는 사람들도 극히 소수의 예외를 제외하고는, 현실에 직면하려고도 하지 않는다는 사실이다. 일본의 정치와 과학의 부패가 이 정도인가 싶은 절망감을 느낀다.

나에게 절망감을 주는 또 하나의 실례는, 이번 공개강좌와 동시에 진행 중이던 니가타미나마타병 재판에서의 피고 쇼와전공의 대응이다.

　　재판에서는 전문분야별로 분류된 시스템적 조직에 의해 수년에 걸쳐 이뤄진, 실제로 발생한 공해를 부정하기 위한 증거수집의 결과가 공표되었다. 그 결과 자체도 하나하나 개별적으로 보면 일단 앞뒤가 맞아 보이지만, 그래도 상호 모순되는 기묘한 것들이 있다. 어쨌든 이 작업에 종사했던 기술자와 과학자들이 경영자가 요구한 명령에 맹목적으로 복종한 정황과, 그들 개개인이 맡은 일에 대해 그 어떤 의문도 반성도 갖지 않는 조사 방법이 내 등골을 오싹하게 했다. 미나마타병 자체도 조사하지 않고 환자를 만나본 적도 없는 사람이, 주어진 범위에만 목적을 한정해서 조사하면, 공장폐수의 독극물은 물고기 체내에 축적되지 않는다는 실험 결과로 한층 힘을 얻은 ―있지도 않은 농약의 유출을 기반으로 한― 농약설 따위를 쇼와전공의 경영자는 철석같이 믿는 것이다. 조직에 속한 개개인의 노력이 이렇게까지 비인간적인 결과를 낳는 사례는 공해에서는 무수히 많은 예가 있다. 하지만 그것이 이 정도까지 공해를 무시하는 결과로 이어진다면, 현대의 시스템적인 관리 사회의 전형인 쇼와전공을 비롯한 사기업들로부터 무한정으로 공해가 유출될 것은 불을 보듯 뻔하고, 소수 기술자의 노력으로는 이를 도저히 어떻게 해볼 수 없다. 앞으로도 대책기술 발전으로 공해를 억제할 수 있다는 등의 달콤한 환상을 우리가 갖는다면, 그 결과를 스스로 뒤집어쓰고 격화된 공해로 스스로를 고통스럽게 하는 자승자박의 결과는 피할 수 없을 것이다.

　　안타깝게도 대학의 공리공론 속에서 시스템화된 전문분야에 몰

13

두하고 있는 학자들은 결코 공해의 현장을 찾을 리 없다. 그리고 다른 전문분야의 진보에 기대어 자기 분야의 틀 안에서만 공해를 논하고, 그것으로 생활의 양식을 구하는 행복한 상태가 앞으로도 지속될 것이다. 그러는 사이 피해자는 늘어만 가고, 과학의 진보에 버림받아 하루하루 고통은 극심해져 갈 것이다.

상황이 이럴진대 이제 새삼 논의할 것이 뭐가 있겠는가. 이 『공해원론』을 통해 밝혀졌듯이, 지금까지 공해를 이만큼이나마 저지해온 것은 주민운동뿐이었다. 주민운동에 대해서도 제3자는 있을 수 없다. 운동에 참여해서 직접 두 발로 뛰는 것 말고는 이제 방법이 없다. 솔직히 나도 미나마타에서, 니가타에서, 후지에서, 우스키에서 주민운동을 하고 있을 때만은 도쿄에 있으면서 느끼는 끝없는 절망감에서 해방될 수 있었다.

공해에 관한 논의는 앞으로 더 활발해질 것이다. 그것은 기승전결의 4단계를 거치며 인과관계가 중화되는 것처럼, 진짜 문제점을 흐리게 하기 위해서 짐짓 떠들썩하게 하는 측면도 분명히 있다. 아무래도 상관없는 이야기를 의식적으로 끼워 넣는 것이, 문제를 혼탁하게 하는 수단이라는 사실은 익히 알려진 바다. 그것을 피하기 위해서는, 생각을 항상 근본에 두고 피해의 존재를 직시하면서 피해자의 입장에 한 발짝 다가가는 것에서부터 출발해야 한다. 나의 현재의 운동론은 이 한 마디에 집약되어 있다.

1971년 6월 5일
우이 준

덧붙임

『공해원론』 2권에서 간사이대학 사와이(沢井) 교수의 저작에 관해 언급한 것은 잘 못되어 있었다. 저자는 사와이 교수가 아니라 내가 모르는 사람이다. 사와이 교수는 니가타 미나마타병 최종진술에서 피해자·원고 측의 변호단에게 귀중한 시사와 지원을 해주셨다. 오류에 대해서 깊이 사과드리고, 운동을 지원해 주신 것에 대해 감사의 마음을 전하고 싶다.

목 차

제13회 1971년 3월 18일

제7회

1971년 1월 11일

FAO로마 해양오염회의 보고

FAO 국제회의에서 돌아와서

그럼, 71년도 제1회 자주강좌를 시작하겠습니다. 먼저, 제가 출장을 다녀오는 동안 이번 자주강좌를 준비해준 실행위원회 여러분께 감사의 말씀 드립니다. 제가 없는 동안에도 현지조사나 강좌 준비로 고생해준 덕분에 오늘 이렇게 예정대로, 힘든 장애는 있었습니다만, 강좌를 재개하게 되었습니다. 감사합니다.

지난번 11월 30일 강좌 때 말씀드렸다시피, 12월 2일부터 22일까지 갑자기 유럽으로 출장을 가게 되었는데, 12월 4일부터 10일까지 FAO의 해양오염검출을 위한 세미나, 그리고 뒤이어 12월 9일부터 18일까지 해양오염에 관한 FAO 국제회의에 참석했습니다. 그때의 내용에 대해서, 오늘하고 25일 양일에 걸쳐 이야기할 예정입니다.

이번 출장에 관한 보고는 여러 가지 사정으로 일반에게 공개될 기회가 많지 않습니다. 저 역시 이번 공개강좌에서 오늘과 25일 이틀

동안 공개하는 것하고, 잡지 한두 곳에 간단한 보고를 하는 정도가 고작입니다. 그 외에는 현재의 제 일정으로 봐서는, 특별히 도쿄대학 연구자들을 위해 보고회를 열거나 하는 일은 있을 것 같지도 않고 해서 오늘 이 자리에서 말씀드리는 것이 가장 공식적인 보고일 겁니다.

패터슨과의 언쟁

먼저 첫인상은 절반은 기대한 대로, 절반은 기대 이상이라고 할 만큼 전 세계 어디나 오염되어 있다는 겁니다.

아무래도 북대서양을 둘러싼 선진공업국의 보고가 많았기 때문에, 이번 국제회의에서 가장 구체적으로 조사된 곳은 북대서양, 발트해, 그리고 지중해였습니다. 일본 근해를 포함한 북태평양은 거의 보고가 없었습니다.

그렇다고 오염되지 않았다는 얘기가 아닙니다. 조사해보면, 경우에 따라서는 북대서양이나 북해의 오염이 있지 않을까 하는 예상이 충분히 가능할 정도의 증거자료가 수집되어있긴 합니다. 현재 확인된 구역을 말씀드리면, 조사가 이뤄진 장소, 특히 정밀하게 조사되고 있는 순서대로 보면 아마도 발트해, 북해, 지중해, 북대서양, ─그리고 이번 학회에서는 보고가 되지 않았지만─ 흑해, 이 정도가 연구가 진행되고 있다는 점에서 제1급 구역이라고 생각합니다.

제2급 구역으로 약간의 조사가 이뤄진 장소는 태평양의 중부, 북부 그리고 북극해와 남극해. 이곳은 약간의 조사보고가 있는 정도입니다. 마지막으로 거의 손길이 닿지 않은 제3급 구역에 속한 곳은 남반구, 남대서양, 남태평양으로, 이들 바다는 거의 보고가 되지 않고 있습니다.

그런데 회의에서 발표된 보고들을 보면, 안타깝지만 오염정도가 저의 예상을 뛰어넘고 있었습니다. 그에 대해서는 앞으로 하나씩 이야기하도록 하겠습니다.

순서대로 먼저 세미나에 관한 보고부터 하겠습니다. 세미나에서는 세계에서 약 40명을 소집해서, 해양오염의 검출방법 ─어느 정도 오염되어 있는가를 어떻게 조사하는지를 검토하는─ 이런 방법으로 조사하면 무엇무엇을 알게 될 거라는 보고서를 쓰게 했습니다. 이것은 당연히 분석화학 연구자가 중심이 됩니다.

일본에서는 저하고, 공중위생원에서 방사능을 연구하는 야마가타 선생님이 초대되었습니다. 그밖에 국제기상기구(WMO), 국제해사협의기구(IMCO) 같은 국제기관에서 일본인 세 명이 대표로 참가한 것 같습니다.

요컨대 밖에 나가 활동하는 사람까지 포함하면 일본인의 참석이 꽤 많아 보이지만, 일본은 결국 야마가타 씨의 경우에도 비용을 부담하지 않았고, 저는 유네스코의 초대였기 때문에 이번 참석에 있어서 일본 정부는 돈 한 푼 내지 않았다는 기록을 세웠을 뿐입니다.

이 40명을 셋 혹은 다섯 명의 작은 그룹으로 나눠서 보고서를 쓰게 한 겁니다. 제가 맡은 것은 제3 패널의 무기화합물인데, 스웨덴 고덴브루그 대학의 딜센 주임교수, 그리고 캘리포니아공대의 납 분석으로 유명한 패터슨이라는 노교수, 또 독일에서 온 한 젊은 사람까지 이렇게 넷이서 보고서를 작성했습니다. 이 중에 패터슨 교수는 납 오염으로는 세계 최고의 권위자입니다. 30년 가까이 납 오염의 진행에 대해 경고해 오신 분으로, 도료회사에서 사용하는 안료의 납이나 최근에 문제가 된 하이옥탄에의 납 첨가, 그런 것들의 독성에 대해 끊임없이 경고하면서 격투를 벌여온 아주 완고한 영감님이십니다. 그런데 그분이 내가 영어로 뭐라고 보고서를 쓰기만 하면 "이런 건 영어도 아니다!"라느니 "너는 왜 이리 멍청하냐?" 등등 윽박지르는 통에 저로선 어찌해 볼 도리가 없었습니다. 불행히도 분석의 대가와 맞붙었으니 애당초 승산이 없었다는 것이 이번 세미나에 대한 저의 감상입니다.

이 패터슨 교수의 업적에 대해서는, 주오코론(中央公論)에서 출간하는 『자유』라는 잡지의 1970년 12월호에 소개되어 있습니다. 무로란(室蘭)공대의 무로즈미 교수가 패터슨 교수의 회사와, 이 역시 불가사의한 이야기입니다만, 의사와의 기나긴 싸움의 결과에 관해 쓴 겁니다. 어디서나 의학자는 환경오염에 대해 완전히 무지하다는 것이 패터슨 교수의 결론인데, 의사와의 사이에 상당히 격렬한 논쟁이 펼쳐졌던 모양입니다.

패터슨 교수는 분석화학 전공이라, 뭐니 뭐니 해도 미량분석이 안 되면 수은에 대해선 알 수 없다는 것이 그의 주장입니다. 사실 해수 중의 수은 농도는 대체로 소수 두 자릿수까지 표기됩니다.

0.03	스토크 (1934)
0.15	호소하라 (1960)
0.30	호소하라 (1960)
	$\mu g / \ell$ (ppb)

지금까지 해수 중의 수은농도는 이런 숫자로 보고되었습니다. 단위는 ㎍/ℓ, 미국식으로는 ppb라고 합니다. 즉 ppm의 천분의 1로 나타내면 이 정도 숫자가 됩니다.

패터슨 교수는 두 자릿수가 문제라는 논의를 펼치는데, 저는 죽었다 깨어나도 그런 숫자는 잘 몰라요. 도쿄대의 분석수준으로는 ppm도 간신히 구하는 판에, 공해라는 측면에서 보면 정밀도가 다소 나쁘더라도 누구나 알기 쉬운 결과를 원한다 이겁니다. 모니터링 방법에서도 뭔가 그런 방법을 찾는 것이 급선무라는 저의 주장과, 그런 애매한 소리는 집어치우고 해수의 농도를 직접 측정하면 된다는 패터슨 교수의 주장이 마지막까지 합의점을 못 찾고 부딪친 겁니다. 어찌어찌해서 간신히 타협안을 찾아 그것을 딜센 교수가 정리를 했는데, 완성된 보고서는 ―제가 분석화학자도 아니고 어쨌든― 제가 읽어봐도 참 부끄럽기 짝이 없는 모호한 결론이 나오고 말았습니다.

그때 우리들 논의가 그야말로 강행군이었어요. 일요일 밤 1시 반까지 패터슨 교수하고 언쟁을 벌였는데, 결국 두 사람 다 지쳐서 그만둡시다 한 겁니다. 그렇게 만들어진 보고서인데, 그때 논의 중간 중간에 패터슨 교수가 한 말이 있습니다. 미국의 납 중독이 얼마나 심각한가에 대해서입니다.

미국에서는 유아의 납 중독이 연간 대략 10만 명 단위로 증가하고 있다고 합니다. 어떻게 그런 일이 벌어지느냐 하면, 특히 빈곤한 가정에서 부모가 일하러 가느라 아이들이 방치되었을 때, 아이가 이물질을 입 안에 넣고 씹다가 삼키기도 합니다. 창틀에 매달렸다가 손에 잡히는 대로 페인트 조각 같은 것을 벗겨 입에 넣는다고 해요. 그런 행위가 만성의 납 중독을 초래하여, 결국엔 10만 명대의 어린이 중독이 발생하는 겁니다. 설상가상으로 그것은 뇌에 축적되므로, 불가역의 중독이라고 해서, 현재도 큰 문제가 되지만 장래에는 더더욱 큰 문제로 발전하게 된다는 거죠.

이것은 분석화학자인 패터슨 교수가 아무리 경고를 하고 혹은 의사가 아무리 노력해도 해결이 안 된다고 합니다. 결국 납의 사용을 멈추거나 빈곤한 가정을 없애거나, 둘 중 하나를 하지 않으면 이 문제는 해결되지 않을 거라던 말이 인상에 남습니다.

우리가 담당했던 무기화합물의 최종 보고서는, 패터슨 교수가 우리가 쓴 영어에 지나치게 불만을 토로하는 바람에 급기야 의장이 화가 나서 "재료는 다 준비돼 있으니까 당신이 쓰시오."라고 해서 결국 패터슨 교수가 쓰게 되었습니다. 그런데 이 원고가 정말 걸작입니다. "이런 공해나 오염 문제를 조사할 때 가장 큰 문제는 사기업과 군사조직이 자료를 공표하지 않는 것이다. 그다음으로 부딪히는 문제는 의사가 무기중금속의 만성중독에 대해 완전히 무지하다는 것이다." 이런 식으로 보고서를 쓴 겁니다. 그러니 전체 회의에서 이건 아무리 그래도 좀 지나치지 않느냐는 불만이 쏟아져서 결국 삭제되었습니다.

하지만 보고서를 쓴 쪽도 자신만만하고 근거도 충분하고, 몇 십 년간 쌓인 원망을 담아 쓴 것인 만큼 그리 쉽게 삭제하겠다고 동의하지 않겠죠. 그래서 우리가, 회의장에 있는 분들은 이 문제에 대해 이미 자명한 사실로 인식하고 있다, 즉 의사가 공부를 게을리 해서 잘 모른다는 사실은 누구나 알고 있는 것이니 이제 와 새삼 결론에 쓸 것까진 없지 않느냐고 설득해서, 겨우 패터슨 교수의 동의를 얻어 그 부분을 삭

제했습니다. 어쨌든 현대 의학이 만성중독의 공포를 모르는 것은 일본만의 문제는 아닌 것 같습니다.

그리고 또 하나, 패터슨 교수는 예를 들어 남극이나 그린란드의 빙하를 깎아서 최근 200년 동안의 공기 중 납의 농도를 추정했는데, 지난 10년 사이에 급격하게 납이 늘었다는 결과가 나왔습니다.

이런 착상에 의한 연구방법, 또는 로마의 거리를 걸을 때도 그 유적을 하나하나 자신의 손으로 만지면서 찾아보고 분석의 재료로 쓰려고 주머니에 넣습니다. 그래서 로마시대의 납이 어디에서 왔는지, 스페인이나 유고슬라비아나 그리스에서도 그것을 납 안에 들어 있는 동위원소를 통해서 조사하려고 합니다. 그러한 행동은 전문가의 전형적인 모습으로, 어떤 기술을 철저히 밝혀낸 후에 그것이 어떤 파급을 미칠지 신경 쓰지 않고 상당히 강한 사회적인 발언을 합니다. 즉 과학지상주의의 입장에서 한 치도 양보하지 않는 발언을 합니다. 이른바 완고형 학자로 저도 그에게서 배운 점이 상당히 많습니다.

청년의 사회 불신을 인정한 골드백

여기에서 또 하나의 전형을 소개하면, 이 세미나의 의장을 맡은 골드백이라는 해양과학자입니다. 그도 좀 특이한 타입의 과학자입니다. 캘리포니아대학 스크립스 해양연구소에 소속되어 방사선화학과 방사선 동위원소의 축적에 관한 연구를 많이 했습니다.

이 사람과 대학에 대해서 토론했는데, 둘 다 대학에 근무하고 있기 때문에 이야기하는 사이에 자연스럽게 공개강좌와 그 제도에 대한 이야기가 나왔습니다. 미국과 스웨덴에서는 현재 고등학교를 졸업하고 사회에 나와 5년이 되면 대학 입학자격이 주어지는 제도가 부분적으로 시행되고 있다고 합니다. 그리고 캘리포니아대학에서 시민을 위한 공개강좌를 기획했는데, 골드백은 '주부를 위한 생태학'이라는 강의를 담당했다고 합니다.

예를 들어 가솔린의 내폭성을 나타내는 지수를 올리기 위해 납이 들어있는 것이나 들어있지 않은 것, 세제 안에서 어느 것은 인산이 많이 들어 있고, 그것은 하수처리장에서 어떻게 처리되고, 환경생태계에 어떤 영향을 미치는가에 대해 이야기를 했더니 아주 반응이 좋았다고 합니다.

골드백의 인상이 상당히 소탈한, 이른바 미국형 학자여서 반응이 좋았을 겁니다. 어쨌든 그가 마지막에 들려준 이야기가 아주 유쾌했어요. 청강료가 한 사람당 2달러였다고 합니다. 덕택에 연구비가 터무니없이 들어왔다는(웃음소리). 그런데 우리 공개강좌는 30센트니까 이에 비하면 아주 싼 편입니다.

그런데 골드백도 미국기업에 대해서 아주 화를 내고 있었는데, 지금부터 말씀드리는 PCB라는 오염물질이 미국의 몇몇 기업에서 공업적으로 제조되고 있습니다. 그 생산량과 어떠한 용도로 얼마나 사용되는지 몬산토케미컬에 알려달라고 요구했지만 거절당했다고 합니다. 따라서 수은뿐만 아니라 여러 유독물질이 실제로 유통되는 양이나 어떤 용도로 얼마나 사용되는가를 밝혀내는 것은 일본뿐만 아니라 미국에서도 쉽지 않습니다.

그래서 골드백의 최종보고의 서두는 아주 흥미로운 부분에서 시작되었습니다. 오늘 영문으로 준비한 것을 두고 와 버렸는데, 요컨대 세미나의 최종보고의 서두는 이렇게 시작됩니다.

"현재의 환경오염에 대해서 어느 과학자는 상당히 명확한 종말론에 가까운 것을 텔레비전이나 라디오, 신문 등에서 주장하고 있다. 한편, 그런 것은 상아탑에 틀어박혀 있으면 그다지 문제가 되지 않는 것이어서 상당히 많은 과학자가 근대기술의 진보가 전부 해결해 줄 것이라는 태도를 고수하고 있는 것도 사실이다. 게다가 젊은 세대 중에는 오염문제에 대한 확실한 대책이 없는 사회조직에 대한 불신이 뿌리 깊게 자리 잡고 있다. 하지만 세계 각국에서 모인 수십 명의 전문가는 실태를 과학적으로 파악하기 위해서 어떤 방법이 있는가를 토론하여 다음과 같은 결론을 내렸다."

이것이 골드백이 기초한 최종보고서의 서두입니다. 따라서 청년의 사회 불신 중에 공해문제가 포함되어 있다는 것은 ―미국도 그렇습니다만― 이 서두에 대해 어느 나라에서도 그다지 이의가 없었던 것을 보면 아무래도 각국에 일치하는 부분이 있었던 것 같습니다.

세미나의 논의 중에서 여러 가지 측정법이 검토되었는데, 근대적으로 진보한 방법은 반드시 훌륭하고 비싼 기계를 사용해서 수치를 제시합니다.

바닷물의 탁한 정도를 측정할 때, 이른바 셋키(Secchi)의 투명도 시험이라는 직경 30센티의 하얀 접시를 바다 속에 가라앉혀서 보이지 않게 되는 깊이를 측정하는 방법이 있는데, 보고서의 원안에는 원래 원시적이고 과학적이 아니라고 쓰여 있어요. 그런데 제가 일본에서는 일반

어민이 이미 연안의 탁한 정도를 셋키의 투명도로 표현하여 작년보다 좋고 나쁘고를 판단하고 있다고 말했더니, 거기 모인 다른 과학자들에게는 그것이 상당히 놀라웠던 모양이에요.

여기에서 느낀 것은, 유럽과 미국의 과학자는 이미 몇 백 년간 시민으로부터 능력이 확립된 직업으로서의 지위를 인정받고 있습니다. 그것은 과학자가 존경받고 존중받는 토대가 되었지만 한편으로는 문제의식이 시민으로부터 동떨어지기 쉽다는 것을 의미합니다.

그래서 골드백의 '주부를 위한 생태학'에서 알 수 있는 것처럼, 다시 한 번 시민들에게 자신들이 알고 있는 것을 가능한 한 정확하게 전달해서 시민과 함께 과학을 발전시켜 가는 방법을 지금 진지하게 모색하고 있는 중입니다. 하지만 이 도쿄대학을 포함한 일본의 대학은 바야흐로 근대화하여 직능의 확립과 분리를 위해서 열심히 정상화를 추진하고 있습니다. 이것은 이제껏 구미의 대학이나 과학자가 몇 백년간 해오다가 막다른 곳에 이른 길을 이제 와서 열심히 쫓아가고 있다는 생각이 듭니다.

오히려 골드백의 시점에서 보면, 한 사람당 30센트의 수강료로 유지되는 이런 공개강좌가 제도로 완성되어 있는 캘리포니아대학의 강좌보다 훨씬 신선했다고 합니다. 일본의 대학은 항상 외국을 뒤쫓는 것 외에는 할 일이 없기 때문에 이번에도 다시 한 번 막다른 길에 이른 과학적 방법론의 뒤를 숨을 헐떡이며 쫓아가다, 이윽고 따라잡았을 때는 상대는 이미 앞서가고 있을 거라는 생각이 듭니다.

그런데 대학 밖에서는 일본에서 이미 여러 시민이 스스로 과학을 공부해서 그것을 과학자에게 들이밀면서 과학이란 어느 정도까지 제대로 된 것인가를 검증하는 작업이 진행되고 있어서 이쪽을 더 적극적으로 추진해야 한다고 생각합니다.

돈이 없어도 공해 저지를 위한 연구는 할 수 있다

둘째로 역시 세미나에서 느낀 것인데, 최근에 에콜러지라는 말을 자주 듣습니다. 사실 생태학자가 우리에게 상당히 도움이 되는 연구 방법론을 가지고 있는 것은 인정합니다. 생태학이라고 하면 만사가 해결된다는 환상을 갖게 하는 사람들이 많은 것도, 우리에게 생태학을 공부하면 만사가 잘 풀린다는 환상을 갖게 하는 사람들이 있는 것도 사실입니다. 하지만 생태학만으로는 그렇게 될 것 같지도 않습니다. 좀 더 자연을 제대로 파악하기 위해서는 우리가 공해와 관계가 없다고 생각하던 학문, 즉 개체 생리학과의 유대가 필요합니다. 이것은 나중에 참치에 대해서 언급할 때 좀 더 상세하게 말씀드리겠습니다.

그리고 현재까지 사용되는 방법에 생태학과 생리학을 조합하면 연구비가 없어도 어느 정도까지는 연구를 진행할 수 있지 않을까요? 지금 우리의 문제는 돈이 없어서 연구를 할 수 없다는 것입니다. 사실 정말 돈이 없어서 어쩔 수 없는 측면도 있어요. 예를 들어 도시공학의 학생실험 같은 것도 현재 예산을 30~40만 초과해서 회계에서 향후 신규발주는 일체 거절한다는 통지가 왔는데, 그렇게 되면 학생들이 수시로 깨트리는 비커도 보충할 수 없습니다. 이런 점에서 돈이 없으면 곤란한 문제도 있지만, 지금 우리가 돈이 없어서 연구를 할 수 없다고 하는 대부분은 아무래도 자신의 무능함을 모르는 체하고 돈이 없다는 핑계로 얼버무리고 있는 건 아닐까요?

예컨대 오염 조사를 할 때도 몇 백, 몇 천 개의 샘플을 측정하는 것만이 능사는 아닙니다. 측정할 정확한 포인트만 알면 아마 수십 개의 샘플만으로도 상당히 넓은 범위와 오랜 기간의 오염을 알 수 있을 겁니다.

이렇게 자연을 파악하는 방법을 모르기 때문에 터무니없이 샘플 수만 늘립니다. 뭐든지 많이 측정하면 좋은 연구라고 간주하죠. 많이 측정하고 싶은데 돈이 없다, 그래서 연구를 못 한다는 논법으로 우리는 게으름을 피우고 있는 건 아닐까요? 한편으로 그 연구비를 받기 위해서 여러 가지로 무책임한 작문을 합니다.

저는 작년 12월에 일본에 없었기 때문에 안타깝게도 과학연구비를 신청하지 못했는데, 이것은 순전히 작문입니다. 무엇을 연구한다고 해야 연구비가 나오는지, 예들 들어 올해의 중점테마가 공해라고 하면 뭐든지 공해로 결부시켜서 연구서를 써요. 우리 연구실에서도 공해를 전혀 연구한 적이 없는 사람이 제일 먼저 공해에 대해서 씁니다. 공해문제를 해결하기 위해서는 이런 연구가 가장 중요하니까 돈을 내놓으라는 거죠. 그런데 참 아이러니하게도 꼭 그런 사람한테 돈이 나오는 걸 보면, 참 재주도 좋아요. 작문만으로 먹고 사는 사람한테 꼭 돈이 모인단 말입니다.

정말 연구를 하고 싶은 곳에 돈이 들어오지 않는 것은 일본뿐만 아니라 미국이나 유럽도 대개 마찬가집니다. 그럼에도 훌륭한 연구를 하는 사람이 있기 때문에, 돈이 없다는 것은 핑계가 되지 않는다는 것이 제가 내린 결론입니다.

특히 과학연구비는 도쿄대학이나 교토대학 같은 옛 제국대학들이 대부분을 강탈하고 있다는 걸 알기에, 도쿄대학은 지금까지 이만큼 나쁜 짓을 해온 대학이니만큼 몇 년간은 연구비 신청을 자제하는 미덕이 필요하지 않겠느냐고, 과학연구비가 없으면 생활할 수 없는 저 같은 인간도 생각하고 있습니다. 그러니 오늘 여기에 오신 교수님과 조교수님들이 어떻게 하실지 내년 이후에 차분히 지켜볼 생각입니다.

그리고 세미나에서 한 가지 더 느낀 것은, 공개강좌에서 이미 말씀드린 것처럼 공해는 일종의 차별현상이자 차별문제라는 겁니다. 그래서 몇 ppm이라는 수치만으로 공해의 실상을 전하는 것은 불가능합니다. 소수에 불과하지만 여기저기의 과학자들이 느끼고 있습니다. 그렇다면 그 실상을 어떻게 전할 것인가? 숫자를 통해 여기까지 알게 되었는데, 앞으로는 숫자로는 알 수 없는 것들을 어떻게 전할까? 그것이 이번 세미나에서 가장 절실하게 느낀 겁니다. 아직 저도 그것을 정확하게 외국동료에게 전할 만큼의 생각이 충분하게 준비되지 않았습니다. ppm에 관해서라면 숫자를 영어로 말하면 통하지만, 그 이상의 문제가 되면 안타깝지만 우리는 외국어로 자신의 생각을 표현할 방법이 없습니다.

좀 다른 얘기지만, 우리의 다음 세대인 여러분들은 적어도 자신의 생각을 두 가지 이상의 외국어로 전할 수 있도록 공부했으면 합니다. 지금 제가 사용할 수 있는 외국어는 영어뿐입니다. 하지만 10년, 20년 후에 우리가 영어, 러시아어, 중국어 중에서 어떻게든 두 개의 언어를 구사할 수 있다면 지금 우리가 끌어안고 있는 일본만의 곤란한 문제는 훨씬 적어지지 않을까요? 마치 유럽인들이 외국어를 서너 개 구사하지 않으면 장사를 할 수 없는 것처럼, 다음 세대인 여러분도 제가 말씀드린 세 개의 외국어 중에서 두 개정도는 자유롭게 자신의 생각을 전할 수 있도록 지금부터 준비해 주셨으면 합니다.

그럼, 세미나의 보고는 이 정도로 하겠습니다. 머지않아 보고서도 나오겠지만, 미리 세미나의 비화를 간단히 말씀드렸습니다. 소그룹으로 이야기를 하면 논의의 내용보다도 우리가 공통으로 직면해 있는 문제들이 표면에 드러나게 됩니다.

로마국제회의 - 일본 정부·학자들의 한심함

다음으로 해양오염의 국제회의도 9일부터 18일까지 열렸는데, 이 회의도 FAO의 주최로 열렸습니다.

사실은 이런 국제조직, 예를 들어 국제연합이나 WHO, FAO, 그리고 큰 것으로는 유네스코 등 몇 개의 기관이 있는데 그들의 수비범위는 어느 정도 겹칩니다. 특히 해양오염 문제처럼 모든 기관이 일정부분 관련이 있는 경우, 일본국내의 공해문제에 관한 각 기관의 노획품 전투나 마찬가지여서, 각각의 기관에서 내가 먼저 착수했다는 식의 실적을 놓고 다투게 됩니다.

이번에 참가한 FAO의 국제회의도, 그런 점에서는 어업부분을 관할하고 있는 FAO로서는 상당히 무리를 해서 부랴부랴 마련한 느낌이 들었는데, 그만큼 사무국 사람들이 열심이더군요. 처음 하는 일이어서 좀처럼 잘 풀리지 않는 점도 있었지만, 소집된 논문들은 읽을 만한 것이 상당히 많았었던 것 같아요.

우선 제일 두드러졌던 것은 미국, 영국, 독일 등에서 대략 서른에서 쉰 명의 우수한 학자와 행정관, 정치가까지 파견한 것에 비해 일본에서 참가한 사람은 네 명뿐이었습니다. 그 중의 둘은 세미나 쪽에서 여비를 지불하고, 또 한 사람은 운수성에서 왔기 때문에 항공편이 공짜입니다. 그렇다면 일본정부가 여비를 지불한 것은 한 사람입니다. 논문은 일본 해양오염의 현재상황에 대한 아주 간결한 보고서가 한 편. 그래서 공개적이진 않았지만 여기저기에서 일본에서는 왜 4명밖에 오지 않았느냐, 이 회의를 무시하는 거냐 라는 불만을 실컷 들었습니다. 그래서 일본에서 참석한 사람은 가장 불리한 역할을 맡느라 혼났을 뿐만 아니라, 제가 대회선언의 기조위원을 맡아야 하는 등 터무니없는 상황까지 발생했습니다. 그것은 간신히 얼버무려서 빠져나왔지만 도처에서 왜 일본 해양학자는 해양의 오염문제를 연구하지 않느냐는 질문을 받았습니다.

이런 질문에는 대답하기가 정말 쉽지 않죠. 그리고 저도 해양학자와는 그다지 교류가 없지만 다소 짓궂은 답변을 하자면, "비키니 섬에 넌더리가 난 게 아니겠느냐, 비키니의 수소폭탄에 의한 오염문제로 해양학자가 상당한 용기를 필요로 하는 발언을 해야만 했다, 그 결과 일본의 해양학자에게 주는 연구비가 늘었다거나 명성이 올랐다거나 하는 직접적인 보상은 없었다, 뿐만 아니라 미나마타병이라는 고도로 정치적인 문제가 발생하여 거기에 관여하지 않는 편이 득이다, 혹은 어차피 관여할 거면 돈이라도 몽땅 받고 도망가면 된다는 태도가 빤히 들여

다보인다." 등등이 있겠죠. 어쨌든 그 전형적인 인물이 현재 수산대학의 학장을 맡고 있는 도야마 교수입니다. 규슈대학에 있을 때 수산학과에서 터무니없는 연구비를 받아놓고 형편없는 연구를 하다 튀는 바람에 그 결과는 전혀 공표되지 않았습니다. 수산대학에서 도야마 학장이라고 하면 학생들하고 이야기 한 번 제대로 나눠보지도 않고 기동대를 투입한 것으로 유명한, 학생들에게는 뼈에 사무치게 원망스러운 교수일 겁니다. 그런 조짐은 미나마타병 사건 때 이미 보였습니다.

그래서 일본의 해양학자는 아주 소수의 예외를 제외하고는 오염 문제에는 일절 관여하지 않습니다. 관여하지 않기 때문에 이런 문제가 발생할 때 논문을 제출하는 사람도 없습니다. 재수 없이 걸려든 저 같은 사람이 그 몫을 맡아서 일해야 합니다. 어디에 있든 조교는 가장 불리한 역할을 맡는 법이니까요(웃음소리). 유감스럽게도 이것이 국제회의를 통한 감상입니다.

대신에 외국에서 좋은 보고서가 있어서, 예를 들어 수은오염에 관해서는 핀란드의 미에티넨과 모나코의 국제원자력기구 연구소의 케츠케시라는 유고슬라비아 과학자의 공저에 의해서, 저도 여기에 다 쓸 수 없을 정도의 상세한 총설이 나왔습니다. 이것은 상당히 잘 정리된 보고서였는데, 이 정도의 것을 일본인의 손으로 준비하지 못한 것이 정말 유감스럽습니다.

수산학자도 포함해서 왜 우리가 제대로 논문을 쓸 수 없는가에 대해서 회의장에서 곰곰이 생각해 봤는데, 만든 것이 팔릴지 그리고 돈이 될지 그런 것만이 기술을 선택하고 연구를 선택하는 단서이기 때문이라는 결론에 이르렀습니다.

수산의 경우에는, 수산(水産)이라는 글자의 '산(産)'에 비중이 있어서 그 생선을 먹을 수 있을까? 그 생선은 팔릴까? 또 돈이 될까? 그것만으로 학문이 완성되기 때문에 돈이 되지 않는 물고기, 돈이 되지 않는 생물, 그런 것은 전혀 손을 쓸 수 없게 됩니다.

　돈이 되는 것만 추구하면 전체 해양생물의 복잡한 관계 같은 것은 어찌 돼도 상관없어집니다. 참치를 예로 들면, 참치가 어디에 많고 어떤 먹이로 낚으면 잘 잡을 수 있을까 만이 문제가 돼요. 참치는 무엇을 먹고 참치가 먹는 생물은 무엇을 먹는가라는 것은 뒷전입니다. 따라서 아무래도 수산학에는 자연을 전체로서 파악하는 습관이 없는 것 같습니다. 수산학 계통에 있는 분이 계시다면 반론하셔도 됩니다. 수산자원론은 오래전부터 있었던 것 같아요. 일본의 수산자원론은 고래연구, 즉 어떻게 멸종을 막을 수 있을까? 고래의 일정한 어획을 어떻게 보장할 것인가라는 입장에서 고래연구를 중심으로 10년 정도 전에 상당히 진전되었을 겁니다.

　하지만 그쯤에서 고래에 대해서는 대체로 알게 됐고, 국제적인 규제가 심해져서 이제 더 이상 고래를 잡을 수 없게 되었기 때문에 고래연구소는 해산했습니다. 그때까지 도대체 고래는 전 세계에 몇 마리정도나 있고, 고래가 어떤 식으로 태어나서 죽고, 결국 죽을 고래는 어차피 소용없기 때문에 그만큼 인간이 잡아도 된다는 논의도 성립합니다. 그러한 자원으로서의 해석을 계속 추진해오던 고래 연구소가 더는 필요가 없게 된 거죠. 이것은 장사가 안 되면 연구는 끝장이라는 사실을 상징적으로 보여줍니다.

　그러니 여러 상황에서 같은 일이 일어납니다. 특히 해양오염과 함께 어느 정도 질소나 인산이 물속에 방출되는 부영양화, 즉 영양이 증가하는 현상이 있는데, 최근에 젊은 층의 수산학자들로부터 이 부영양화는 물고기가 늘기 때문에 환영해야 한다는 논의가 서서히 일고 있습니다. 이것은 일종의 오염 환영론입니다. 이것을 거슬러 올라가면 앞에서 말씀드린 도야마 교수와 맞닥뜨리게 됩니다.

그럼 위생공학은 어떨까요? 이 분야는 제가 관계하고 있어서 잘 압니다. 위생공학은 해양을 오염시키는 공학입니다. 어떻게 바다 속에 오염물을 방류하는가? 그것을 공학적으로 어떻게 실현하는가? 이것이 지금 대학에서 가르치는 내용입니다. 게다가 그런 것을 가르치는 사람들은 하나같이 해양에 대해서 전혀 모릅니다. 그리고 자신이 직접 BOD나 COD를 측정하지 않습니다.

반복해서 말씀드리지만, 이런 것은 니혼대학이나 공업전문학교 등을 졸업해 출세 못한 녀석에게 시키면 된다, 도쿄대학 졸업생은 대국적 견지에서(웃음소리) 개개의 데이터에 신경 쓰지 않고 계획을 세워야 한다고 배웁니다. 그러니 이런 자들이 생물을 알 리가 없습니다. 그래서 해양이 점점 오염된 겁니다.

요컨대, 수산의 입장에서도 위생공학의 입장에서도 살아있는 바다는 아무도 모릅니다. 단지 바다가 주는 물고기나 강제로 포획해 오는 물고기를 먹을 뿐입니다. 그 결과, 세미나의 의장인 골드백이 농담조로 세계에서 가장 오염된 바다는 일본근해이고 두 번째는 발트해, 세 번째는 북해라고 저에게 말했는데, 안타깝지만 저도 일본근해가 가장 오염되었다는 그의 말에 동의합니다. 두 번째는 아마 아드리아 해일 것이고, 세 번째는 발트해나 북해겠지요. 이처럼 전혀 다른 일을 하고 있는 인간의 의견이 묘한 곳에서 일치했습니다. 즉 일본은 세계에서 가장 오염되었을 거라는 겁니다.

최대 오염물질은 석유

그럼 제일 큰 문제는 무엇일까요? 현재의 해양오염에서 가장 심각한 것은 무엇인가라는 논의에서 대부분 일치한 것은 석유입니다.

우선 양이 많습니다. 현시점에서 대략 연간 10억이나 20억 톤 정도의 석유가 해상을 떠돕니다. 일본만 해서 2억 톤 정도일 겁니다. 그 중의 0.1%는 100만 톤 자릿수가 됩니다. 대략 0.4% 정도가 바다로 흘러들어간다는 것이 석유기술자의 조심스러운 추산입니다. 그 말은 곧 그 정도의 손실은 처음부터 고려해야 한다는 거죠. 유조선의 선박평형수(Ballast water)인가 뭔가로 0.4%정도는 어딘가로 가 버립니다. 그 어딘가는 물론 바다겠죠. 현재 100만 내지 천만 톤 단위의 오염물질은 석유밖에 없습니다.

그 다음으로 —이것은 우리가 간과하고 있었던 것인데— 석유는 물에 뜹니다. 해수가 몇 톤 있으니까 거기에 몇 톤의 석유가 들어가서 몇 ppm이라는 논의가 불가능합니다. 기름은 물 표면에 뜨기 때문에 기름오염이 해수의 총 용적에 균일하게 분포하는 일은 있을 수 없어요. 표면 위에만 분포합니다. 이른바 표면적이 문제가 됩니다.

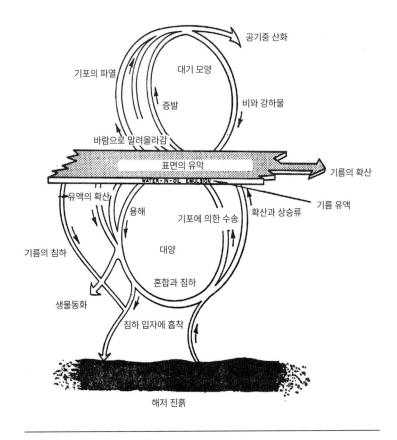

공기중 산화

기포의 파열

대기 모양

증발

비와 강하물

바람으로 말려올라감

표면의 유막

WATER-IN-OIL EMULSION

기름의 확산

유액의 확산

용해

기포에 의한 수송

확산과 상승류

기름 유액

기름의 침하

대양

생물동화

혼합과 침하

침하 입자에 흡착

해저 진흙

도표 1 | 바다 속 유기물의 이동과 변화의 모식도

그뿐만 아니라 연안이나 두 조류의 경계, 용승류(湧昇流)라고 하는데, 위를 향하는 흐름이 있는 곳이 다른 조수와 충돌해서 조류의 경계가 발생하는 곳에 모입니다. 그런데 이 조류의 경계가 발생하는 곳은 양분이 제일 많아서 생물이 생육하기 좋은 곳입니다.

그리고 연안부도 생산성이 제일 높은 곳이에요. 뿐만 아니라 이

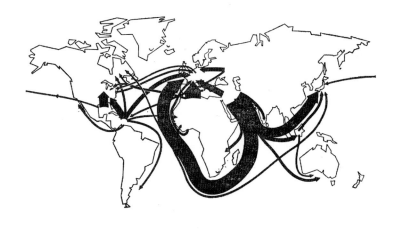

도표 2 | 1968년의 석유의 해상운송

기름막이 다른 물질을 녹여 내리는 성질이 있는데, 다음에 말씀드릴 DDT, PCB, 계면 활성제 같은 것은 석유로 점점 녹아 버립니다. 이처럼 석유가 모이는 곳은 축적성의 독성물질이 모이는 곳이기도 합니다.

　그래서 전혀 반갑지 않은 일들이 당연히 예상되는데, 무엇보다 석유가 해조류의 광합성에 독으로 작용하는 것 같다는 보고가 있습니다. 이것은 ppm 단위가 아니라 그보다 한두 단위 아래인 10ppb 만으로도 경우에 따라서는 광합성에 저해가 된다는 보고가 있습니다. 그걸 보면 우리가 얼마나 어리석은 생각을 하고 있었는지 알 수 있겠죠? 지금껏 바다는 3차원의 공간이라고 생각했는데, 석유 오염에 관한 한 아무리 봐도 표면뿐입니다. 2차원의 표면뿐이에요. 그걸로 끝나면 좋겠지만, 석유가 어디에서 흘러나오는가를 생각하면 오히려 연안(沿岸)이라는 1차원의 선을 대상으로 해야 하지 않을까 싶네요.

그래서 세계지도에 굵은 화살표가 그려져 있는 〈도표 2〉를 보시면, 1968년의 석유 해상운송의 각 부분의 비율은 아마도 이랬을 거라고 생각합니다. 68년 무렵에는 대체로 수억 톤의 단위였다고 보는데 아마 70년부터 71년에 걸쳐서는 10억 톤을 초과할 겁니다. 그렇다면 당연히 입구와 출구는 생산성이 높은 —생산성이라는 것은 생태학적인 의미예요— 광합성이나 그것을 먹는 동물의 생산성이 높은 연안부에 집중합니다.

이 그림을 보고 회의장의 토론에서 쿠웨이트 대표로부터 아라비아 해의 석유오염이 심각하여 이제 어업 관계자도 어쩔 도리가 없다, 석유를 생산하는 여러 회사에 수시로 항의를 하지만 상대해 주지 않는다, 아라비아 해에서 석유를 실어가는 일본이나 유럽 등의 석유 소비국들로부터 기술을 원조 받아서 어떻게 문제를 해결할 수 없겠느냐는 호소가 있었습니다. 저도 그래서 겨우 알게 되었는데, 공해는 담뱃대와 같아서 이쪽에 있을 때는 저쪽 편에도 존재합니다. 짐을 내리는 곳에서 석유피해가 문제가 되면, 짐을 싣는 곳에서도 문제가 됩니다. 그렇게 생각하면, 세계에서 가장 심각한 석유오염은 아라비아 해에서 발생하고 있을 겁니다.

단지 거기에서 피해를 호소하는 일이 좀처럼 없기 때문에 우리는 모르는 척하고 있을 수 있습니다. 하지만 만약 태연하게 흘려보내기만 한다면, 기름 값을 올려 버리자는 움직임이 반드시 있을 겁니다. 아마도 아라비아 해의 석유오염은 이번 석유산유국의 가격인상 요구와 무관하지 않다는 생각이 듭니다. 그런데 여전히 터무니없이 싼 값으로 사서 천연스레 얻을 것만 얻어 온다면, 조만간에 저렇게 석유를 흘려보내는 회사나 국가에게는 석유를 주지 않겠다고 선언하고 나설지 모릅니다. 일본에 대한 이런 지원요청에 우리도 할 말이 없어서 상당히 난처했습니다.

염소 화합물의 축적

석유 다음으로 문제가 되는 또 하나의 물질에 대해 이야기해 보겠습니다. 사람에 따라서 평가가 상당히 다르긴 하지만, 전부터 유명한 예로 DDT가 있기는

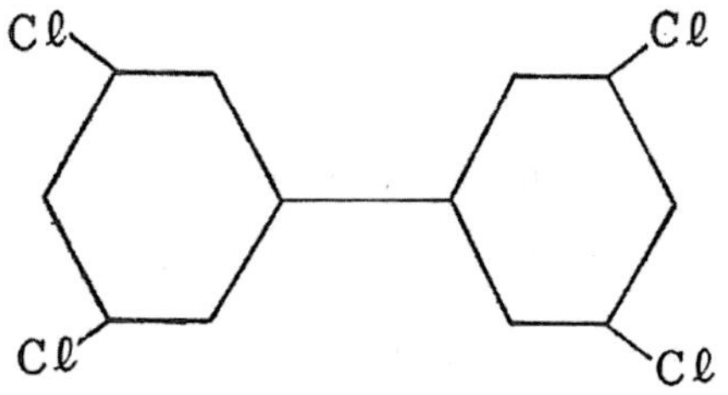

도표 3 | PCB의 분자식

한데 우리에게 생소한 것은 PCB입니다. 이에 대해서 잠깐 말씀드리겠습니다.

이 거북이 등을 두 개 연결한 것이 비페닐인데, 이것에 염소가 몇 개 달라붙은 폴리염화비페닐을 생략한 것이 PCB입니다. PCB는 아주 친숙한 물질인데 상품명으로 말씀드리면 카네크롤입니다. 카네미유증의 원인이 된 물질이죠.

PCB는 유럽에서 물고기나 새 그리고 바다표범 체내에 축적되어 있습니다. 〈표 1〉은 발트해에서 우연히 포획된 몇몇 생물 안의 DDT와 PCB가 지방에 얼마나 축적되어 있는지를 나타내는 수치입니다. 예를

들어 독수리의 뇌 안에 900ppm, 그 알 안에는 540ppm이라는 PCB가 축적되어 있습니다. 이 경우 DDT가 1,900과 1,000이라는 수치로 남아있는 걸로 봐서, 뇌 안에 이 정도가 축적되어 있으면 보나마나 이 독수리는 중독됐겠죠. 따라서 독수리가 죽었다고 해도 DDT가 원인인지 PCB가 원인인지 지금으로서는 판단할 수가 없습니다. 대개는 여기에 수은도 축적되어 있어요. 그래서 발트해나 북해에서는 보통 이 세 가지 물질이 함께 검출됩니다. 어느 것이 어떤 독성을 초래하는지는 알기 힘듭니다. 다만 물고기에게 독성이 상당히 강하다는 것만은 알려져 있어요. 이 사실은 우연히 알려지게 됐는데, 스웨덴에서 수년 전에 연어 부화장에 새로 만든 수조를 들였다고 해요. 그런데 그 수조 안의 알들이 유독 부화하지 않는 현상이 발생해서 여러 가지로 원인을 조사했더니, 그 수조의 도료 안에 도료의 가소제 —도료의 막을 부드럽게 하는 재료— 로 PCB가 들어 있었던 거예요. PCB의 독성이 강해서 알이 부화하지 않았던 겁니다. 아마 66년경이었을 겁니다.

그래서 이 독성이 문제가 되어 여러모로 논의가 진행되고 있을 때 일본에서 들려온 뉴스가 카네크롤 중독이었습니다. 이 피부증상은 전부터 염소아크네라고 하여 염소를 포함한 화합물로 큰 여드름 같은 것이 나는 피부병이에요. 피부에서 독물을 몰아내려는 일종의 생체 반응인데, 꽤 오래전부터 알려진 증상입니다.

그 뿐만 아니라 이 카네크롤 = PCB 은 간을 상하게 한다고 이전부터 알려져 있습니다. 현재 규슈대학은 카네미유증에 대해 피부장애는 인정하지만, 간에 대해서는 모르겠다고 버티고 있습니다. 하지만 1949년에 이미 현재 구마모토대학 공중위생 교수로 재직 중인 노무라

씨가 PCB의 간에 미치는 독성에 대해서 보고한 바 있습니다. 그런데도 규슈대학 의학부 교수들은 아주 일반적인 문헌으로 알려지고 확립되어 있는 임상조차 모릅니다. 아니면 알면서도 환자에게 알려주지 않을 수도 있겠죠.

이 구조에서 보면, DDT 등과 아주 유사하기 때문에 강력한 신경 독이 됩니다. 당연히 〈표 1〉에서 뇌 안에 축적되어 있는 것을 봐도 신경 독으로 작용하고 있다는 것을 알 수 있습니다. 이 점에 대해서는 규슈대학은 아마 조사하지 않았을 겁니다. 그렇다면 전쟁 중의 생체해부 사건, 미이케(三池)의 CO중독의 보상 중단, 그리고 태아성 미나마타병의 검진, 카네크롤의 문제 등에서 규슈대학 의학부는 항상 피해자를 속이고, 막다른 곳에 몰리면 피해자를 물체로 취급하려는 것이 체질화되었다고 할 수 있습니다. 하지만 이것은 결코 남의 일이 아닙니다. 도쿄대학 의학부도 그런 것이 표면에 드러나지 않았을 뿐일 수도 있습니다. 그런데 규슈대학이 이 PCB의 독성에 대해 조사하지 않았고 제대로 된 연구를 발표하지 않았다는 것은, 아무래도 장소를 잘못 잡았다고나 할까, 일본의 대학 중에서도 가장 난처한 곳에서 일어나고 말았다는 불길한 느낌이 듭니다. 도쿄대학도 그런 점에서는 실적이 많기 때문에 앞으로 어떻게 될지 상당히 염려스럽습니다.

영국에서도 유사한 데이터가 나왔기 때문에 소개하겠습니다. 〈표 2〉에서도 DDT에 비해서 PCB가 현저하게 많다는 사실에 주목해 주십시오. 이러한 유기 염소 화합물의 경우에는 이 물질이 만들어지기 전까지는 이런 일은 없었을 테니까, 자연적 배경은 제로였을 겁니다.

태평양에 대한 경고

표 1 | 발트해 생물 안의 유기염소화합물 축적 1965-1968 (스톡홀름 교외)

	샘플번호	ppm in fat			ppm in fresh tissue		
		ΣDDT *	DDT	PCB	ΣDDT *	DDT	PCB
홍합 Oct.1966,Dec.1967	15	3 (1-4.7)	1 (1-1.8)	5.2 (3.4-7.0)	0.04 (0.01-0.061)	0.02 (0.01-0.024)	0.37 (0.032-0.044)
청어 May 1965	4	7.7 (4.3-11)	3.9 (2.0-5.3)	5.1 (3.3-8.5)	0.23 (0.094-0.30)	0.11 (0.044-0.15)	0.17 (0.073-0.23)
바다표범 May 1968	3	170 (97-310)	17 (11-21)	30 (16-56)	36 (35-36)	4.2 (2.4-6.6)	6.1 (5.7-6.4)
흰꼬리수리 March-June 1965-66 Pectoral muscle	4	25 000 (16 000-36 000)	n.d.	14 000 (8 400-17 000)	330 (290-400)	n.d.	190 (150-240)
Brain	3	1 900 (1 700-2 100)	n.d.	910 (490-1 500)	100 (99-110)	n.d.	47 (29-70)
생선들의 알 May-June 1966	5	1 000 (610-1 600)	n.d.	540 (250-800)	n.e.	n.e.	n.e.
백로 April 1967	1	14 000	n.d.	9 400	71	n.d.	48
보스니아 만 (북부) 청어	4	6.2 (5.2-8.1)	3.5 (2.9-4.8)	1.5 (0.93-2.0)	0.26 (0.15-0.42)	0.14 (0.091-0.21)	0.065 (0.026-0.091)
바다표범 May-Oct.1968	2	120 (110-130)	56 (54-57)	13 (9.7-16)	63 (58-68)	30 (28-31)	6.8 (5.0-8.5)
핀란드 만 바다표범 March 1968	2	42 (41-43)	23 (22-23)	6.5 (6.0-7.0)	25 (24-26)	14 (13-14)	3.9 (3.4-4.4)
바다표범 모유 March 1968	1	36	21	4.5	11	6.5	1.4

* ΣDDT DDT + DDE + DDD.
n.e. = 미측 n.d. = 검출 안됨

표 2 | 바다표범 체내의 염소 화합물 축적

	종류	번호	지방(%)	딜드린	DDE	TDE	DDT	PCB
북스코틀랜드								
Shetland	Common (pups)	4	80 (69-88)	0.06 (0.06-0.07)	1.3 (0.7-1.7)	0.13 (0.08-0.18)	1.2 (0.8-1.7)	4 (2-6)
Orkney	Grey	8	69 (43-90)	0.18 (0.06-0.31)	6.4 (1.4-12.9)	0.60 (0.17-0.97)	6.0 (1.3-11.0)	18 (3-30)
서스코틀랜드								
Hebrides	Grey	3	83 (78-87)	0.29 (0.24-0.32)	8.5 (5.6-12.6)	0.65 (0.41-1.1)	5.9 (4.0-9.5)	30 (19-40)
Summer Is.	Grey	4	55 (42-73)	0.38 (0.07-1.1)	3.9 (1.3-5.8)	0.54 (0.15-1.2)	5.4 (2.6-11.1)	16 (11-19)
Mull	Common (March 1969)	12	77 (54-86)	0.15 (0.09-0.22)	2.9 (0.9-4.6)	0.25 (0.20-0.36)	2.4 (0.72-3.5)	12 (5-19)
	Common (Dec. 1969)	5	65 (59-71)	0.12 (0.07-0.25)	2.5 (1.8-4.8)	0.32 (0.12-0.61)	2.2 (1.2-3.4)	12 (6-20)
동스코틀랜드								
Aberdeen - Montrose	Grey	16	77 (45-91)	0.83 (0.46-1.7)	9.7 (4.2-19.1)	0.93 (0.54-1.5)	9.5 (3.8-15.7)	38 (12-88)
영국								
Farne Is.	Grey (pups)	5	81 (67-87)	0.46 (0.20-0.59)	6.6 (3.3-10.3)	0.86 (0.46-1.17)	5.6 (2.6-7.6)	40 (25-50)
Wash	Common (pups)	12		0.33 (0.16-0.66)	2.8 (1.4-4.1)	0.44 (0.28-0.73)	3.3 (1.8-4.9)	15 (7-24)
Scroby	Grey	2	79 (76-82)	2.3 (1.8-2.8)	16.4 (10.1-22.6)	2.6 (1.3-3.8)	20.7 (15.7-25.7)	123 (100-146)
	Common	3	83 (74-89)	0.23 (0.19-0.26)	14.0 (7.3-23.2)	0.83 (0.75-0.89)	9.1 (7.6-10.3)	131 (93-185)

웨일즈								
Wales	Grey	3	48 (40-57)	0.58 (0.20-1.2)	11.0 (10.7-11.2)	1.2 (0.46-2.2)	5.3 (3.1-7.5)	212 (200-235)
Cornwall	Grey (pups)	3	17 (4-37)	0.25 (0.08-0.44)	6.7 (3.2-8.7)	0.69 (0.27-1.1)	3.7 (1.7-5.0)	160 (118-187)
캐나다 측 북극해	Ringed	3	91 (all 91)	0.13 (0.09-0.18)	1.1 (0.4-1.6)	0.18 (0.14-0.24)	1.4 (0.8-2.1)	3 (2-4)
노르웨이 측 북극해	Ringed	2	84 (75-92)	0.18 (0.15-0.20)	0.8 (0.7-0.8)	0.24 (0.18-0.30)	1.4 (0.9-1.8)	1.5 (1-2)
북스웨덴	Ringed	1(tail)	33	0.14	14.4	8.9	0.5	22
세인트 로렌스만								
Sable Is.	Grey	5	83 (81-84)	0.25 (0.12-0.49)	24.9 (6.9-50.6)	2.0 (0.8-3.1)	18.5 (7.2-31.6)	27 (12-65)
Basque Is.	Grey	2	85 (84-86)	0.10 (0.08-0.13)	24.6 (18.2-31.0)	1.9 (0.8-2.9)	23.4 (17.1-29.7)	32 (17-46)
Magdalen Is.	Hood	1	80	0.09	3.5	0.55	6.2	3

이 바다표범의 데이터〈표 2〉는 스코틀랜드, 웨일스, 캐나다 쪽의 북극해, 스웨덴의 북부 또는 캐나다의 센트 로렌스만입니다. 모두 북대서양을 둘러싼 대양에 인접한 지역이기 때문에 그곳에 이만큼이나 축적되어 있다는 것은 이 열린 대양자체가 심각하게 오염되었다는 것을 암시하고 있지 않을까요? 이런 조사를 만약 일본에서 북태평양에 대해 해봤다면 그 결과가 어떻게 나올지, 이 보고를 들으면서 내내 우려했습니다. 그런데 이런 저의 우려는 생각보다 일찍 실현되어 버렸습니다.

그리고 이 물질은 현재 열매체로 사용되고 있는데, 그 밖에 어떤 용도가 있는지에 대해서는 아직 잘 모릅니다. 유럽에서는 도료의 배합제, 트랜스 오일의 안정제, 윤활유의 안정제로 상당히 대량으로 사용되고 있어요. 스웨덴에서 문제가 되어 최근에 그 용도가 가까스로 밝혀진 단계인데, 일본에서는 용도에 대한 조사는 이루어지지 않고 있습니다. 그리고 이와 유사한 화합물로 염소화 파라핀이라는 것이 있는데, 이것은 제가 전에 염화비닐 관련 일을 할 때 보니까 저렴한 가소제로 대량 사용합니다. 거북이 등 대신에 일반적인 쇠사슬 모양의 탄소가 똑바로 연결된 형태의 파라핀을 원료로 하여 그것을 염소로 대체한 것인데, 이것도 생체 안에 축적될 겁니다. 그것이 어떻게 되어 있는지 지금으로서는 저도 전혀 짐작이 가지 않습니다. 적어도 10년 전에 매달 몇 십 톤이나 몇 백 톤 단위로 사용한 물질인 만큼 —아마 지금도 사용하고 있겠지만— 언젠가는 북태평양에 축적될 겁니다.

그렇다면 우리는 PCB도 염소화 파라핀도 조사해야 합니다. 만약 조사한다면 가장 유효한 실마리는 새나 물개나 고래겠죠. 즉 고등대형 동물의 지방을 조사하는 것이 제일 좋습니다. 또 하나가 바로 인간입니다. 인간의 체내에 어느 정도 축적되어 있는가? 이것도 여러 방법으로 조사를 진행하면 상당한 단서가 나올 거라고 생각합니다.

7시가 되었네요, 여기에서 잠깐 휴식시간을 갖고, 그 후에 염소화합물에 대해서 또 하나의 예를 들도록 하겠습니다. 그리고 요즘 한참 논란이 되고 있는 참치 이야기를 하려고 합니다.

질문 및 토론

A   질문이 있습니다.

우이 준   그럼, 두세 개만 받을까요?

A   방금 말씀하신 염화비페닐에 대해서 질문하겠습니다. DDT같
           은 것은 농약이라든가 그런 것에서 보면 소비량이 상당히 많
           을 것 같은데, 그것과 필적할 정도의 농도가 있다는 말씀이시
           죠? 제가 알기로는 염화비페닐은 열매체라든가, 콘덴서 기름
           이라든가 적어도 일본에서는 양으로는 그다지 많지 않다고 생
           각합니다. 게다가 보통은 밀폐된 금속제 용기 안을 통과시키는
           식으로 열매체의 경우는 사용하고 있다고 알고 있는데, 그것이
           이렇게 고농도로 바다 속 동물의 체내에 있다는 것에 다소 의
           문이 생깁니다.

우이 준   유럽에서 염화비페닐은 윤활유나 트랜스 오일의 안정제로 들
           어있다가 버릴 때는 태워집니다. 그대로 타지 않고 공기 중으
           로 날아갑니다. 그래서 아주 심각한 오염이 발생한다고 알려져

있습니다.

말씀하신 것처럼 우리가 지금까지 알고 있는 카네크롤의 용도는 열매체나 콘덴서의 경우 지금 말씀하신 대로인데, 그것뿐인지 아닌지는 잘 모르겠어요. 특히 기름과 배합되어 있는 경우에는 상당히 양이 많아질 겁니다. 이전에 이 물질은 염화비닐 가소제로 시험해 봤는데, 그다지 결과가 좋지 않아서 중단했습니다. 도료 배합제의 경우에는, 글쎄요, 이건 어느 정도 사용되고 있는지 아직 짐작이 가지 않습니다. 그래서 누군가 이걸 아는 분이 있으면 좋겠는데요. 아니면 본인의 직업상 바로 그것을 조사할 수 있는 분이 계시면, 오늘이 아니더라도 적당한 시기에 우리에게 알려 주시면 고맙겠습니다.

B   DDT에 비해서 PCB의 양이 일본에서는 엄청나게 적습니다. 세계적으로 봐도 상당히 적은 편이에요. 그런 면에서 DDT와 PCB가 동일하게 다루어지는 것이 다소 이해가 되지 않습니다. 한 가지 생각할 수 있는 것은, 폴리염화비페닐은 BHC와 관련이 있지 않나 하는 것입니다. 사실 저는 이전에 BHC를 열분해해서 염화비페닐을 만든 경험이 있습니다. 이것은 열분해이기 때문에 당연히 프리라디칼이 생겨서 염화비페닐이 생기게 됩니다. 이런 것과 관련이 있을까요? BHC는 상당히 관련이 있습니다. 이 BHC도 아주 안정적이라면 마찬가지로 기름 속에 있어야 한다고 생각합니다. 그런 것과 관련이 있지 않을까 해서 말씀드렸습니다.

우이 준   감사합니다. 말씀하신대로 일본에서 공업재료로 얼마나 사용되고 있는가의 여부, 또는 다른 물질에서 이것이 변화할 가능

성이 있는지의 여부는 조사해 봐야 합니다. 유럽의 연구 보고
에서는 PCB가 있는 것이 당연하다는 식으로 쓰여 있어서, 우
리도 카네크롤까지 생각이 미치지 못했기 때문에 다소 허를
찔린 느낌입니다. 반대로 일본에서는 수은에 대한 데이터가 제
법 많이 쌓여 있어서, 수은이라면 저 같은 신출내기도 알고 있
는 것을 유럽에서는 전혀 들은 적이 없다고 해요. 양쪽 모두 하
나씩 맹점이 있는 셈이죠. 하지만 이것만으로는 끝나지 않는다
는 것이 다음 강좌의 첫 부분에서 등장합니다.

그럼 여기에서 15분이나 20분정도 휴식시간을 갖겠습
니다.

옥시 클로리네이션의 폐유

조금 전에 PCB와 염화파라핀 이야기를 했는데, 그것만으로 끝나면 좋겠지만 아무래도 그렇게 되지는 않을 것 같습니다. 이 회의에서 새롭게 나온 문제는 또 하나의 염소 화합물, 단일 화합물은 아니고, 에틸렌과 염산을 원료로 하여 염화비닐의 모노머를 만드는 옥시 클로리네이션 법이라는 방법이 현재 널리 사용되고 있습니다. 산소와 염소화를 동시에 행하기 때문에 옥시 클로리네이션이라고 합니다. 이것을 만들 때, 에틸렌 안에 들어있는 불순물과 그 반응 도중에 생기는 여러 가지 부산물이 있어서 상당한 양이 됩니다. 염화비닐 1톤당 어느 정도 생

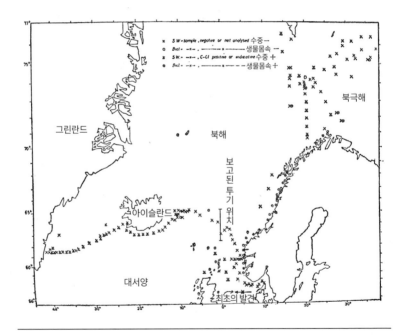

도표 4 | 염화비닐 부산물의 해양 투기와 오염범위 (1902~1967)

기는지 아직 자세하게 듣지 못했지만, 일본 각지에서 조업하고 있고 유럽에서도 상당히 널리 조업하고 있습니다. 그런데 이 기름이 문제입니다.

때마침 이 옥시 클로리네이션 공장을 스웨덴에서 건설했는데, 거기 사장이 환경문제에 상당히 열심인 사람이라 선두에 서서 환경보호 캠페인을 하고 있었어요. 그런데 노르웨이의 어선이 이 옥시 클로리네이션 법의 폐유로 인해 냄새가 나는 물고기를 엄청 많이 잡았습니다. 그 지점이 〈도표 4〉에 나와 있습니다. 아래쪽의 덴마크 앞바다 부근에 '최초의 발견'이라고 쓰여 있는데, 거기에서 조업하던 어선이 때마침 옥시 클로리네이션의 폐유로 오염된 것으로 보이는 물고기를 잡았습니다. 이 해역에서 옥시 클로리네이션 법을 채용하고 있는 스웨덴이 가장 가깝다고 보고 스웨덴에 항의를 합니다. 사장도 지금까지 열심히 환경운동을 해온 사람으로서 모른 척할 수가 없었는지 결국 "바다에 버렸다. 버린 위치는 대체로 이 부근이다."라고 —맨 처음 발견됐던 곳에서 약간 위쪽, 노르웨이 앞바다 부근입니다— 대체로 이 근처에 버렸다고 보고한 겁니다.

표3 | 염화비닐 부산물의 구성의 일례

		Mv	Bp	Weight %
1,2-Dichloroethane (EDC)	CH_2Cl-CH_2Cl	99.0	83.6°C	20
Trichloroethane	$CHCl=CCl_2$	131.4	87	1
1,1,2-Trichloroethane	$CHCl_2-CHCl_2$	133.4	113.5	67
1,2-Dichlorobutane	$CH_3-CH_2-CHCl-CH_2Cl$	127.0	124	2
1,3-Dichlorobutane	$CH_3-CHCl-CH_2CH_2Cl$	127.0	131	3
asym. Tetrachloroethane	ClC_3CH_2Cl	167.9	130.5	1
Monochlorobenzene	C_6H_5Cl	112.6	132	
1,3-Dichloro-2-butene, cis and trans	$CH_3-CCl=CHCH_2Cl$	125	128-30	0.5
sym. Tetrachloroethane	$CHCl_2CHCl_2$	167.9	146.3	
1,4-Dichloro-2-butene, cis and trans	$CH_2ClCH=CH-CH_2Cl$	125	152.5	2
1,4-Dichlorobutane	$CH_2ClCH_2CH_2-CH_2Cl$	127	161-63	
2,3,4-Trichloro-1-butene	$CH_2ClCHClCCl=CH_2$	159.4	$60^{20 \text{ mm}}$	0.2
1,1,2-Trichlorobutane	$CCl_2-CHClCH_2CH_3$	161.5		0.3
1,3,4-Trichloro-1-butene, cis and trans	$CH_2ClCHClCH=CHCl$	159.4		0.3
1,2,3-Trichlorobutane	$CH_3CHClCHClCH_2Cl$	161.5	165-67	
bis (2-Chloroethylether)	$(CH_2ClCH_2)_2O$	143	178	0.3
Pentachloroethane	$CHCl_2CCl_3$	203.3	162	1
1,2,4-Trichlorobutane	$CH_2ClCH_2CHClCH_2Cl$	161.5		0.3
1,2,4-Trichloro-2-butene	$CH_2ClCH=CCl-CH_2Cl$	159.4	67^{10}	1.1
				100.0%

다음 〈표 3〉은 미국의 석유회사에서 분석한 폐유의 구성입니다. 이것을 보면 대체로 탄소 수가 2개에서 4개 정도, 그 중에는 벤졸 같이 6개인 것도 있습니다. 이에 대해서 염소가 또 2개 이상 어수선하게 달라붙은 것이 그것의 구성입니다. 대체로 이런 것의 비율은 일정하지 않겠지만, 이런 물질이 들어 있는 것은 모든 공장이 비슷할 겁니다. 물론

반응조건과 원료에 따라서도 다소 변화합니다. 하지만 이런 것이 물고기에 축적되면 큰 문제가 된다고 해서 조사한 것이 첫 번째 도면입니다. 그렇게 하면 어디까지 가도 나옵니다. 노르웨이 앞바다 근처, 연안을 쭉 올라가서 바렌츠 해, 즉 북극해 입구까지 가서 물고기를 잡고 물을 퍼서 측정해 보니 여기저기에서 나와요. 내친김에 아이슬란드까지 배를 몰아서 그린란드에 이르기까지 곳곳에서 샘플을 채취했더니, 거기에서도 군데군데 검출됩니다. 결국 이 조사의 결론은 바렌츠 해나 북해 동쪽의 오염은 아무래도 스웨덴이 버린 장소가 원인이 된 것 같다는 겁니다.

그런데 아이슬란드보다 서쪽은 해류상태를 고려하면 스웨덴이 버린 장소에서 그쪽으로 갈 가능성은 거의 없다고 합니다. 그렇다면 이것은 나중에 온 장소, 즉 배출원으로 생각할 수 있는 것은 미국 동해안밖에 없습니다. 미국 동해안에 위치한 화학공장에서 흘려보낸 것이 아이슬란드 근처까지 흘러와서 물을 오염시켰다, 또는 물고기에서도 검출되었다고 생각하는 것이 타당하다는 결론이 나왔습니다. 따라서 이옥시 클로리네이션 법의 폐유도 어설프게 바다에 버리면 자칫 광역오염을 발생시키기도 합니다. 물론 이 경우에는 내용물 자체를 그대로 버린 것은 아닙니다. 드럼통에 채워 콘크리트로 누름돌을 달아서 버렸지만, 결국 부서져서 흘러나오는 경우가 있습니다.

스릴러 같은 발생원 조사

이와 함께 또 하나, 이번에는 노르웨이 앞바다 부근에서 트롤선에 빈번히 염화비닐에서 나오는 부산유를 채운 드럼통이 걸립니다. 처음에는 며칠에 한 개 정도였는데, 최근에는 그물 하나에 몇 개씩 걸리는 거예요. 투박한 콘크리트로 굳힌 드럼통이기 때문에 이런 것이 걸리면 그물은 잠시도 지

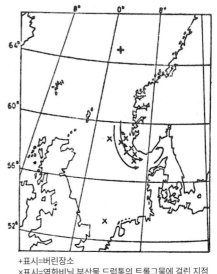

+표시=버린장소
×표시=염화비닐 부산물 드럼통의 트롤그물에 걸린 지점

도표 5 | 노르웨이 해의 피해지점

탱하지 못 합니다. 게다가 입구가 열려 있는 것이 있어서 검은 기름이 그물에 들러붙어서 심각한 피해를 입습니다. 스웨덴 쪽에서는 그 부근에 버렸다고 솔직히 언급하지만 다른 나라는 모르쇠로 일관하니, 노르웨이 입장에서는 상당히 화가 나는 이야기지만 도대체 이 드럼통이 어디에서 온 것인지 발생원을 밝혀낼 수가 없었습니다.

만약 스웨덴 것이라면 버린 장소에서 여기까지 몇 백 킬로는 됩니다. 조류는 확실히 그 방향이라서 바다에 버리면 그 정도는 움직일 수 있어요. 하지만 여러 상황으로 판단하건대 아무래도 스웨덴 뿐만은 아닌 것 같단 말이죠. 그래서 두 신문기자가 유럽 북부에 위치한 염화

비닐 공장의 리스트를 작성했다고 합니다. 그것을 지도상에 표기해서 분석해 봤는데 그래도 역시 짐작이 가질 않아요. 그 다음에 착안한 것은 콘크리트에 섞여 있는 모래를 X선 해석에 걸어 결정형을 조사했습니다. 그리고 유럽 각지의 강모래를 모아서 비교해 봤습니다. 그 결과, 가장 가까운 결정형을 가지고 있는 것은 마인 강과 웨젤 강의 모래였어요. 이렇게 되면 대체로 짐작이 가죠. 아마도 프랑크푸르트 암 마인에 있는 공장이 기름을 드럼에 채워서, 국제문제가 될 것을 염려해서 육지 가까이에는 버릴 리가 없고, 어디 먼 곳에 버렸을 테니까 역시 스웨덴이 버린 것과 비슷한 곳에 버린 것 같습니다. 그런데 어디 공장인지 아직 범인을 밝혀내지는 못했습니다. 게다가 내가 버렸다고 나서는 자도 없어서 드럼의 누름돌에서 나온 모래로 판단하건대, 프랑크푸르트 암 마인의 공장이라고 하면 하나나 둘로 정해져 있습니다. 아마도 회흐스트(Hoechst)일 거라고 짐작은 하지만, 그 이상은 내정간섭이 되기 때문에 어찌할 수 없었다는 것이 노르웨이의 보고입니다.

이처럼 바다에 뭔가를 버려도 따로 표시가 나는 것은 아니라서, 어디의 누가 버렸는지도 모르고 그걸 모르는 만큼 또 문제가 됩니다. 만약 정말로 이 지도 상의 플러스(+) 표시가 있는, 북위64도, 동경1도나 2도 정도의 위치에 버린 것이 이 거리만큼 이동한 거라면 해양폐기는 정말 안심할 수 없습니다. 사실 그런 예는 많습니다.

예를 들면 제2차 세계 대전 말에 이페리트 탄이나 그 외의 독가스를 여기저기에서 버렸습니다. 독일 것은 덴마크와 스웨덴 앞바다 부근의 발트해에 버려졌는데, 재작년에 그것의 껍질이 부식된 바람에 발사돼서 해수욕장과 어업에 심각한 피해를 입혔습니다. 일본에서는 조시

(銚子) 앞바다 부근에 버린 것이 그물에 걸려서 어부가 피해를 입었죠. 여담이지만, 정문에서 입간판으로 보신 것처럼 도쿄대학 조교수가 오키나와에 가서 독가스 수송에 대한 안전성 전문가로 활약하고 있는데, 저의 아주 오랜 친구여서 참 난처하게 됐습니다. 이런 식의 정치적 문제, 특히 오키나와 관련의 독가스 문제에 대해서 발언한다는 지극히 정치적인 행동을 도쿄대학의 교수와 조교수 —이 경우는 조교수입니다만— 가 또다시 하기 시작한 것에 대해서 저는 상당히 위화감을 느낍니다. 그래서 입간판에 쓰인 비난에는 찬성입니다만, 어쨌든 독가스는 이처럼 쉽게 국제문제가 되어, 유럽에서 전쟁이 끝나고 25년이 지난 오늘날에도 독일의 독가스탄을 영국군이 버리고, 그로 인해 덴마크와 스웨덴에 손해가 발생했을 때 누구의 책임이 될지의 논의가 재작년부터 지금까지 계속되고 있습니다. 이 경우는 독일의 화학공업이 북해에 폐기물을 버리고 그것이 노르웨이의 어업에 피해를 입혔을 때 대강 화학공업이 발생원이라는 데까지는 접근해도 '여기'라고 단정하기는 어려운 상황이 지금 발생하고 있습니다.

그럼 일본은 어떨까요? 일본은 이 옥시 클로리네이션 법을 몇몇 회사에서 적용하고 있을 겁니다. 현재로서는 바다에 버린다는 보고는 없지만 침묵하고 있으면 대체로 바다에 버리는 것이 일본에서는 상식이기 때문에, 이것도 북태평양 전역에서 뭔가 벌어지고 있는 것은 아닐까요? 앞에서 잠깐 말씀드렸던 것처럼 바다표범이나 물개, 고래, 물새 등의 조사로 어느 정도 오염 확산의 실마리는 잡을 수 있을 거라 생각합니다.

태평양에 대해서 가장 과학적으로 조사하고 있는 곳은 사실 소련

일 거라고 생각하는데, FAO에는 소련이 정식으로 가맹하지 않았기 때문에 이런 국제회의에 대비한 리포트가 소련에서는 나오지 않습니다. 그리고 일본은 버리기만 하고, 미국은 물고기에 그다지 관심이 없어서 —여기도 먹기만 하고 그 이외의 물고기에는 별로 관심이 없기 때문에 — 미국도 전혀 조사하지 않습니다. 이것이 북태평양의 맹점이 되고 있습니다.

이쯤에서 역시 정부가 관여하지 않는 국제협력이 필요하다고 봅니다. 일본에서 그런 것을 제대로 해낼 능력이 있는 단체나 해야 할 단체로 학술회의가 한층 힘을 발휘해 주었으면 하는 바람입니다. 그런데 〈미일 해양협력〉같은 곳에서 열을 올리고 있어서 정부로부터 어떻게 돈을 타낼까에 대해 이 훌륭한 분들이 모두 열심이어서, 좀 더 아래에서 휘젓지 않으면 학술회의도 도움이 되지 않습니다.

〈일본과학자회의〉같은 것은 어떨까요? 소련의 학자와 협력하는 것은 표면상으로도 하기 쉬울 것이므로 마음껏 활동해 주었으면 합니다. 그리고 공해문제는 네 개의 기둥 중 하나가 되어 있는데, 표면상으로 끝내버리고 연구를 하지 않는 것은 일본의 어느 조직이나 마찬가지라, 과학자회의도 공해문제에 대해서 제대로 연구한 사례가 아직껏 없기 때문에 앞으로는 좀 더 애써줬으면 합니다. 그리고 보면 도쿄대학의 해양연구소는 대체 뭘 하고 있나 하는 생각도 들어요. 이것은 해양연구소에 직접 맞대면해서 물어 보려고 합니다.

수은 참치의 발견은 부엌에서

여기에서 잠깐 순서가 바뀌는데, 지금 문제가 되고 있는 참치 안의 수은 얘기를 해볼까 합니다. 이것은 참 뜻밖의 계기로 발견된 건데, 마침 제가 이 회의에 참석했기 때문에 참치 이야기를 자세히 들을 수 있었습니다.

특히 "이 부분은 어디나 똑같구나."라고 절실히 느낀 부분이기도 했어요. 원래 이것은 뉴욕주립대학이라는 별로 들어본 적이 없는 대학의 분석화학과 맥더피 교수가 발견했습니다. 이 맥더피 교수가 수은이 요즘 여기저기에서 공해문제로 주목을 받게 되니까, 자기도 측정을 위해 기계를 사려고 했는데 돈이 없더랍니다. 2차 대전 후 급속히 신설된 지방대학에 돈이 없기는 미국도 일본과 마찬가지였던 모양이에요. 얼마 정도 하는 기계냐 하면, 일본 돈으로 30만 엔 이상 하는 기계예요. 우리도 30만 엔 정도의 기계를 사지 못해서 다른 곳에서 빌리기도 하는데, 맥더피 교수도 빌렸다고 합니다. 그래서 뉴욕 주의 민물고기를 군데군데 측정해 봤습니다. 4주 정도 전부터 측정하기 시작했는데, 그때 부인과 학생이 농담 삼아 부엌에 있던 참치 통조림을 가지고 와서 이것도 측정해 보라고 하더래요. 그래서 측정해 봤더니 무려 0.75ppm이라는 숫자가 나온 겁니다.

그런데 미국의 FDA(식품의약품국)가 참치의 허용량 —허용량이라는 것이 또 상당히 애매한 말입니다만— 이 수치 이하면 참고 먹으라는 것이 0.5입니다. 허용량이라는 말은 주의해야 하지만, 대개는 더 이상 까다롭게 말을 해도 방법이 없으니까 이 정도는 참으라고 정해진 것이 허용량입니다.

다케야(武谷) 선생님이 말씀하시는 것처럼, 그 수치로 얻어지는 사회적 이익과 손실을 저울질해서 정하기 때문에 0.5ppm이면 안전하다거나 위험하다는 기준이 아닙니다. 이 허용량에 대해서는 나중에 좀 더 설명을 하겠습니다. 어쨌든 측정치가 0.75로 나왔기 때문에 당황해서 여기저기에서 그야말로 마트에서 약국까지 뛰어다니면서 참치를 구입해서 닥치는 대로 분석했어요. 그랬더니 약 4분의 1이 0.5가 넘어요. 그 중에 '사무라이 표'라는 상품이 있었다고 합니다(웃음소리). 가지키 참치의 '사무라이 표'라는 것이 1.3(웃음소리), 어제 신문에 나온 품목에는 사무라이가 없어서 아마 게이샤와 바뀐 것 같습니다만, 어쨌든 누가 봐도 일본산인 것에 1.3이라는 수치가 나와서 당황했습니다. 미국의 국산 참치는 대체로 0.5 이하였다고 합니다.

그리고 수은은 무겁기 때문에 아래로 가라앉는 건 아니냐고 해서, 맥더피 교수는 열심히 넙치 등 해저 가까이에 서식하는 어류를 모아서(웃음소리) 측정해 봤더니 훨씬 수치가 낮았습니다. 0.1이라든가 0.02로 분석의 아슬아슬한 한계입니다. 그래서 FDA에 통지했더니 실은 우리도 군데군데 측정을 시작했다고 말을 꺼내더랍니다. 그래서 며칠 후에 사무라이 표는 큰일이 난 거죠.

시장에 나온 것은 로트 넘버, 즉 상품을 일단락 짓는 넘버로 두 가지가 있었습니다. 넘버6는 1.0 또는 1.1이었고, 넘버8은 1.9에서 2.0이었습니다. 보통 큰일이 아니라 FDA는 "교수님, 외부에 알리지 말아 주십시오."라고 당부했다고 합니다. 그때는 이미 신문기자가 달려오고 큰 소동이 벌어져서 어찌할 바를 모르던 맥더피 교수는, 우연히 로마에서 해양오염 학회가 열리고 있다는 이야기를 듣고, 주변의 여러 동료에게 물어봐도 수은에 대해 전혀 모른다고 하니 지푸라기라도 잡는 심정으로 로마에 왔던 겁니다. 운이 나쁜 사람은 미국에서도 역시 가난해서, 그도 돈이 없어서 여비를 겨우 마련했다고 해요. 그리고 외국에 나간 것도 이때가 처음이었다고 하네요. FAO에 와서 때마침 적절하게 저를 만나서 그때 많은 논의를 했는데, 제가 마침 일본을 출발하기 직전에 후생성이 보여준 데이터를 통해, 인도양의 참치를 분석한 결과 여섯 마리의 분석치가 대략 1ppm전후라는 것을 알았습니다. 이것은 상당기간 비밀로 해왔던 모양이에요.

새로운 오염 연구법을 고안하다

비밀로 한다는 것은 상당히 불리한 면이 있습니다. 그런 데이터를 어떻게 볼지, 어떻게 평가할지, 또는 거기에서 출발하여 어떤 연구를 할지에 대해서 다양한 사람이 다양한 의견을 가지고 있을 텐데, 비밀로 하는 바람에 여러 사람의 참여를 차단해 버리죠. 이른바 전문가라는 대학 교수나 관료들만 데이터를 봅니다. 아주 좁은 시야로밖에 데이터를 볼 수 없다는 불리한 문제가 있는데도 일본 관료는 반드시 비밀로 합니다. 그래서 제가 받은 자료에 '관계자 외 기밀'이라고 쓰여 있었던 거죠.

참치 안에 0.5ppm이상의 수은이 어쩌다 들어있을 수도 있겠지만, 그래도 1.9에서 2.0은 지나치게 많은 거죠. 현재로서는 이 1.9에서 2.0ppm의 가지키 참치, 일본 근해에서 잡힌 상표 '사무라이 표'나 '게이

샤 표'가 일본에서 사용한 수은에 의한 인위적 오염이라는 것을 부정할 수 있느냐고 묻는다면 도저히 저는 그것을 부정할 배짱이 없습니다.

하지만 제가 마침 로마에 가 있을 때, 일본에서 히야마(桧山)라는 도쿄대학 명예교수가 "아니 옛날부터 그런 것은 얼마든지 있다, 더 많이, 10ppm정도는 흔히 있었다."(웃음소리)라고 말합니다. 게다가 "먹어도 아무렇지도 않으니까 실컷 먹고 미국인한테 보여 줘라."(웃음소리)라는 말까지 해서 아사히신문에 실렸더군요. 그 기사를 읽고 정말 기겁을 했습니다. 역시 '수산(水産)'이라고 하면 돈이 되는 쪽만 쫓느라 참치의 수은이 어디에서 왔는가 하는 문제는 전부 누락되어 버립니다. 먹으면 바로 독이 될지, 또는 수출이 멈출지 어떨지에 관한 것만 생각하는 모양이에요. 아무래도 전문가란 사람은 그런 쪽에만 주목하는 모양입니다.

그럼 어떻게 해야 하는가에 대해서 회의 내내, 그리고 맥더피 교수와 논의를 하고 나서도 계속 생각해 봤어요. 아마 제일 먼저 해야 할 것은 참치 안에 자연적으로 어느 정도 쌓이는지, 자연적으로 축적되는 수은농도를 측정하는 것이라고 생각합니다. 이것은 수은에 한정하지 않습니다. 다른 금속류도 마찬가집니다. 자연적으로 서식하는 참치에는 어느 정도의 수은이 들어있는가? 그래서 이 '자연'이라는 말이 패터슨 교수가 말한 대로 "자연, 자연, 말은 쉽게 하지만 DDT의 경우는 어때? 구리의 경우는 또 어떻고? 더 이상 자연이라고 할 만한 수준은 존재하지 않는다고!"가 되는 겁니다. 그래서 자연적 수준은 그만두더라도, 세계각지에서 잡히는 참치는 어느 정도의 수은농도를 함유하고 있는지 알아보는 것이 첫 번째 과제라고 생각합니다. 아마 이 방법론은 다른 금속에도 얼마든지 적용할 수 있을 겁니다.

다음 실마리는 데이터의 불규칙성에 있다고 봅니다. 이것은 스웨덴의 창꼬치 안에 축적되어 있는 수은농도를 조사한 연구 ―죠네루스와 웨스터 마크의 유명한 연구가 있는데― 이것은 나중에 스웨덴 편에서 상세하게 이야기하겠지만, 대체로 하나의 호수에서 비교적 한정된 좁은 환경이었기 때문에 그 호수 안의 수은농도는 거의 일정하다고 생각할 수 있다는 것이 저의 추론입니다.

한편으로 아연을 사용해서 조사한 교토대학의 가와나베(川那部) 교수가 미국에서 장난을 친 결과를 들은 적이 있습니다. 물가에 자란 갈대에 아연 65를 주사하면 여기에 진딧물이 모여듭니다. 진딧물이랄까, 작은 멸구 같은 벌레가 모여드는데, 그 멸구 같은 벌레를 먹는 거미가 거미줄을 치고, 그 거미를 잡아먹은 새까지 잡았어요.

갈대 안에 아연 65 몇 개를 던져주면 날벌레와 거미 등 식물연쇄가 높은 차원일수록 방사성 아연의 농도의 불규칙성이 커집니다. 즉 먹이연쇄가 위로 갈수록 데이터의 불규칙성이 커지게 됩니다. 이것은 죠네루스와 웨스터 마크의 결과와는 반대입니다. 그 차이가 어디에서 오는가 하면, 가와나베 교수의 실험에서는 이건 명백한 불균일 오염입니다.

즉, 거기에 있는 모든 갈대에 주사를 놓거나 아연을 준 것이 아니라, 그 중 몇 그루에만 실험을 한 거죠. 이것은 아연이 아니라 수은이라도 마찬가지예요. 그래서 데이터의 불규칙성에서 반대로 이 수은이 축적되는 상태, 또는 중금속이 축적되는 상태가 균일한 환경의 변화인지 불균일한 변화인지를 알 수 있지 않을까요? 이것이 두 번째 실마리입니다.

세 번째 실마리는 참치 한 마리를 잡아서 해체합니다. 그리고 몸 안에 어떻게 수은이나 중금속이 분포하고 있는지를 조사합니다. 그렇게 하면 —이미 미나마타병에서 다수의 경험치를 가지고 있듯이— 예를 들어 메틸수은은 간에 대량으로 축적되고, 페닐수은이나 무기수은은 신장에 대량으로 축적된다는 결과가 나왔습니다.

이러한 참치의 생리에서 고찰하면, 원인물질은 어디에서 왔을까? 음식물에서 왔을까? 물에서 왔을까? 아니면 전혀 다른 곳에서 왔을까? 그 형태는 무엇일까? 등등의 단서를 찾을 수 있을 겁니다. 앞에서 생태학과 생리학이 연계될 필요가 있다고 한 것은 말하자면 참치의 생리를 알아야 한다는 의미입니다. 생태와 함께 생리도 알아야 해요. 그러면 어느 정도는 알 수 있지 않을까요? 그것을 닥치는 대로 '도로'(참치살의 기름기가 많은 부분)에 어느 정도 축적되었다고 아무리 말해도 의미가 없을 거라고 생각합니다.

그래서 참치를 조사하는 김에 물개는 어떨까? 또 바다표범의 경우는 어떨까? 그런 식으로 조사를 진행하면, 여기에서 이미 지리적 변화가 나타나겠죠. 이 세 가지 방법 중 어느 것을 먼저 시도해 볼지는 여러모로 생각해 봐야겠지만, 아마 한 마리를 해체해 보는 것부터 시작하게 될 것 같습니다. 스웨덴에서는 그 방법을 시도해서 한 마리를 해체해서 측정한 것을 몇 마리 종합해 보니, 등 근육에서 제일 안정된 수치가 나옵니다. 그래서 하나같이 등 근육만을 측정합니다. 우리도 지금부터 그런 방법을 참치를 대상으로 다시 해봐야 하지 않을까요? 다행히 일본 어선은 7개의 바다를 누비고 다니는 만큼, 도쿄의 어시장에 가만히 앉아만 있어도 전 세계의 참치란 참치는 다 모여듭니다. 이것은 일본의 이점입니다.

바다를 쓰레기장으로 만들지 말라

마지막으로 오늘 한 가지 말씀드리고 싶은 것은, 이러한 각종 금속이나 독물의 물고기나 그 밖의 바다 속 생물의 체내분포를 철저하게 조사하는 일은 독성의 유무에 상관없이 필요하다고 생각합니다. 하지만 그런 것은 우리의 건강조차 제대로 지키지 못하는 후생성이나 돈이 되는 물고기들에 눈이 먼 수산성, 그리고 그들과 결탁한 일본의 학자들, 그런 무리들로는 절대 불가능한 일이겠지요.

수은이 문제가 되면 수은만 측정합니다. 경우에 따라서는 예컨대 아연과 카드뮴처럼 항상 두 개가 짝이 되는데, 카드뮴은 비교적 측정하기 어렵지만 아연은 측정하기 쉽고 농도도 높아요. 때문에 아연을 계속 측정하다 보면 어느 지점에 이르렀을 때 여기쯤이면 카드뮴도 축적되어 있겠구나 예측할 수도 있을 겁니다. 그렇게 하다보면 카드뮴 역시 측정하기 쉬워지지 않을까요? 그때는 "자연을 있는 그대로 파악하기 위해서는 어떻게 해야 할 것인가?"라는 시점에서 벗어나서, 우리가 가지고 있는 수법이 지극히 한정된 것이고 연구비도 제한되어 있다는 전제 하에 과연 무엇을 할 수 있을까를 좀 더 깊이 있게 생각해봐야 합니다.

이 시점에서 생리학과 생태학을 조합해서 자연을 파악하는 방법으로 지금의 공해연구를 할 수 있지 않을까요? 그리고 그렇게 해서 북태평양이 아주 심각한 상황에 처해있다는 사실을 알게 된다면, 더 이상 해양에 오염물을 흘려보내는 해양투기를 절대 허용해서는 안 된다는 것이 이번 국제회의의 결론이었습니다.

결론적으로 해양투기를 그만두라는 겁니다. 특히 연안부는 더 이상 오염물을 버리면 도저히 어떻게 해볼 수 없는 상황입니다. 깊은 곳은 괜찮다고 하지만 제대로 조사해 보면 꼭 그렇지도 않습니다. 한층 더 신중하게 조사해 달라는 것이 회의의 결론입니다.

그리고 수은은 도처에서 심각한 문제를 발생시키고 있고, 공장에서의 배출은 큰 비용을 들이지 않더라도 멈출 수 있기 때문에 전부 멈춰야 합니다.

석유에 대해서는 기술적 문제 때문에 즉각 멈추는 것은 불가능해요. 하지만 양이 어마어마해서 서둘러서 어떤 대책이든 세워야 합니다.

그 밖에도 여러 가지 측면에서 회의의 결론이 나왔는데, 제일 문제가 되는 것은 이른바 산업폐기물의 해양투기, 쓰레기도 포함됩니다. 쓰레기에 의한 위험성은 다음 시간에 말씀드리겠지만, 쓰레기를 바다에 버리는 것의 위험성이 최근에 부각되고 있습니다. 그리고 수은의 공업적 배출원을 모두 멈추게 하는 것은 기술적으로 그다지 어렵지 않습니다. 기름은 멈추게 하고 싶지만 당장은 좋은 방법이 없고요. 여기까지 로마회의의 첫 부분과 마지막 부분을 대략적으로 말씀드렸고, 지금부터 잠시 토론하는 시간을 갖겠습니다.

질문 및 토론

─── **서두르지 않으면 생존할 수 없다**

우이 준 먼저 사이슈 사토루(最首 悟, 교양학부 조교) 씨에게 지금 제가 제안한 방법이 효과가 있을지 의견을 들었으면 합니다.

사이슈 글쎄요, 저는 참치에 대해서는 전에 제 연구를 통해 알게 된 것으로 꼬리부분 내분비샘이라는 것이 한두 쌍, 거의 한두 쌍이나 있는 특수한 물고기라는 것밖에 모릅니다. 그래서 어제도 우이 준 씨에게 아무것도 모른다고 말했는데, 그 아무것도 모른다는 것을 여기에서 말하라고 합니다(웃음소리). 오늘 말씀하신 것에 대해서도 저는 히야마 씨처럼 전문가의 논평 같은 것은 하고 싶어도 할 수 없고, 아무리 두드려도 나올 것이 없어요. 실제로 우이 준 씨가 연구하는 것을 보면서 여러모로 자극을 받으면서도 저는 생리학 연구나 수은 등에 대해서 아무것도 안 하고 있고, 문헌도 참고하지 못하고 있는 상황입니다.

즉 제가 해 온 물고기 연구라는 것은 한 번도 들은 적이 없으시겠지만 물고기의 꼬리에 있는 내분비샘이라는 겁니다. 이 것이 물고기의 생활에 나름대로의 역할을 하고 있기는 하지만 그것을 제외하면 물고기에 대해서 아는 게 전혀 없다는 것에 대해 지금 반성중이라는 것 밖에 드릴 말씀이 없네요. 우이 준 씨가 오늘 말씀하신 것도 언젠가는 다시 생각하게 될지도 모르지만, 오늘 이 자리에서는 아무것도 모른다는 것을 말씀드리면서, 저의 대답을 대신하려고 합니다.

우이 준 잠깐만요. 대체로 공해문제는 아무것도 모르는 상태에서 출발해야 합니다. 물고기의 호르몬에 대해서 사이슈 씨는 이전에 장어의 내분비 연구를 했는데, 장어구이를 먹으면서 연구를 할 수 있는 행복한 사람일지라도 우리 주변에 있을 때는 물고기는 왜 여기저기 헤엄치고 다닐까, 장어는 일부러 바다에서 헤엄쳐 나와서 강으로 올라가는 특수한 물고기인데, 그러한 물고기의 움직임과 대사(代謝)와 그것이 어느 정도, 어느 정도라는 것은 정말로 조금이라도 알고 있는 것을 단서로 하여 왜 수은이 축적되는지 그 원인까지 연구를 해야 합니다. 바다는 호수나 하천에 비해서 훨씬 안정된 넓은 세계이기 때문에 이러한 독물이 축적되는 규모도 훨씬 크다고 생각합니다. 하지만 1ppm은 놀랄 만한 수치입니다. 자연 상태에서 1ppm은 예상을 뛰어넘는 높은 수치입니다. 뭔가 참치 고유의 이유가 있을지도 모릅니다.

그리고 또 하나, 조금 전에 허용량에 대해서 잠깐 이야기했는데, 스웨덴의 현재의 허용량은 1ppm이지만 일주일에 한번만 먹는 것이 바람직하다는 권고가 붙어 있습니다.

왜 이렇게 되었는지 말씀드리면, 스웨덴의 학자가 수은을 발견했을 때, 일본의 미나마타병의 문헌을 열심히 읽어서 대체로 미나마타병은 50ppm에서 100ppm정도의 수은이 물고기에 축적되어 발생한 것 같다, 그것을 매일 먹었기 때문에 발병했다, 그렇다면 그것을 100으로 나눠서 안전율을 100으로 곱해서 0.5라면 괜찮다고 하여, 0.5로 정하여 막 발표하려고 했을 때 스웨덴의 담수어 어장에서 잡히는 물고기가 대강 0.5정도라는 것을 알았습니다. 그것을 전부 멈추게 하면 문제가 심각해진다고 하여 양해 없이 배로 하여 1.0으로 기준을 정했습니다.

이것이 나중에 탄로가 나서 상당히 비판을 받았는데, 이번에는 공개연구 토론회 자리에서 일본의 문헌으로 알고 사용한 것이 어느 것이냐는 질문이 나와서 미국의 카란드라는 학자가 쓴 논문이라고 대답했습니다. 질문자는 "나도 그것을 읽었는데, 각주에 작게 '건조중량 당'이라고 쓰여 있는 것은 어째서인가?"라고 물었습니다. 아뿔싸, 그것을 빠뜨리고 읽었던 겁니다. 날것과 건조한 것은 5배 정도 차이가 납니다. 건조시킨 샘플에서 100ppm이나 50ppm이 검출됐다고 하면 날것에서는 대강 10에서 20ppm.

그래서 스웨덴의 연구 담당자는 너무 괴로운 나머지 책임을 지고 사직했습니다. 각주에 나온 한 줄짜리 문장을 빠뜨리고 읽지 않은 책임을 진 겁니다. 난처해진 정부가 나중에 덧붙인 것이 '주 1회 이상 먹지 않는 것이 좋다'라는 문구이고 이것이 스웨덴의 허용량 1ppm입니다.

미국의 허용량 0.5는 "스웨덴의 '주 1회 이상 먹지 않는 것이 좋다'는 것도 좀 이상하다, 미국인은 일본만큼 생선을 먹지 않으니까 일단 무제한으로 0.5정도로 해 두면 되겠지."라고 해서 정해진 숫자입니다.

일본은 사태가 더 심각해요. 일본인은 물고기를 먹지 않으면 살 수 없습니다. 내일부터 물고기를 일절 먹지 말고 고기를 먹으라고 한다면 더는 먹을 것이 없다고 느낄 겁니다. 고기 가격은 터무니없이 오를 것이고, 남은 방법은 낫토로 만들어서 콩이라도 먹을 수밖에 없습니다.

그래서 일본의 경우는 처음부터 무제한으로 먹을 것을 전제로 해야 하기 때문에 만약 허용량 수치를 내려야 한다면 미국보다 낮아질 가능성이 있습니다. 예를 들어 0.2나 0.1ppm 정도가 되겠죠. 그렇다면 자연의 참치에 어떻게 1ppm이 축적되어 있는지를 밝혀내야 합니다.

이런 사정으로 지금까지는 그건 생태학이라 나는 모른다고 발뺌하던 어류 생리학자에게도, 당신의 전공도 모르냐고 몰아세워 이제는 공해를 밝혀내는 입장에 서야할 때가 됐음을 알게 해야 합니다.

흔히 우리는 자신의 전공이 함정이 되어서 전공을 다소 벗어나면, 예를 들어 저도 배수처리는 알지만 용수 쪽은 어떠냐고 물으면 모를 때가 많습니다. 따라서 그 점은 서로 격려하면서 수비범위를 넓혀갈 수밖에 없습니다.

지금 동료 중에서 이런 일을 상의할 수 있는 사람은 당장 사이슈 씨밖에 생각나지 않는 것이 저의 현실입니다. 그래서 머지않아 적당한 시기에 이런 연구계획을 수립하는 방법에 대해 이렇게 할지 아니면 이걸로는 안 되니까 다른 방법을 찾아볼지, 저와 사이슈 씨 사이에 결론을 내릴 생각이니 사이슈 씨, 잘 부탁합니다. 지명해서 미안합니다. 이것이 이 공개강좌의 방식이라서요.

유조선의 위험성 - 현장에서의 고발

C 　저는 오늘 처음 이 강좌에 참석했는데, 십수 년간 세계를 도는 대형 유조선을 탄 사람입니다. 다른 것은 잘 모르지만 유조선에 대해서는 잘 알죠. 그리고 3개월쯤 전부터 참치어선은 아니지만 역시 어업을 하고 있습니다.

　그런 시점에서 말하면, 참치는 바닷물 수면 가까이에서 사는 물고기이고 열대에서부터 훨씬 북쪽까지 널리 분포해 있는 물고기입니다. 그런데 유조선은 세계의 모든 바다를 돌아다니고 있죠. 제가 아는 한 유조선이 운송하는 짐이 어림잡아 0.5%나 1%가 펌프를 사용할 수 없기 때문에 짐을 육지에 내릴 때 뱃바닥에 남습니다. 그것을 배가 출항해서 보통 해안에서 14~15마일에서 20마일이 되면 ―일본에서도 허용되어 있는데― 그 짐들을 속속 버립니다. 그대로는 버릴 수 없으니까 바닷물을 넣어서 짐들과 섞어서 버립니다. 하지만 또 아시는 것처럼 배를 안정시키기 위해서 '밸러스트(바닥짐)'라고 하는데, 짐을 내려버리면 당연히 배가 불안정해지기 때문에 적재한 짐의 3분의 1, 때로는 절반, 또 태풍 때에는 가득 바닷물을 채웁니다. 그것을 또 버립니다. 따라서 막대한 석유의 양이 됩니다.

　공장에서 나오는 것도 있지만, 유조선이 세계의 바다에 뿌리는 석유나 원유의 양은 막대합니다. 예를 들어 적재량이 7만 톤이라고 하면 300톤에서 700톤 정도의 기름을 매번 항해 때마다 바다에 버리는 겁니다. 제 생각에 일본이 세계 제일의 조선국(造船國)이기 때문에 세계에서 제일 많은 배가 선착장에 들어옵니다. 선착장으로 들어오기 위해서는 요코하마에서 짐을 내리고 요코하마에서 살짝 나와서 거기에서 남은 기름을 모두 버립니다(웃음소리). 이것은 확실한 이야기입니다. 나가사키에서도 만약 부두에 들어가려면 시코쿠(四国) 앞바다에 버립니다. 요코하마로 치면 하치조지마(八丈島) 바로 앞바다에 버리는 거예요. 이렇게 일본에서 상당히 가까운 곳에 잇달아 기름을 버립니다. 아시는 것처럼 원유에는 온갖 화학적인 것이 포함되어 있습니다. 물론 납도 들어 있을 거고, 그 양도 상당합니다. 게다가 기름인 만큼 퍼지는 속도도 순식간이겠죠.

우리가 유조선을 타고 나가 기름을 버리기 시작하면, 하루 이틀 계속해서 바닷물을 이용해서 버리기 때문에 그러면 이틀이건 사흘이건 일본에서 상당히 이동한 싱가포르 입구에 다다를 때까지 계속해서 버립니다(웃음소리).

그리고 유조선 청소를 해야 합니다. 약 3만 톤 정도의 유조선에서 드럼통으로 수십 개분, 때로는 수백 개 분량의 가스가 나옵니다. 현재 유조선은 일 년에 한 번만 부두에 정착하기 때문에 버리는 양이 많습니다. 그러면 일 년분의 대량의 가스가 쌓이게 되겠죠. 대략 제거하기는 하지만 그래도 아직 많이 쌓여 있습니다. 그 가스도 모두 바다 속에 버립니다. 닥치는 대로 버립니다. 그 가스에도 앞에서 말한 금속이나 화학물질이 많이 있을 겁니다. 저는 그렇게 추측합니다.

따라서 일본 근해에는 공장이 내보내는 것도 있겠지만, 그 수많은 대형 유조선이 일본 바로 근처에서 상당한 양의 기름을 버리기 때문에 구리성분뿐만 아니라 다른 화학적인 물질들이 일본 근해의 물고기에 대량으로 축적되어 있을 거라고 생각합니다. 그런 의미에서 유조선을 주목해야 합니다. 해양투기의 최대의 원흉이 될 테니까요. 유조선을 탔던 사람이라 그 점에 대해서는 아주 잘 알고 있습니다(웃음소리).

꼭 부탁드립니다. 이것은 웃을 일이 아니에요. 우리가 매일 먹는 생선 속에 가득 —작은 생선, 큰 생선 할 것 없이— 들어있으니까 아주 중요한 문제라고 생각합니다(박수).

우이 준 현장에 대해 이런 보고를 해주셔서 정말 감사합니다. 육지에 가까운 연해인 만큼 이것은 심각한 문제입니다. 또한 앞에서 말씀드렸듯이 바다는 결코 면적이 아닙니다. 면적이 아니라 어쩌면 일차원의 선(線)일지도 모릅니다. 그곳을 우리가 오염시키고 있다는 점에서 기름에 대해서는 우리가 소홀했다고 생각합니다.

게다가 일본근해가 그 정도로 심각한 문제가 되고 있다면, 또 하나 페르시아 만 부근에서 심각하게 오염을 발생시키고 있을 거라고 예측할 수 있습니다. 원흉을 조사할 뿐만 아니라 각국이 기술적인 개발도 하고 있습니다. 최근에 LOT(Load on Top)라고 하나요, 기름을 채우는 방법의 연구, 기름을 넣는 것도 다소 연구를 하면 손실이 적어지는 방법이 나왔습니다. 늘 그렇듯이 일본은 수고와 돈이 많이 드는 것은 나중으로 돌리기 때문에 일본이 배출하거나 흘려보내는 기름의 양이 많다는 것이 국제적으로도 정평이 났다고 합니다.

기름 문제는 지금 우리가 해양오염을 생각할 때 제일 우선적으로 생각해야 할 문제라고 생각합니다. 메틸수은도 기름 속에 점점 쌓여 가기 때문에 그런 점에서 메틸수은, 염소계 화합물과 DDT도 포함해서, 기름을 빼고 해양오염을 논의하는 것은 현재 단계에서도 불가능하다고 생각합니다.

그런 점에서 뭐랄까요, 저는 최근에 해양오염은 확산이론이라는 것이 의미가 없다고 생각하게 되었습니다. 확산되어 희석

된다는 이론. 우리는 지금까지 바다를 균질의 것이라고 생각했지만, 혼합층은 표면의 100미터나 200미터 정도입니다. 게다가 기름 문제는 아주 얕은 해면의 문제입니다. 그것을 몇 미터의 깊이에 흘려보내면 몇 초 만에 몇 분의 일이 된다는 확산 논리는 실제로는 전혀 맞지 않는 것 같아요. 이것이 도쿄대학 위생공학에 대한 저의 답입니다. 그 밖에도 질문이 있으실 거고, 참치 문제는 매스컴에서 다루기도 했기 때문에 질문이나 토론을 좀 더 나눠보기로 하겠습니다.

수은의 무기와 유기의 문제

D   참치의 수은 허용량에 대해서 질문하고 싶습니다. 오늘 강의에 나온 수은에 대해서는 총수은이나 무기수은, 그런 것이었다고 생각합니다. 하지만 실제로 미나마타병을 유발한 것은 유기수은이었다고 알고 있습니다. 만약 그것이 사실이라면, 총수은이 미나마타의 결과에서 허용량을 구하는 데 도움이 될지 어떨지 알고 싶습니다.

　　그리고 실제 문제로 총수은이 모든 물고기에 들어 있는데, 그것이 여기에서 정해진 허용량을 넘으면 위험한지 어떤지도 알고 싶습니다. 지금까지 먹고 있었던 양에 불과하지 않은가라는 의문이 생기는데 이에 대해서 어떻게 생각하시는지요?

우이 준   총수은 중 어느 정도가 메틸수은인가에 대해서, 실은 스웨덴과 일본 사이에 최근 수년 동안 논쟁이 되고 있습니다. 스웨덴 쪽에서 측정한 결과에 따르면 전부 메틸수은입니다. 일본의 측정결과로는 대체로 30%에서 50%가 메틸수은이고요. 이 논의는 서로 샘플을 교환해서 측정까지 했는데, 대체로 양쪽 모두 별로 다르지 않습니다. 즉 일본에서 스웨덴의 물고기를 측정하면 80~90%가 메틸수은입니다. 그리고 일본에서 보낸 샘플을 스웨덴에서 측정해도 50~60% 정도가 메틸수은이죠. 여기에서 아마 '총수은=메틸수은'이라는 스웨덴의 주장을 받아들여도 데이터는 두 배정도밖에 달라지지 않을 겁니다. 이것은 상당히 대략적인 이야기지만 대체로 일본에서는 절반 이하, 즉 30~50% 정도가 메틸수은입니다.

제가 이탈리아에서 수집한 물고기에서도 거의 동일한 결과가 나왔습니다. 그렇다면 이것은 묘하게도 북쪽에서 잡은 것은 메틸수은이 많고 남쪽에서 잡은 것은 적다는 것이 되기 때문에, —그 밖에도 여러 가지 원인을 생각할 수 있지만— 지금 생각할 수 있는 하나의 요인은 온도입니다.

어쨌든 안전한 쪽을 택해서 전부 메틸수은이라고 생각해도 별로 이상하지는 않습니다. 그래서 1ppm이나 0.2나 0.5 등의 논의를 할 때, 대체로 지금 알려진 것은 어른이 하루에 1밀리그램을 계속해서 먹으면 미나마타병에 걸릴 우려가 있습니다. 이때는 후생성의 전문가가 제시한 것처럼 매일 1킬로의 참치를 먹어야 합니다. 하지만 우리는 안전율이라는 엉성한 숫자일지라도 어느 정도로 볼 것인가라는 문제가 되면, 역시 100정도의 자릿수로 보는 것이 상식이겠지요. 때로는 1,000으로 봐야 할 수도 있습니다.

다시 허용량 규정에 대해서

따라서 허용량에 대해서 논의할 때는 해당 국민의 식생활에 따라서 당연히 허용량의 수치도 달라집니다. 지금 말하는 허용량은 결코 '~이하면 안전한 양'을 의미하는 것이 아니라는 것을 미리 말씀드립니다.

대개의 경우 '~이하면 안전하다'는 양은 존재하지 않습니다. 단지, 하나의 기준으로 이만큼 먹으면 반드시 병이 난다는 기준의 백분의 일이나 천분의 일이라는 것은 있습니다.

그리고 또 하나는 아무리 노력해도 이만큼은 꼭 들어온다는 양은 있습니다. 예를 들어 방사능에서는 천연 방사능의 강도를 의미하고, 보통의 물고기를 먹을 때 포함되는 수은의 양을 말합니다. 부자라면 수은이 포함되지 않은 고기를 먹을 수 있겠지만, 우리는 물고기를 아주 일반적으로 먹어야 합니다. 하기는 고기를 먹으면 이번에는 디엘드린(유기염소계의 농업용 살충제)같은 것이 들어오기 때문에 산 너머 산입니다만.

일반적인 식생활을 할 때 들어오는 양, 이 두 가지는 확실히 기준이 됩니다. 현재 허용량이라는 논의는 이전에 말한 것인데, 이 정도 먹으면 대체로 병이 난다는 수치의 100분의 1이라거나 50분의 1이라는 숫자입니다. 그것이 스웨덴의 경우는 1ppm이고 캐나다와 미국이 우선 정한 것이 0.5ppm입니다. 각자의 식생활이 있으니까 이건 이대로 어쩔 수 없겠지요. 먹는 쪽이 납득하고 먹는다고까지는 아니더라도 그러한 식생활을 하면서 수치를 정해서 일단 한 주에 한 번만 먹으라는 규제를 할 수도 있는 일입니다.

그럼 일본은 어떤 식으로 정할까요? 글쎄요, 저도 그 답을 모르겠습니다. 아마 물고기의 양으로 말하자면 0.2나 0.1ppm 정도로 정해지겠지요. 무슨 일이 있어도 참치를 먹고 싶은 사람은 위험을 감수하고 가끔씩 먹습니다. 예를 들어 저도 미나마타에 가면 그곳의 물고기를 태연하게 먹습니다. 맛있으니까요. 그리고 한 번 먹고 미나마타병에 걸린 사례가 없다는 것을 잘 알고 있으니까요. 하지만 아무리 소량이라도 메틸수은이 몸속에 들어오면 그 만큼 염색체 이상의 확률이 높아진다는 사실도 알아둬야 합니다.

참치에 한해 1ppm이라는 기준이 정해질 수도 있다고 생각합니다. 지금으로서는 참치는 고급 물고기이고, 게다가 포획한 80~90%는 외국으로 수출되고 있다는 것을 요전에 저는 처음으로 알았습니다. 어쩐지 요즘 참치가 비싸다 싶더니 전부 미국에 가 있더군요. 자주 먹는 생선이 아니라서 그에 대해서는 1ppm이라는 기준은 정해야 할지도 모르겠어요. 그렇게 하면 그만큼 다른 물고기나 쌀에 대해서는 낮은 수준이 정해지지 않을까 싶거든요.

그런 면에서 진짜 위험한 것은 카드뮴입니다. 0.4나 1.0이라는 논의가 있었지만, 0.4조차도 결코 안심할 수 없다는 것을 고바야시 준(小林純) 씨가 아마 『세계』 1월호엔가 기고한 적이 있습니다. 이것은 0.4라는 수치 자체가 요관찰자까지 포함해서 제시한 수치이기 때문에 정상적인 사람에 대한 수치라고 간주하기는 어렵습니다. 이것은 『과학』이 아니라 『월간 언론』이나 별로 시판되지 않은 잡지에 실렸던 것 같은데, 고바야시 씨는 0.4정도의 수치를 오염되지 않은 구역의 평균치던가 최고치로 정했더니, 그 안에 도쿄의 농사 시험장이 포함되어 있어서 알고 보니 거기가 니혼덴키(日本電気) 후추(府中)공장의 하류였습니다. 따라서 비오염구역이나 대상구역을 어떻게 정하느냐에 따라서도 평균은 얼마든지 달라진다는 실례가 또 하나 생겼고, 저도 이걸로 쓰라린 실패를 한 적이 있습니다.

이탈리아의 수은오염을 증명하기 위해, '프랑스의 니스라면 설마 수은오염은 아니겠지.' 생각하고 거기를 대조구역으로 정했는데 니스에서도 수은이 검출됐어요. 자세히 조사해 보니, 아주 작은 공장 폐수가 마침 샘플을 채취한 곳 부근으로 흘러든 일이 있어서 거기에서 수은을 사용한 것을 나중에 알았습니다. 요컨대 대조구역을 정할 때는 세심한 주의가 필요해요. 그렇지 않으면 자칫 오염된 곳까지 한데 묶어서 지정해 버리는 경우가 있어서, 좀 전의 패터슨 교수의 주장처럼 "너는 자연 농도라느니 비오염의 경우라느니 아주 쉽게 말하는데, 정말로 괜찮은가?"라고 묻는다면 저도 솔직히 자신이 없습니다.

이 허용량에 대해서는 대답이 약간 벗어났는데, 대체적으로 총수은=메틸수은이라고 생각하는 편이 무난할 겁니다. 다만 일본 근해에서는 30%나 40%가 메틸수은이라는 데이터가 많이 제시되고 있습니다. 하지만 그 중에서 식물연쇄를 통해서 축적되는 것은 메틸수은이기 때문에 축적할 것이 있는 이상, 역시 메틸수은=총수은이라고 생각하고 안전한 쪽을 취해서 측정하는 편이 좋을 겁니다. 또한 분석하는 입장에서 메틸수은은 측정이 어렵지만 총수은이라면 적어도 1ppm정도의 단위까지는 우리도 측정할 수 있을 겁니다. '우리'라기보다는 제 연구실의 경우 조금만 고민하면 ─요즘 그 '조금만 고민'하는 일에 게으름을 피우고 있지만─ 좀 더 노력하면 앞으로 측정할 수 있을 겁니다.

처음으로 돌아가서 ─패터슨 교수와의 논쟁 같은 일이 또 있었는데─ 샘플을 잘만 채취하면 10ppm이나 100ppm의 샘플을 우리가 간단히 측정하는 쪽과, 상당히 비싼 설비를 투입해서 0.1이나 0.01 단위까지 제시하는 쪽, 둘 중에 어느 쪽이 공해를 멈추는 데 도움이 될까에 대한 논의가 아직 남아 있습니다.

세미나에서는 악전고투 끝에 '정밀도는 그다지 높지 않더라도 간단하고 신뢰성 있는 분석방법의 개발이 필요하다.'는 한 줄이 결정문에 포함돼서 간신히 체면을 세우긴 했지만, 확실히 우리는 그런 쪽의 연구를 더 해야 한다고 생각합니다.

카네미유증과 노벨상

E 규슈대학의 염화비페닐의 간 장애에 대해서 질문하고 싶습니다. 제가 공부를 하지 않아서 규슈대학의 유증(PCB가 혼합된 식용유를 섭취한 사람에게 생기는 중독증-옮긴이)반의 리포트를 제대로 읽지 않았는데, 구마모토대학의 다케우치(武内) 씨 팀의 연구에서는 간이 비대해졌다고 언급하기도 하고, 규슈대학의 유증반의 리포트에도 그에 관한 언급이 있었던 것 같습니다. 그런데 유증을 인정할 때 간 장애를 포함하고 있는지의 문제인데, 포함할 것인지 포함하지 않을 것인지 후생성에 가서 물었더니 포함하지 않는다고는 하지 않고 "포함하고 있는 경우도 있겠지요."라고 대답하는 거예요.

후생성에서 발표한 문서 중에는 간 장애를 포함하지 않는다는 식으로는 물론 나와 있지 않습니다. 하지만 카네미유증이 발견되었을 당시 아직 내장질환의 유무가 확실하지 않은 단계에서의 임상소견이나 치료방침을 1개월 후에는 개정했지만 일단 그대로 고정한 채로 그 후로는 개정이 이루어지지 않았습니다. 따라서 유증반의 연구인만큼 일단 그에 대해 언급하고 있으리라 생각은 하지만, 구체적으로 환자들에게는 그다지 적용되지 않은 것 같습니다.

우이 준 알겠습니다. 간 장애가 있다는 것은 의사도 아니고 수중에 있는 문헌이라고는 오래된 직업병 관련 문헌밖에 없는 저조차도 알고 있을 정도로 공공연한 사실입니다.

그리고 만약 의사가 생물학자라면 카네크롤의 화학구조만 보고도 신경독의 가능성을 알아채야 당연한 일인데, 그게 아니라면 의사가 사회적인 특권을 갖는 의미가 없다고 생각합니다. 병을 인정하느냐 마느냐의 결정권이 의사에게 있기 때문에 의사가 판단을 고민하는 겁니다. 눈앞에 있는 환자, 그리고 자신이 알고 있거나 조금만 조사하면 알 수 있는 병에 의한 변화를 조합하면 아마 과학자로서 —여기에서 '과학자로서'라는 말을 가지고 온 이유는, 저는 그렇게 하고 싶지 않지만, 흔히 "과학자로서 확실한 것은 아직 말할 수 없다."라는 그 논법을 사용한다면— 적어도 여기까지 말해주지 않으면 곤란하다 싶은 것이 카네미유증의 간 장애이고 신경장애의 가능성입니다.

이것에 대해서 나중에 본인한테 직접 들을 기회가 있겠지만, 와타나베 에이조(渡辺栄蔵) 씨가 미나마타병 인정에 관해서 실은 명언을 남겼습니다. "헌터-러셀이라는 외국의 훌륭한 학자가 쓴 논문에, 조건에 들어맞으면 미나마타병이고 아니면 미나마타병이 아니라는 식으로 지금 구마모토에서 말하고 있기 때문에 저만큼의 일을 하고도 구마모토대학이 노벨상을 받지 못하는 것이다. 눈앞에 백 몇 명의 인정환자가 있고, 인정을 받지는 못했지만 몇 백 명의 환자가 있는데, 이들을 통해 미나마타병이란 무엇인가를 알아냈다면 노벨상을 받았을 것이다"

그리고 이것은 칠순이 넘은 미나마타병 환자인 할아버지가 이번 설 연휴 때 우리에게 들려주신 말씀입니다. "의사뿐만 아니라 일본의 학자는 외국어로 써진 것이 학문이고, 눈앞에 있는 환자는 학문이 아니라는 생각을 가지고 있기 때문에 일본의 학문은 진보하지 않는 겁니다." 아마도 이것은 도쿄대학 대부분의 학문에 해당되는 문제겠죠?

저도 공해나 오염문제를 일본의 현실에서 출발하지 않고 외국어에서 출발한다면 결국 공해문제는 해결할 수 없다고 생각합니다. 그리고 노벨상이야 어쨌든 제 자신의 연구는 좋은 연구를 하고 싶습니다. 그럴수록 현실에서 출발해야 합니다.

대학을 세상의 연구자에게 개방하라

사족입니다만, 여러분 중에 자기 연구테마를 가지고 조사하려는 분이 아마도 몇 분쯤은 계실 거라고 생각합니다. 2학기부터 한 달에 한두 번, 그런 분들의 연구를 가져와서 동료들끼리 토론하는 세미나도 만들어보면 좋을 것 같습니다.

그리고 또 하나, 이것은 허락이 필요하기 때문에 어떻게 될지 모르겠습니다만, 실험실은 저녁시간대에 비어 있습니다. 아주 간단한 실험이라면, 예를 들어 알칼리 여과지를 처마 끝에 매달아 두고 한 달이 지나면 아황산가스가 얼마나 부착되어 있는가, 이런 정도의 실험이라면 우리 손으로도 정말로 초심자라도 할 수 있을 겁니다.

이것도 지금 막 떠오른 생각이라 구체적으로 어떻게 할지에 대해서는 미정입니다. 그리고 오늘 걸작인 이야기를 들었는데, 학부장에게 이 공개강좌를 허가해서 아주 난처해졌다는 내용의 연하장을 보내는 교수들이 아직 있다고 합니다. 학부장은 연하장 말고도 누굴 만날 때마다 공개강좌를 허가해 준 바람에 아주 난처해졌다는 이야기를 듣는다고 해요. 반대로 생각하면, 이 조촐한 공개강좌가 도쿄대학에 어느 정도는 타격을 주고 있다는 말일지도 모르겠어요. 어쨌든 교실을 빌려주는 것만도 힘든데 하물며 실험실까지 쳐들어오는 건 참을 수 없다는 사람도 있을 것이고, 이런 계획을 실현하기까지는 상당히 시간이 걸릴 것 같습니다. 하지만 우리 자신의 공부를 좀 더 진척시키기 위한 몇 가지 방안도 생각해 보려고 합니다. 그럼 오늘은 여기까지 하고 2주 후에 뵙겠습니다.

제8회

1971년 1월 25일

물고기나 생물에 대한 독성

오늘은 생물의 여러 가지 독성에 대한 논의로 시작하겠습니다.

생물에 대한 독성, 예를 들어 수은이 어느 정도의 농도가 되면 물고기가 죽는지, 또는 특정한 생물에 대한 운동 정지 같은 독성이 나타나는가에 대해서는 우리도 간단한 실험을 하는데, 실은 이것이 상당히 번거롭습니다. 물고기를 예로 들면 물고기가 수조 속에 들어있고 거기에 구리이온이나 독성물질을 넣었을 때, 물고기가 크면 당연히 체중 대비 독성이 나타나는 수준은 점점 높아집니다. 또한 물고기가 배부르게 먹었을 때와 아무것도 먹지 않았을 때의 독성도 달라집니다. 사용하는 물의 질에 따라서도, 예를 들어 PH가 비교적 높은 알칼리성 물을 사용한 경우에는 금속이온이 있는 것은 수산화물로 침전해 버립니다. 침전하면 독성이 줄어드느냐하면 그렇지도 않아요. 예를 들어 일반적이라면 녹아서 독성이 낮아지는 경우에도, 침전물이 물속에 떠 있으면 아가

미에 걸려서 오히려 축적이 심해지고 결과적으로 물고기가 빨리 죽는 현상도 발생합니다.

이런저런 문제가 있어서 물고기나 일반생물에 대한 독성을 실험실 안에서 비교하는 것은 생각보다 손이 가는 작업입니다. 물론 자연계에서는 그러한 세세한 논의를 하기보다 도대체 이 폐수가 물고기에게 독인지 아닌지, 특정한 생물에 대해서 독인지 아닌지를 조사하는 것은 그다지 어려운 것은 아닙니다. 활어조 안에 문제의 물고기를 넣고 폐수가 흘러나오는 강이나 바다에 던져놓으면, 다음 날 아침에 살아 있는지를 확인하여 독성을 상대적으로 비교할 수 있습니다.

하지만 이것을 절대적으로 비교하기 위해서는 예컨대 물고기의 종류, 크기, 생육조건 그리고 수질과 온도 같은 다양한 요인을 가능한 한 동일하게 해서 비교해야 합니다. 이것은 실제로는 그렇게 쉬운 일이 아닙니다. 예를 들어 열대에서 실험을 하는 경우에는 당연히 수온은 25도나 30도가 보통이고, 열대기후 물고기의 강인함, 열대에서 흘러나오는 독물의 독성을 조사할 때는 당연히 수온은 환경온도인 높은 온도가 됩니다. 거기에서 나온 데이터를 그대로 홋카이도의 데이터와 비교하려고 해선 안 되겠죠. 원리적으로 불가능하다고 단언해도 될 겁니다. 하지만 실험실 안에서는 그러한 실험조건 중 어떤 것은 우리가 비교적 간단하게 제어할 수 있습니다. 예를 들어 온도를 일정하게 한다거나, 먹이를 일정량 준다거나, 물의 순환량을 일정하게 한다거나 하는 몇 가지 요인들은 비교적 균일하게 할 수 있습니다.

사실 여기에 종종 함정이 있습니다. 그럴싸한 고급기계를 사용하여 일정한 조건으로 실험을 한다면, 그쪽이 과학적으로 보이긴 합니다.

하지만 실제로는 천연적으로 존재하지 않는 조건이기 때문에 물고기로서는 결코 자연스럽지 않은 조건에서 비교당하는 겁니다. 이처럼 실험 조건에 관한 논의는 독성의 경우에는 상당히 복잡해져서 간단히 답이 나오지 않습니다. 국제회의뿐만 아니라 일본 국내에서도 어느 특정한 폐수가 독인지 아닌지, 몇 배까지 희석시키면 독이 아니게 되는지에 대한 실험을 할 때, 흔히 이런 극히 사소한 실험조건의 차이를 둘러싸고 결과가 달라집니다. 따라서 학자들 간의 의견이 갈라져서 "독이다 아니다."라는 식의, 또는 아직 결론이 나지 않는 무익한 논의에 우리가 말려드는 일이 자주 있습니다.

안타깝지만 로마의 학회에서도 생물에 대한 독성의 토론 대부분은 그러한 실험조건에 관한 세세한 —이 부근에서 온도가 좀 바뀌면 어떻게 될까? 와 같은 논의가 제법 있어서 실제로 이야기를 들으면서, 5년이나 10년 전에 일본학자들이 미나마타병의 원인을 둘러싸고 열심히 토론했던 것과 별 차이가 없다고 느꼈습니다.

여기에서도 알 수 있듯이, 실험실 안에서 실험을 할 때 그 안에 자연을 가두는 것이 얼마나 어려운가, 이것은 생물실험을 해 보신 분이라면 뼈저리게 느끼시겠지만, 안타깝게도 물리와 화학으로 성장한 연구자나 학생에게는 종종 간과하기 쉬운 결점입니다. 이전에 니가타 미나마타병의 인과관계를 둘러싼 법정의 처리에 대해서 잠깐 언급한 기억이 있는데, 이에 대해서는 다음에 적당한 기회를 봐서 좀 더 생각해 보기로 하겠습니다. 어쨌든 저는 지금까지 생물학자와 이야기를 나누면서 상당히 감명 깊었다고 할까, 강한 충격을 받은 기억을 이 회의에서도 떠올렸습니다.

연구방법에 대해 논의할 때였는데, 교토대학의 가와나베(川那部) 조교수가 저에게 "교토대학에는 참 어리석은 방법이 있다, 어떤 생물이든 24시간 옆에 붙어서 자연스러운 상태를 관찰하는 것이 하나의 약속처럼 되어있다, 그런 바보스러운 짓을 어떻게 몇 년이나 계속해 왔느냐고 사람들은 말하지만, 막상 해 보면 역시 그 방법에는 좀처럼 포기할 수 없는 장점이 있다. 그래서 지금도 생물학과로 오는 학생은 싫든 좋든 모두 그것을 하게 되어있다." 이것은 여러분이 이마니시(今西) 씨의 침팬지 이야기 같은 것을 읽으시면 반드시 나오는 관찰방법입니다.

생물의 독성을 논의할 때, 이 회의에서도 자연을 어디까지 과학자가 읽어낼까, 간파할까, 그런 식의 통찰이 실험을 중심으로 하는 연구자의 경우에는 점점 둔감해지고 있다는 생각을 했습니다. 도쿄대학 공학부에 있으면, 새삼스럽게 강물속의 물고기나 구더기를 24시간 그 옆에 서서 멍하니 바라보고 있는 것은 어리석은 방법이고, 차라리 벌레를 갈기갈기 해부해서 미소전극을 연결해 기록계로 측정하는 게 낫다고 생각하죠. 24시간 그냥 보고 있을 정도라면 기록계에 전극이라도 연결해서 기록하고, 24시간이 지난 후 메이커의 움직임을 파악하는 편이 훨씬 과학적이라는 생각이 뿌리 깊게 박혀있습니다. 그래서 도쿄대학, 특히 공학부에서 '논의를 하면 생물의 독성도 마찬가지로 기계적인 측정법으로 파악할 수 있지 않을까?' 라고 하거나 그 편이 훨씬 간단하다는 의견이 위세를 떨친다는 것이 로마회의에서 생물독성에 관한 논의를 들을 때의 감상이었습니다.

공해를 문제 삼을 때는 역시 자연이 어떻게 되어 있는가의 문제의식에서 출발해야 합니다. 실험실 내에서의 연구는 그것을 보충하기 위한 것이라는 사고를 정립해야 한다는 것이 저명한 생물학자들의 논의를 들으면서 느낀 점입니다.

만성중독의 공포

거의 이틀 동안 독성에 대해서 다양한 논의가 이루어졌는데, 이야기가 아주 무의미했던 것은 아닙니다. 우리에게 두세 가지 참고가 될 만한 것이 있습니다. 그 중 하나는 갑자기 병이 났을 때와 만성병에 걸렸을 때는 같은 독물을 섭취해도 병에 걸리는 수준과 양이 다른데, 그와 비슷한 현상을 해조류에서도 볼 수 있다는 것입니다. 그 예로서 토론 중에 보고된 스웨덴의 마르모라는 항구도시에서의 관찰이 있습니다. 이곳은 코펜하겐의 건너편 물가에 해당하는데, 여기에서 수년 전에 어떤 해조류, 단세포의 녹조류가 완전히 사라져 버린 적이 있습니다. 뭔가로 인한 오염이 원인이라는 것은 바로 짐작이 갔지만, 어떤 조직의 무엇이 원인으로 그렇게 되었는지에 대해서는 한동안 미궁이었습니다.

여러모로 조사해본 결과, 작은 공장에서 나오는 구리이온을 포함한 공장폐수가 원인이라는 것이 밝혀졌습니다. 이것은 실험실 안에서 발견한 것인데, 구리이온이 5에서 15ppb(μg/ℓ)사이에서는 이 해조류는 죽습니다. 그보다 농도가 짙은 쪽은 어떻게 되느냐하면 이 해조류는 뭔가 일종의 단백질을 몸 주위로 분비하여 15μg/ℓ을 넘는 구리이온에 대해서는 오히려 생존한다고 합니다. 그리고 이것보다 낮은 범위에서는 독성은 나타나지 않습니다. 구리이온의 농도가 훨씬 높은 범위가 되면 이번에는 급성중독으로 죽습니다. 이 5나 15$\mu g/\ell$은 본래 이곳 해조류에 갖추어져 있는 방어기구, 구리이온과 결합하는 단백질을 분비해서 그것을 억제하는 방어기구가 작용하기 직전의 농도이고, 만성적인 축적에 의해서 죽는다는 것을 알 수 있습니다.

하등생물의 경우에도 만성독 쪽이 무섭습니다. 급성독이라면 이것보다 높은 농도에서는 방어기구가 작용하여 중금속 이온을 단백질로 고정하여 몸안으로 들어가지 못하도록 할 수 있지만, 그 이하의 농도라면 방법이 없습니다. 생물의 입장에서 보면 대책이 없다는 말입니다. 이것은 우리가 지금 껴안고 있는 공해문제도 마찬가지여서 아황산가스 등이 아주 짙을 때는 기침이 나와서 쏜살같이 피합니다. 하지만 연한 것을 서서히 침투하면 의식하지 못한 채 서서히 몸 상태가 나빠집니다. 그와 같은 반응이 미생물에서도 발견된다는 것은 흥미롭습니다.

그런데 마르모에서 왜 녹조가 갑자기 죽었을까요? 그건 결국 도시하수와 공장폐수를 희석시키면 동이온의 피해가 없어질 거라고 믿고 희석시켜서 흘려보낸 것이 결과적으로는 문제를 발생시킨 겁니다. 그 후 공장폐수를 분리해서 처리하자, 다시 녹조가 자랐다는 보고가 있습니다.

또 하나의 예는 벨기에의 간 ―또는 네덜란드 식으로 읽으면 겐토인데― 영불해협에 인접한 항구도시의 굴 양식장에서 발생한 예입니다. 이 역시 토론 중에 기묘한 현상으로 보고되었습니다.

굴이 증식은 하지만 성장하지 않는다는, 즉 유생까지는 부화하지만 거기서부터는 성장하지 않는 기묘한 현상이 몇 년이나 계속해서 관측된 거예요. 생화학자가 이것을 여러모로 조사해 봤더니, 아무래도 어떤 종의 효소가 없어서 자라지 않는 것 같다는 겁니다. 그런데 이 오그라들어 작아진 굴을 다른 해안에 옮겨놓았더니 훌륭하게 자랐다고 해요. 그래서 이 해안에 뭔가 굴의 성장을 방해하는 요인이 있을 거라고 생각했죠. 그리고 그것이 특정한 효소의 작용을 억제시키는 물질이라는 것까지는 알아냈지만, 결국 그 후의 진전이 없는 상태로 3년 정도가 지났습니다.

다시 여러모로 조사해 보니, 3년 전과 달라진 환경조건은 그곳 인근에 나일론 합성공장이 가동을 시작한 것뿐입니다.

그런데 바다 속과 바닷물을 아무리 분석해 봐도 나일론의 중간체나 원료에 해당하는 물질은 농도가 아주 낮아서 굴에게 독이 될 것 같지도 않습니다. 하지만 3년 후에 이 나일론의 원료인 석탄산과 사이클로 헥산온의 극히 소량이 진흙 속에 쌓여서 어린 굴에게 문제의 효소장애를 일으킨다는 사실을 알게 되었고, 역시 공장폐수가 원인임이 판명되었습니다. 공장폐수를 제대로 처리하자 예상했던 대로 굴의 성장장애는 멈췄습니다.

이런 경우에도 분석으로 문제의 원인물질을 찾는다는 것은 어렵습니다. 어느 선까지 생화학적인 방법으로 특정효소에 문제가 있다는 것을 알아내면 그 다음은 어느 정도 알 수 있지만, 결국은 환경적 인자를 —최근 3년간 문제가 있었다면 3년 전과 달라진 조건은 무엇인지를 조사하는 식으로— 조사하지 않으면 결정적인 증거가 되지 않습니다. 역시 실험실 안에서의 연구만으로는 답이 나오지 않는다는 하나의 실례로 기억하고 있습니다. 분자생물학이나 생리학이 인과관계를 밝히는 데 부분적으로 도움이 된 예입니다.

진행하는 발트해의 오염

독성에 대한 이야기에서 인상에 남은 것은 이 정도이고, 그 다음으로는 자연 전체의 문제가 화제가 되었습니다. 무엇보다 이번 회의에서도 가장 데이터가 충실했던 곳은 발트해인데, 이곳은 상당히 특이한 바다입니다. 발트해는 아시는 것처럼 스웨덴과 덴마크 사이의 잘록한 곳입니다. 이른바 출구가 아주 작은 내해여서 옛날에는 아마도 커다란 호수였을 거라고 생각됩니다. 발트해의 지도를 보면 아시겠지만 왼쪽 아래 스웨덴과 덴마크 사이에 있는 몇몇 섬에 의해서 차단되어 출구가 거의 없는 바다입니다. 표준에 맞게 발트해의 종단면도를 그리면 〈도표 7〉처럼 이른바 쟁반 한쪽의 가장자리가 북해로 연결되어 있는 것 같은 모양입니다. 게다가 이 발트해를 에워싼 육지에 내리는 눈이 증발량보다 많기 때문에 발트해의 담수의 수지는 항상 플러스입니다. 민물이 끊임없이 주변에서 흘러드는 지형입니다. 그렇게 되면 민물은 가볍기 때문에 북해 쪽으로 흘러가는데, 바람이나 파도로 다소 섞이게 됩니다. 처음에 말씀드린 것처럼 발트해에는 조수간만이 없어요. 따라서 뒤섞는 요인은 바람뿐이지만, 다소 혼합됩니다. 그래서 발트해의 해수 분포는 약간 기묘한 형태가 됩니다.

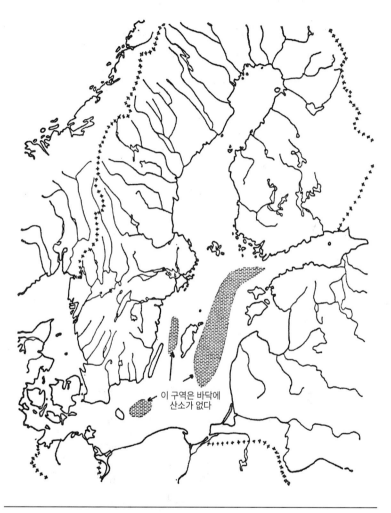

이 구역은 바닥에
산소가 없다

도표 6 | 발트해의 무산소 구역

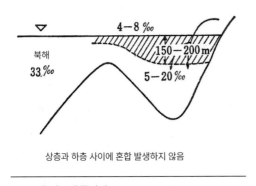

북해
33‰

4−8‰

150−200m

5−20‰

상층과 하층 사이에 혼합 발생하지 않음

도표 7 | 발트해 종단면도

민물이 위로 올라옵니다. 이것은 실은 민물이 아니라 소금이 약간 섞입니다만, 대체로 염분의 농도로 어림잡아 입구에서 먼 곳은 0.1%, 이것은 퍼밀이라는 형태로 1천분의 1을 단위로 보통 염분의 농도를 나타냅니다. 북해라면 대체로 정상치에 가까운 33퍼밀 정도가 됩니다. 이 중간은 여러 가지가 있어서 결국 대체로 보통 해수의 5분의 1에서 10분의 1정도의 소금물이라고 짐작하면 됩니다. 이렇게 되면, 무거운 바닷물은 북해 쪽에서 조수의 간만 때마다 조금씩 들어와서 바닥에 쌓이는데, 이 바닥에 쌓인 것도 다시 위쪽 수분으로 옅어져서 대체로 장소에 따라서 다르지만, 5나 20퍼밀 정도의, 즉 1리터 중의 5나 20그램 정도의 염분을 포함하는 바닷물 —이것도 대서양의 물에 비하면 상당히 옅은 물입니다— 이렇게 깨끗하게 층이 나눠져 버립니다.

하지만 인간이 배출한 여러 가지 오염물이 당연히 조금씩 아래로 가라앉습니다.

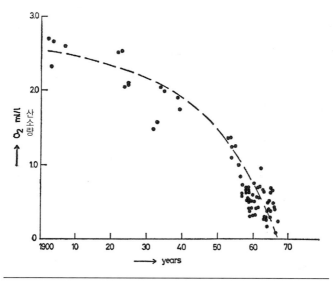

도표 8 | 발트해 아래층 산소농도

주변에서 나오는 다양한 물질은 결국 장기적으로는 이 염분의 급
변하는 층, 아래는 진하고 위는 옅은 층을 지나서 아래쪽으로 점점 쌓
입니다.

이처럼 발트해는 상당히 특수한 바다여서, 위층과 아래층 사이에
좀처럼 혼합이 발생하지 않습니다. 그렇게 되면 생물이 호흡하여 산소
를 소비하면 보통 물은 표면에서 산소가 공급되는데, 발트해에서는 위
에 민물이 있어서 그것이 움직이지 않기 때문에 아래의 소금물 쪽에는
산소가 공급되지 않습니다.

그래서 이 염분 급변층에서 아래 부분의 산소농도를 오랫동안 다
양한 지점에서 측정하고 있는데, 그 하나의 예가 발트해 아래층의 산
소농도라는 그림입니다. 1900년 무렵부터 측정하기 시작해서 ―제1차

세계대전과 제2차 세계대전 중에는 당연히 데이터가 거의 없지만— 그 사이의 경향을 간신히 선을 그어 보면 처음에는 서서히, 나중에는 급격하게 산소의 농도가 떨어져서 1970년에는 대체로 제로가 됩니다. 이것은 분명히 제로가 되어 있어서, 산소가 없는 곳에서는 대부분의 생물은 생존할 수 없기 때문에 소금물이 들어오는 아래쪽 층에는 바닥에 산소가 없는 곳이 생겨 버립니다.

산소가 없어진 곳이 〈도표 6〉에 있습니다. 이곳은 발트해의 깊이 분포와 정확하게 일치합니다. 실은 전전(戰前)부터 문제가 되었는데 산소가 완전히 제로가 된 것은 1970년 직전 무렵으로 다수의 측정에서 확인되었습니다.

그 원인은 무엇일까? 다양한 논의가 있었는데, 가장 큰 요인은 〈도표 9〉에 있는 것처럼 발트해의 바닷물 안에 있는 인산의 농도를 조사해 보면, 이에 대한 데이터는 1938년에 하나가 있을 뿐이고 그 외에는 전후의 결과밖에 없습니다. 전후만 살펴봐도 대체로 2배에서 3배로 인산의 농도가 증가했습니다. 이 단위는 아마 밀리그램이 아니라 100 마이크로그램/ℓ라고 생각하는데, 이런 식으로 서서히 증가합니다. 인산은 생물에게 절대로 필요한 비료성분의 하나입니다. 우리가 '비료의 3성분'이라는 것을 배웠을 때도 질소, 인산, 칼륨이 자연계에 비교적 부족하지만 생물에게는 중요하다고 하여 현재 비료로 사용되고 있는데, 그 중에서도 질소는 공기 중의 분자상태의 질소에서 이른바 질소고정을 하는 미생물이 비교적 어디에나 있습니다.

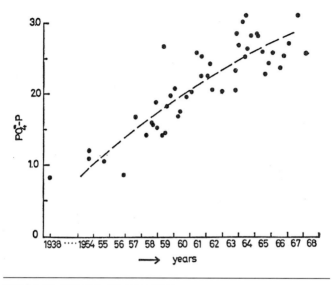

도표 9 | 발트해의 일정 지점에서의 인산 농도

특히 물속에서는 조류가 자주 이 반응을 일으키기 때문에 대개의 경우 질소는 제한요인이 되지 않습니다. 그리고 칼륨은 지질요인 중에서 특히 칼리장석이 녹아내려서 하천수에서 비교적 풍부하게 공급됩니다. 그래서 대개 바닷물 속이나 호수 안의 영양을 제한하는 요인은 인산입니다. 일반적으로 부영양화라고 하면 대부분이 인산의 증가입니다. 발트해는 전체적으로 이렇게 부영양화가 발생하고 있습니다. 인산이 많아지면 그것을 이용하는 식물이나 단세포의 해조류가 광합성으로 유기물을 만듭니다. 그것은 겨울이 되면 빛이 없어져서 죽어서 썩습니다. 썩은 경우에 인산은 다시 물속으로 녹아들고 이것이 계속 반복되어 점점 물속의 유기물 양은 인산의 양에 비례해서 증가합니다. 결과적으로, 유기물을 소비해서 호흡하는 생물의 양은 늘고 산소의 양은 줄어듭니다. 그러한 순환 때문에 산소가 없는 부분이 생기는 지경까지 와버린 겁니다.

특히 54, 55년부터 56년 무렵까지는 그렇게 눈에 띄게 늘지는 않았는데 58~59년부터 60년대에 접어들어 하나같이 증가한 것은 화학비료의 보급과, 합성세제 안의 증량제와 칼슘이온을 제어하기 위해 인산염이 대량으로 들어 있는데 그것이 하수도를 통해서 발트해에 흘러 들어가서, 그로 인해 생물의 활동이 증가해서 산소가 없어졌다는 식으로 현 시점에서는 해석할 수 있습니다.

즉 인간의 활동이 발트해를 산소가 소진될 지경까지 몰아갔다는 것이 스웨덴이나 핀란드, 소련 등의 각국에서의 연구로 명확해졌습니다.

걱정스러운 부영양화와 불안정화

실은 이 부영양화라는 현상은 언뜻 들으면 영양이 풍부해지니까 좋을 것 같지만 실은 아주 곤란한 문제입니다. 경우에 따라서는 인공적으로 부영양화를 만들기도 합니다. 예를 들면 옛날에는 김양식을 할 때 인간의 오줌을 뿌렸습니다. 굴을 양식할 때도 그렇게 했어요. 이것은 주로 질소와 인산을 공급하기 위해서인데, 일본에서는 그러한 인공적인 부영양화를 옛날부터 해왔고 그 결과로 굴이나 김 같은 작물을 수확하고 있습니다. 그런데 실제 바다에서는 이것이 정도가 지나쳐서 오히려 일정 종류의 해조류만이 영양분이 많을 때 한꺼번에 부쩍 자라서, 이른바 적조가 발생합니다. 적조가 발생하면 해조류는 낮 동안은 산소를 만들지만 밤이 되면 자신이 만든 산소를 호흡하여 소비합니다. 그럼 그만큼 물고기가 호흡할 산소가 줄어들겠죠. 그리고 단숨에 증가한 것은 반드시 단숨에 소멸합니다. 한꺼번에 급격하게 늘어난 종은 언제까지나 그 상태를 유지하는 것이 아니라 반드시 멸종합니다. 그렇게 되면 그 사체가 다시 분해돼서 산소를 소모합니다. 그러다보니 적조는 물고기에게 상당히 큰 피해를 주게 되지요.

이런 현상은 실은 전전부터 알려져 있었어요, 전후 일본에서 여기저기에서 발생하여 최근에는 매달 어딘가에서 발생하고 있습니다. 그러니 뉴스거리가 되지 않아요. 또한 공업폐수로 물고기가 종종 죽는 경우에도 공장 측은 적조 탓을 하며 도망갈 길을 찾기 때문에, 양쪽 이야기를 듣고 있으면 정말로 거의 매년 봄부터 여름에 걸쳐서 적조 이야기를 듣다보니 지금은 흔한 이야기가 되어 버렸습니다.

그런데 이것은 이 다음에 이야기할 북해의 연구와도 연관이 있어요. 이처럼 특정한 종(種)이 한꺼번에 대량으로 발생해서 다른 종의 상황까지 악화시킬 정도로 증식하는 현상은 적조뿐만 아니라 우리 주변에서 많이 볼 수 있습니다. 하기는 우리에게 가장 친숙한 예는 인류의 대발생일 겁니다. 그래도 이것은 제쳐 두기로 하고, 종종 화제가 되는 메뚜기의 발생이 있습니다. 그리고 쥐의 대발생도 있죠. 일본 역사상에도 기록이 많이 남아 있어요.

보통 때는 일정한 숫자밖에 없어서 안정되어 있던 종이 어떤 이유로 급증하여 번성하는데, 그 다음에는 어김없이 멸종해 버립니다. 그

과정에서 여러 가지 골치 아픈 일들이 벌어져요. 메뚜기의 대량발생은 인간에게는 식량을 빼앗기게 되는 문제라서 대량발생 자체가 두말 할 것 없이 난처한 일입니다만, 그 종에게도 개체의 급증이 좋은 것만은 아닙니다. 대량으로 발생한 후에는 대소멸이 발생한다는 것이 원칙이어서, 잘못하면 원래 수준으로 돌아가는 데 몇 십 년이 걸리는 경우도 있습니다.

그래서 생태학자에 따르면, 이런 현상은 생태계의 안정성이 퇴화하여 발생한다는 이야기를 자주 듣습니다. 특히 메뚜기의 대량발생은 온대의 농경지대, 즉 인간의 손길이 더해져서 특정 작물만을 재배하는 논밭에서 발생하기 쉽습니다. 열대지방에서는 지금까지 그 정도 대량으로 발생한 기록이 없습니다. 물론 기록만 없을 뿐 실제로는 발생했을지도 모르죠. 다만, 생물학자에 따르면 아무래도 온대지방이 —인간의 손길이 미쳐서 이전의 산림이나 초원을 가능한 한 전부 농경지로 바꿔버렸기 때문에— 그만큼 생태계가 단순해졌다, 단순해진 생태계일수록 안정성이 떨어진다는 아주 엉성한 원칙이 지금으로서는 생태학자들 사이에서 인정을 받고 있습니다.

1은 10회를 나타낸다 논문 중의 해면구분

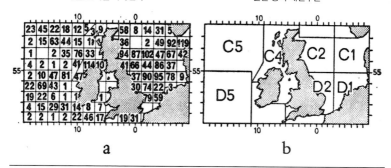

1은 10회를 나타낸다

도표 10 | 20년간의 플랑크톤 측정횟수

그렇다면, 도시 같은 상당히 불안정한 환경에서는 인간과 시궁쥐와 바퀴벌레 정도밖에 없습니다. 동물로는 고양이하고 개가 약간 있을 뿐입니다. 개미가 살 틈새도 없다는 곳이 도쿄의 도심부라서 —거기까지 멋대로 유추를 해도 될지 모르겠습니다만— 아주 단순한 생태계로 어쩌면 안정성도 상당히 떨어져 있지 않을까 생각합니다.

사족은 이쯤하고, 사실 이것과 다소 관련이 있는 한 가지 염려스러운 결과를 영국의 그룹이 발표했습니다. 그것은 영국의 수산학자가 전후 약 20년에 걸쳐서 플랑크톤을 조사한 결과를 그림으로 나타낸 것인데, 이것을 보시면 아시겠지만 영국을 둘러싼 서쪽의 북대서양과 동쪽의 북해에 네모 칸을 쳐서 20년간 가능한 한 많은 플랑크론 망을 쳐서 잡은 플랑크톤 종류와 수를 조사한 결과입니다.

얼마나 꼼꼼하게 조사했는지는 여기에 측정횟수 곱하기 10분의 1이라는 숫자가 나와 있습니다. '1'은 대체로 10회 측정한 결과입니다. 최고치는 114인데, 이것은 적어도 1100회는 측정했다는 걸 의미합니다. 20년간이니까 매일이라고는 할 수 없어도 어마어마한 측정량이죠. 단지 망을 쳐놓고 무엇이 들어있는가만 조사한 것이 아니라, 그 숫자까지 조사했으니 보통의 끈기로는 불가능했을 겁니다. 이런 일은 사실 일본인의 적성에도 맞는 일일 텐데, 제가 아는 한 이런 단조로운 일을 했다는 이야기는 들어본 적이 없네요.

그리고 이 네모 칸으로 구획을 짓고 그림 b에 있는 것처럼 다시 한 번 그룹으로 분류해서 북해 쪽과 대서양 쪽으로 나눕니다. 그리고 그 결과를 가지고 여러 가지 데이터 처리를 해서 20년간의 변화를 보고 있습니다.

그리고 생물이니만큼 가령 연어가 많이 잡히는 해가 있는가 하면 적게 잡히는 해도 있다는 것은 주지의 사실입니다. 당연히 해마다 심한 변동이 있게 마련이죠.

북해나 북대서양, 이만큼 넓은 구역을 전부 조사해서 평균을 냈다고 해도 변동은 큰데, 먼저 〈도표 11〉부터 살펴보면 여기에 언급되어 있는 11종의 동물성 플랑크톤 중 a는 확실하게 증가했습니다. 다만 이것의 표시방법이 좀 마음에 안 들어요. 왜냐하면 0(제로)이라고 쓰여 있는 것은 최근 20년간의 평균을 나타낸 것이고, 그것을 기준으로 '플러스 1'이니 '마이너스 1' 하는 식으로 나타냈는데, 이것은 각각 표준편차를 단위로 하는 척도를 취하고 있기 때문에 절대수가 아니라는 거예요. 절대수가 이 그래프에 나와 있으면 실은 좀 더 깊이 있는 논의를 할 수 있었을 텐데 말입니다. 어쨌든 여기에서 상대수만 보면 a는 확실히 늘었고, 별표가 2개 붙어있는 것은 1%의 위험률로 우위입니다. b와 c는 5%의 위험률로 우위이고, d와 e는 늘었다고도 줄었다고도 할 수 없습니다.

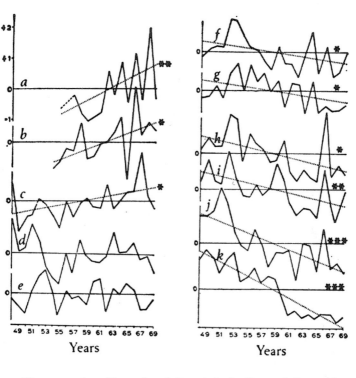

a. Pleuromamma borealis
b. Euchaeta norvegica
c. Acartia clausi
d. Temora longicornis
e. Clione limacina
f. Calanus helgolandicus and finmarchicus, stages V and VI
g. Metridia lucens
h. Candacia armata
i. Centropages typicus
j. Spiratella retroversa
k. Pseudocalanus and Paracalamus, combined.

도표 11 | 20년간의 플랑크톤의 증감 (동물성)

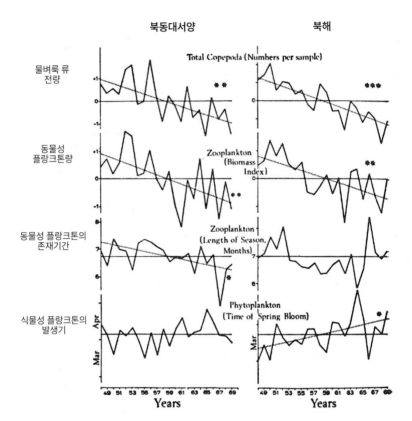

북동대서양   북해

물벼룩 류
전량

동물성
플랑크톤량

동물성 플랑크톤의
존재기간

식물성 플랑크톤의
발생기

Total Copepoda (Numbers per sample)

Zooplankton
(Biomass
Index)

Zooplankton
(Length of Season,
Months)

Phytoplankton
(Time of Spring Bloom)

Years   Years

도표 12 | 영국의 서쪽과 동쪽의 비교

문제는 나머지 6개입니다. f, g, h는 5%의 위험률로 줄었습니다. 그리고 i, j, k는 1%로, 누가 봐도 준 것은 j와 k입니다. 어떤 종은 늘고 다른 종은 줄었지만, 11종을 이렇게 평균으로 보면 증가한 종은 3종이고 감소한 종은 6종입니다. 절대수는 확실히 줄었습니다. 이것은 무엇을 의미하는 걸까요?

조금 전에도 말씀드렸듯이 여기부터 다음 부분은 절대수가 표시되지 않았기 때문에 ―이렇게까지 대충 말해도 될지 어떨지 저도 자신이 없습니다만― 원래 보고서에서 도출한 저의 대략적 결론은 종의 상대적인 구성이 간단해졌다는 것입니다.

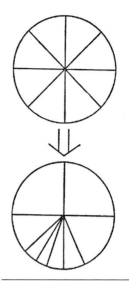

도표 13 | 종의 상대적 구성의 변화

예를 들어 〈도표 12〉처럼 8종이 균등하게 늘어서 있으면, 어떤 2개 혹은 3개는 상당히 늘어나고 다른 것은 점점 줄어들죠. 즉 전체적으로는 계통적인 조직은 간단해질 거라고 생각합니다. 상당히 엉성한 표현입니다만, 처음에는 균일했다는 것을 전제로 처음에는 적었던 것이 많아지면 오히려 안정성은 늘 거라는 논의도 물론 성립합니다. 하지만 3종이 늘고 6종이 줄었다는 것은 아무래도 이것은 생태계가 점점 단순해져서 안정성이 줄어들고 있음을 의미하는 게 아닐까요? 이 극단적인 부분이 이른바 적조입니다. 특정한 한 종류가 전부가 되어 버립니다. 원그래프로 나타내면 다음과 같이 됩니다(도표 13).

계통적인 조직의 안정성의 이야기, 이것은 저의 감상이고 원래 보고서를 쓴 사람은 아직 그런 터무니없는 것을 언급하지는 않았습니다. 상당히 조심스럽게 단지 '이렇게 되었다'라고 결과를 제시했을 뿐입니다.

이번에는 그림을 북동대서양과 북해로 나누면(도표 12) 별표의 숫자는 조금 전과 마찬가지입니다. 먼저 물벼룩 종류, 갑각류의 총량, 이 것은 확실히 양쪽 모두 줄었습니다. 그리고 동물성 플랑크톤의 총량도 줄었어요.

다음으로 존재기간. 이것이 뭐냐면 이러한 플랑크톤은 겨울동안 은 알의 형태로 겨울을 나거나 잠을 자거나 하다가 봄부터 모습을 드러 내고 가을이 되면 다시 소멸한다, 즉 눈에 보이지 않게 됩니다. 이 눈에 보이는 기간이 북동대서양에서 어쩐지 짧아졌어요. 북해에서는 그다지 변화가 없습니다. 또 하나는, 식물성 플랑크톤이 처음으로 그것도 대량 으로 발생하는 시기가 북동대서양에서는 이 20년간 거의 바뀌지 않습 니다. 북해 쪽에서는 매년 늦어지는 경향이 있어요.

모든 상황이 물고기의 먹이조건에서 보면 안 좋은 쪽으로 진행 되고 있습니다. 식물성 플랑크톤을 동물성 플랑크톤이 먹습니다. 그것 을 물고기가 먹기 때문에 어떤 지표로 판단해도 물고기의 먹이는 해마 다 줄고 있죠. 상당한 변동이 있지만, 전체적인 경향으로는 줄고 있다 고 봐야 합니다. 게다가 이 기간은 적조의 횟수가 늘었다는 보고가 있 습니다. 따라서 제가 도출한 다소 억지스러운 가설, 플랑크톤의 생태계 인 북대서양과 북해의 안정성이 감소하고 있다는 것은 아무래도 타당 할 것 같은 불길한 예감이 듭니다.

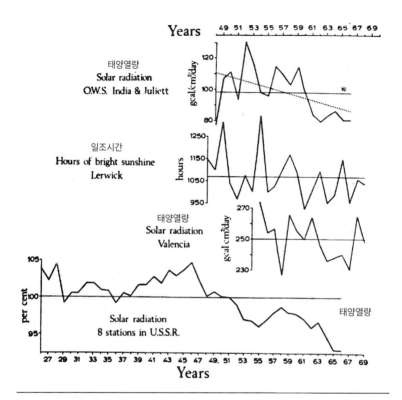

도표 14 | 태양광선의 감소

이 보고서를 쓴 영국의 그룹 —스코틀랜드의 에든버러에 있는 해
양연구소의 멤버인데— 은 물론 그렇게까지 억지스러운 말은 언급하지
않고, 20년간 조사해서 이런 것을 알아냈는데 이것은 도대체 무엇과 관
련되어 있을까? 라고 하여 여러 가지 데이터 중에서 관련성이 제일 높
을 법한 것은 태양광선의 감소가 아닐까라고 언급하고 있습니다(도표
14).

확실히 최근 태양광선이 감소하고 있다는 것은 여기저기의 연구와 관측의 결과로 어느 정도 인정되고 있습니다. 물론 이것을 오염과 연관 지을 수도 있고요. 예를 들어 공기 중의 투명도 저하, 태양광선이 작은 먼지의 미립자로 다시 떠올라 해면까지 오는 것이 줄었다든가, 또는 기름과 DDT가 해면에 널리 퍼져 식물성 플랑크톤의 광합성을 방해한다든가, 여러 가지 가설이 나왔지만 그것을 검증할 정도의 데이터가 아직 없습니다. 다만, 경향으로 봤을 때 최근 20년간 적용할 수 있는 것을 찾아본다면 '태양광선의 감소'가 있다는 결론에서 그들의 토론은 끝나고 있습니다.

연구의 전망이란 무엇인가

그 다음은 상상할 수밖에 없습니다. 다만 플랑크톤 증감도의 가로축을 다시 한 번 자세히 살펴봤으면 합니다. 1948년부터 1961년까지 이런 한가로운 연구를 몇 천 번이나 플랑크톤 망을 치고 그 안에 걸려드는 무수한 플랑크톤을 한 마리 한 마리 계산해서 20년간의 변화를 관찰하는 일을 하고 있을 때는, 의미를 부여하기가 애매한 것이어서 계산하고 있는 본인도 왜 이렇게 바보스러운 일을 하고 있을까 하고 종종 생각했을 겁니다. 장래에 대한 큰 전망이 있다거나 그도 아니면 연구를 좋아해서 변덕으로 하고 있다거나, 둘 중 하나였을 겁니다.

그래서 누차 반복되는 문제입니다만, 우리가 항상 가까운 미래의 전망을 논하면서 전망이 있으니까 한다든가, 없으니까 하지 않는다든가 하는 식이라면 결국 아무 쓸모도 없는 노력밖에는 할 수 없습니다. 그 반대의 예로 이 그래프의 가로축을 곰곰이 보셨으면 합니다. 눈앞의 전망만 쫓는다면 이런 일은 할 수 없습니다. 일본에서 제대로 된 연구가 안 되는 것도 대학에서 가르치는 학문이 항상 눈앞의 전망만 쫓고, 눈앞의 이론만 계속하여 수입하기 때문이라는 생각이 듭니다.

그러므로 공해가 문제가 되면 오기로라도 공해는 연구하지 않겠다고 말할 정도의 인간이 있어도 됩니다. 제 친구 중에 그런 사람이 있는데, 지금까지는 혼자서 꾸준히 해오더니 70년에 접어들자마자 매스컴을 탔기 때문에 이제는 절대로 공해연구는 하지 않겠다고 고집을 부리고 있습니다. 이것은 하나의 견해입니다.

극단적으로 말해 "미래의 과학은 무엇인가?"라고 누군가가 묻는다면, '현재의 과학이 아닌 것'이라는 규정이 가장 넓고 정확한 답이라고 생각합니다. 지금 여러분이 과학이라고 생각하는 것은 10년 후나 20년 후의 과학은 아닐지도 모릅니다. 그 싹은 우리한테 있다고 하더라도, 완성된 형태를 지금부터 상상해서 이것이 미래의 과학이 될 거라고 생각해서는 안 될지도 모릅니다.

그렇게 생각하면, 저의 미나마타병 조사도 개인의 변덕 같은 겁니다. 10년 전에 미나마타병의 위치나 전망에 대해 아무리 물어봐도 대답할 수 없었고 지금도 그다지 확실하지 않습니다. 그래서 제가 여러분에게 권하고 싶은 것은 변덕을 아주 긴 시간에 걸쳐 연구해 주셨으면 하는 겁니다.

이야기가 옆으로 샜는데, 서둘러서 한두 가지 더 말씀드리겠습니다. 전망이 없어 보이는 연구의 보고가 있었기 때문에 하나 더 말씀드리겠습니다. 40년 전에 이 마르모 근처인 스웨덴의 서해안에서 전혀 오염이 없는 지역을 역시 개인의 변덕으로 측정한 연구가 있습니다. 저는 생물학자가 아니기 때문에 어떤 형태로 결과가 나올지 짐작이 안 가지만, 갯바위가 있는 물가에서 생물이 붙어있는 방법을 깊이마다 조사를 진행해 보면, 얕은 곳은 파도나 바람의 영향으로 서식하는 생물이 적습니다. 한편 깊은 곳은 빛이 들어오지 않아서 적습니다. 어딘가 중간지점에 최대점이 있어요. 깊이가 깊어질수록 이른바 제1차 생산, 식물에 의한 유기물의 생산속도를 측정해 보면 대체로 산을 닮은 모양이 된다는 이야기입니다.

40년 전에 우연히 호기심에 그것을 측정한 사람이 있었다고 해요. 작년에 그 데이터를 본 어느 젊은 대학원 학생이 확인 차 같은 곳을 다시 측정했습니다. 그랬더니 최대생산을 나타내는 깊이가 40년 전의 절반이 되어 있었다고 해요. 이곳은 인위적인 오염이 전혀 없는 장소라서 이것이 무엇을 의미하는지는 도저히 예측하기가 힘들지만, 결국 빛이 최대한으로 이용되는 깊이가 반으로 줄어든 거죠. 혹은 식물의 생산에 이용되는 깊이가 반감했음을 의미하지 않겠느냐는 것이 측정한 사람의 중간적인 결론이었습니다.

이것도 40년 전의 데이터가 때마침 있었기 때문에 이런 예측도 해볼 수 있는 것이지, 40년 전에 측정한 사람은 무엇 때문에 이것을 했는지 물어도 호기심 때문에 했다는 것 말고는 달리 이유가 없을 거라고 생각합니다. 지금에 와서 보면 그 40년 동안, 즉 전전(戰前)과 현재와는 오염이 없는 곳이라도 광합성에 이용할 수 있는 깊이는 절반으로 줄 수 있다는 그다지 유쾌하지 않은 결과가 나왔습니다.

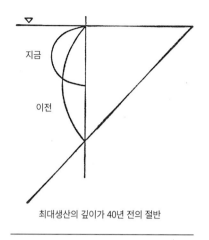

지금

이전

최대생산의 깊이가 40년 전의 절반

도표 15 | 스웨덴 서해안의 생산성과 수심

겁주는 이야기는 이 정도로 하죠. 그다지 유쾌하지 않은 이야기만 했으니 여기서 화제를 좀 바꾸겠습니다. 홍합의 잔류 독성의 분포도(도표 16)를 봐 주십시오. 실은 이것은 저에게도 낯익은 그림인데, 동일한 도면을 이전에 그린 적이 있기 때문에 처음에는 혹시 저의 보고서를 보고 쓴 것이 아닐까 생각했지만 단정할 수는 없습니다. 이러한 도면을 나타내는 방법은 달리 저작권도 없고 확실히 알기 쉬운 방법이기 때문에 누구라도 비슷한 것을 생각하겠죠. 라인 강의 하구를 중심으로 하여 네덜란드 해안선을 꼼꼼하게 —이 경우는 홍합입니다— 정착성 조개의 샘플을 채취해서 남과 북에 어느 정도 농약이 뿌려져 있는가를 측정한 것입니다. 여기에서 보면, 정말 명확하게 라인 강 하구에서 농약이 나와서 주변으로 퍼져간다는 결과가 나옵니다.

라인강의 하구를 0km로 하여, 남북으로의 거리로 나타냈다.

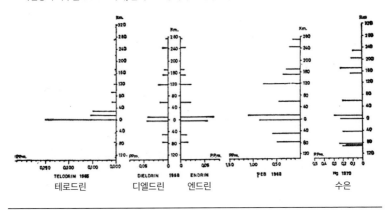

테로드린　　디엘드린　엔드린　　　　　　　　수은

도표 16 | 홍합 속의 잔류 독성의 분포(네덜란드)

이 테로드린(telodrin), 디엘드린(dieldrin), 엔드린(endrin) 3가지는 이른 바 드린(drin) 계통 농약이라고 하는 유기염소화합물입니다. 그리고 비교를 위해 문제의 PCB가 여기에 쓰여 있습니다. 이것도 어쩐지 라인강에서 아주 대량으로 나온 것 같아요. 군데군데 다른 봉우리가 나와 있는데, 그것은 그 부분에 새로운 배출원이 있을지도 모릅니다.

120킬로 근처라고 하면, 대체로 암스테르담의 출구 정도에 해당하기 때문에 그 주변에서 PCB가 많이 검출돼도 이상하지는 않습니다.

그리고 수은은 라인 강만은 아닌 것 같습니다. 즉 제로인 부분도 높지만 180부터 190정도인 곳에 또 하나의 산이 있습니다. 사실 여기는 네덜란드의 튤립 지대입니다. 튤립 지대에서 배출되는 폐수가 한꺼번에 흘러나오는 곳이 마침 이 근처에 있습니다. 튤립이나 그 외의 구근 소독에 유기수은제를 상당히 다량으로 사용하여 그것이 배수구 안으로 들어가서 물고기의 몸에 쌓이고, 물고기를 먹는 새에게 쌓이는 식으로 68년부터 69년에 걸쳐서 상당히 심각한 사회문제가 된 적이 있습니다. 이것은 나중에 다시 네덜란드 편에서 더 상세하게 이야기하겠지만, 아무래도 그 산이 여기에도 나온 것 같습니다.

어쨌든 라인 강의 영향이 확실히 나타나는 것은 부정할 수 없기 때문에 네덜란드 사람이 "우리는 독일인의 소변을 마시고 있다"고 늘 상 불만을 호소하는 것도 무리가 아닙니다. 네덜란드의 경우에는 확실히 수자원의 95%정도는 외국에서 오게 됩니다. 일본처럼 수자원이 100% 나라 안에 있다는 것은 혜택 중에 큰 혜택이라서, 예를 들어 수도의 인공적 처리를 하지 않은 양질의 수자원을 얻기 위해서는 자기 나라에서 오염시키지 않으면 됩니다. 하지만 네덜란드는 아무리 자기 나라에서 깨끗하게 해도 상류의 여러 나라가 깨끗하게 유지하지 못하면 수돗물조차 마실 수 없게 됩니다.

이 〈도표 16〉은 실은 또 하나의 의미가 있어요. 홍합이라는 삼각형의 조개예요, 이러한 생물지표를 파악하는 것은 비교적 정착성 조개를 대상으로 하여 물속에서는 검출되지 않는 엷은 물질일지라도 이 안에 상당히 축적되어 있다는 것을 나타내고 있습니다.

지난번에 PCB가 그렇게 많이 검출되는 게 좀 의외라는 질문을 하셨는데, 여기에서도 역시 드린제가 전부 합쳐서 고작해야 0.3이나 0.4, 0.3ppm남짓인데 PBC는 1ppm 들어있죠? 그리고 다치카와(立川) 선생님이 측정하신 결과에서도 물고기 체내에 1ppm정도의 PCB가 들어있다는 이야기를, 강의 시작 전에 도쿄도립대학의 이소노(磯野) 씨한테서 듣고 이거 큰일 났구나! 생각하던 참입니다.

태평양의 조사는 거의 없다

지금까지 말씀드린 것 중에서 태평양에 대한 언급이 그다지 없어서 불만이실 거라고 생각합니다. 이것은 어떤 의미에서는 당연한 일이에요. 안타깝지만 일본은 이러한 국제학회에 제대로 된 보고를 하고 있지 않거든요. 학회에서 보고된 것은 수산청의 닛타(新田) 씨의 상당히 잘 정리된 총설 〈일본 근해의 오염〉이라는 보고뿐입니다. 그 중에 미나마타병도 적조도 상당히 간결하게 언급하고 있을 뿐입니다. 그 이상의 것은 없었고, 저는 그때까지 해양오염에 대해서는 거의 조사하지 않았기 때문에 여기에서 말씀드리는 태평양의 문제점은 안타깝지만 일본 근해의 이야기가 아니라 주로 열대와 아열대의 이야기입니다. 하지만 열대 아열대는 공업개발이 늦은 지역이기 때문에 그것을 연구하는 학자는 아무래도 미국이나 이전의 종주국인 영국, 호주 등 다른 나라의 학자에 의한 조사인데, 전혀 고맙지 않은 역시 불길한 이야기를 해야하는 결과가 나왔습니다.

다양한 보고가 있었는데, 가장 인상에 남아 있는 것은 '시구아테라'라고 하는 일종의 독을 가진 물고기입니다. '시구아테라'라는 것은 독을 가진 물고기의 총칭으로, 어느 지역의 물고기가 모두 일정한 독을 가지고 그것을 먹은 인간에게 저림이나 마비 또는 여러 가지 신경증상이 발생하는, 한때 미나마타병의 원인으로 의심받았던 독입니다.

이런 현상 자체는 훨씬 이전부터 알려졌는데, 18세기 말부터 논문이 있어서 광산이나 공업폐수의 유입, 그리고 탄약투기, 배가 가라앉은 장소라는 것과 이 '시구아테라' 독이 결부되어 논의되고 있습니다.

이것만으로는 너무나 막연한 이야기지만, 20세기도 후반에 들어 확실히 배가 침수한 곳에서 새롭게 '시구아테라' 독을 가진 물고기가 발생했다는 보고가 몇 가지 있습니다.

미국에서 홀스테드라는 생물학자가 '시구아테라'를 포함하는 물고기의 독성에 대한 보고를 다량으로 수집하였는데, 그 중에 실제로는 어디어디에서 배가 가라앉았을 때 인양하던 인부들이 물고기를 실컷 먹었지만 아무렇지도 않았다, 하지만 얼마 후에 갑자기 독이 발생하여 중독환자도 나왔다는 사례가 보고되었습니다.

지금으로서는 아직 원인이 완전하게 밝혀졌다고는 할 수 없어요. 토론 중에 거론된 한 가지 예는 폴리네시아에 있는 섬에서 공항을 건설하게 되어, 처음에 공항건설자재를 육지로 운반하기 위해서 항구를 매립해서 만들었답니다. 그리고 이번에는 산호초를 땅고르기해서 공항을 만들었어요. 그러자 처음에 만든 부두 부근에서 '시구아테라' 독이 발생했고, 다음으로 산호초를 파괴한 공항 주변으로 퍼졌다는 보고가 토론 중에도 언급됐습니다.

현재 보고되어 있는 가장 설득력 있는 원인은 단세포의 해조류, 즉 모든 생태계의 기반이 되는 제1차 생산자인 단세포 해조류 중에 원래 독을 가지고 있는 종류가 있어서, 그것이 대량 발생하여 그것을 먹은 플랑크톤과 플랑크톤을 먹은 물고기까지 차례차례로 축적된 것이 원인일 거라는 것이 통설입니다.

이것이 어떤 물질인가 하는 것을 동물실험과 화학합성으로 최종적으로 확인은 하지 않았습니다. 하지만 '시구아테라'에 중독되었다는 보고는 일 년에 몇 번 정도는 열대나 아열대에서 발생하고 있습니다.

일단 발생하면, 이 독은 쉽게 사라지지 않습니다. "저기에서 시구아테라 독이 나왔다!"는 소문이 퍼지면 거기에서는 누구도 물고기를 잡지 않게 됩니다.

하지만 그것은 대개의 경우 그 지역 사람들만이 알고 있고, 멀리에서 온 어부가 물고기를 잡아갈 수도 있기 때문에 희석시켜진 형태로 우리 입안에도 이것이 들어있지 말라는 법은 없죠.

현재 생각해볼 수 있는 메커니즘은 이겁니다. 바다 속에는 여러 표면이 있는데, 고정된 표면은 보통의 건강한 상태라면 복잡한 생태계로 둘러싸여 있을 겁니다. 좀 전에 안정성 부분에서 잠깐 말씀드린 것처럼 단일생물만이 대량으로 증식하는 일은 좀처럼 없습니다.

그런데 새로운 표면이면 그 표면에 적합한 한 종류만 갑자기 확산돼요. 이른바 일차원의 적조 같은 것이 새로운, 그 전까지 생태계가 존재하지 않았던 표면에 퍼지는 거예요. 그것이 우연히 '시구아테라'의 독을 가진 해조류라면 거기에 '시구아테라'가 발생하는 게 아닐까 라는 메커니즘이 알려져 있습니다.

따라서 앞에서 언급한 공장폐수나 광산폐수에 의한 오염, 이것은 거기에 살고 있는 생태계를 전부 죽이고 생물이 없는 새로운 경계면을 만들게 됩니다. 탄약의 투기도 마찬가지예요. 또는 매립이나 배의 침몰도 안정된 생태계가 수반되지 않는 새로운 경계면이 해수 중에 노출한다는 점에서 같습니다.

그리고 또 하나, 현재 진행하고 있는 생태계의 파괴는 산호초를 넓적다리불가사리 ―상당히 괴상한 모습을 한 투박한 불가사리인데― 이것이 산호초를 마구 잡아먹는다는 뉴스가 있었어요. 상당히 생산성이 높은 —여기에서 생산성이라고 할 때는 물론 생태학적인 의미로 공장에서 말하는 의미가 아닙니다— 복잡한 생태계를 넓적다리불가사리가 마구 먹어서 거의 불모의 표면으로 만들어 버렸습니다.

그래서 '넓적다리불가사리'의 만연과 '시구아테라 독' 사이에도 관련이 있는 건 아닐까하는 가설이 현재 제기되고 있습니다. 제가 왜 '시구아테라 독'에 집착하는가 하면 바다 속에 새로운 표면을 만드는 사건, 예를 들어 준설(浚渫)[1]이나 매립, 해양투기 같은 것이 세계에서 가장 심각한 밀도로 진행되고 있는 곳이 바로 일본해입니다.

현재로서는 '시구아테라'는 다행히도 열대와 아열대에 국한된 현상이라고 알려져 있지만, 홀스테드가 쓴 논문을 읽어보면 '시구아테라 독'을 가진 것으로 알려진 어류의 일람표가 있습니다. 그 중에서 우리에게 아주 친근한 일본근해에 사는 전갱이나 고등어도 포함된다는 보고가 많습니다. 그렇다면 이것이 열대, 아열대에만 한정된 현상이길 우리는 바라지만, 일단 온대에서도 발생해 버리면 우리는 먹을 것을 잃게 됩니다.

'시구아테라'가 나온다는 것은 그 구역에 독이 퍼져서 수산물로 이용할 수 없게 될 뿐 아니라 그만큼의 물고기를 다른 구역에서 잡지 않으면 먹을 게 없어지므로 독이 없는 구역의 물고기 과잉포획, 이른바 남획이 발생합니다. 결과적으로 서서히 포획하면 살아남을 수산자원을 뿌리째 포획해 버리는 것을 의미합니다.

---

1   수중에서의 토사굴착. 하천유로의 확장이나 항만의 수심증가, 매립이나 축제용의 토사 채취 등의 목적으로 행해진다.

그리고 우리가 먹는 생선을 대상으로 매일 동물실험을 하고 나서 먹을 수도 없는 노릇이라, '어디어디에서 나왔다'는 소문이 돌면 아무래도 그 주변에서는 잡지 않게 됩니다. 정말로 독이 발생한 구역은 일부분이라도 다들 경계하느라 잡지 않게 되는 구역은 반드시 그보다 확산됩니다. 이런 식으로 수산자원의 이용 측면에서도 '시구아테라'의 영향은 생각보다 훨씬 심각합니다.

그래서 정말로 일본 근해에서는 '시구아테라'가 발생한 적이 없는가, 앞으로도 발생할 염려는 없는가에 대해서는 확실한 결론을 내려야 합니다. 열대에 국한되니까 괜찮을 거라고 맘 놓고 있는 사이에, 이번에는 '1억 총 미나마타병' 같은 것이 되어버리면 돌이킬 수가 없습니다.

다행히 '시구아테라'에 관한 연구는 일본인 연구자의 보고도 약간 있기는 합니다. 후생성의 식품화학과 담당관이 홀스테드와 공동연구를 한 것도 있기 때문에 이것은 영양학 측면에서도 일본 근해의 물고기를 앞으로도 안심하고 먹을 수 있을지의 문제로 진지하게 생각해 볼 필요가 있습니다.

그리고 또 7개의 바다에서 물고기를 끌어다 먹고 있는 우리로서는, 다른 것으로 제법 희석되었다고는 해도 '시구아테라 독'을 가진 물고기가 들어오지는 않는지에 대해서도 진지하게 검토해 볼 필요가 있습니다.

생산성이 높은 생태계의 파괴

이와 관련해서 좀 전에 말씀드렸던 넓적다리불가사리에 의한 산호초의 침식이 각지에서 문제가 되고 있습니다. 이것은 태평양 각지에서, 이미 오키나와에서 고치(高知)에까지 이르고 있다고 합니다. 최근 2~3년 동안에 넓적다리불가사리가 대량으로 발생했습니다.

그 원인으로는 먼저 준설이나 매립으로 바다를 휘젓는 바람에 불가사리의 유충을 널리 퍼트리고 있을 가능성을 생각해볼 수 있어요.

그리고 이 불가사리는 아무 쓸모도 없는 생물로, 이것을 먹는 생물이 전혀 없습니다. 늘기만 합니다. 불가사리를 즐겨 먹는 거의 유일한 천적은 대형 소라고둥이라고 하는데, 이 대형 소라고둥을 식용뿐만 아니라 관상용이나 다른 여러 가지 이유로 무분별하게 잡아들이는 경향이 있습니다.

저도 소라고둥의 공업용 용도는 모릅니다. 하지만 일본인이 무턱대고 잡는다는 이야기는 회의에서 들었습니다.

무엇 때문에 그렇게 잡을까요? 물론 식용으로 잡는 경우도 있지만, 여하튼 소라고둥을 마구잡이로 잡는다는 것만은 확실한 것 같아요. 이런 이유로 천적이 없어져서 넓적다리불가사리가 대량으로 발생했다고 보는 관점이 있습니다. 그리고 세 번째가 가장 언짢고 우려스러운데, 넓적다리불가사리 안에 축적성 독물이 쌓여서 천적을 죽여 버렸을 거라는 관점입니다. 이 관점에는 충분한 증거가 있습니다. 즉 축적성 독물임이 확실한 PCB가 곰에서 발견된 넓적다리불가사리 안에서 대량으로 검출된 거예요. 그 농도는 이미 소라고둥이 그 불가사리를 먹으면 반드시 PCB로 중독사할 정도로 쌓여 있다고 합니다.

이 PCB가 어디에서 왔냐는 문제도 있지만, 어쨌든 지금 언급한 준설이나 매립으로 유충을 퍼뜨린 건 아닌가 하는 것과 천적인 소라고 둥을 무분별하게 잡아버린 건 아닌가, 그리고 또 하나 불가사리 내부에 독물이 쌓여있는 건 아닌가 하는 —이 세 가지 원인 모두가 아무리 생각해봐도 인간의 활동에 의한 결과라는 것에는 변함이 없습니다.

산호초는 그러한 복잡한 경계면과 형태를 가지고 알에서 부화한 치어의 천국 같은 곳입니다. 이것을 불가사리가 계속 먹어치워 버리니, 일단 피해를 입은 산호초는 현재 알려진 바로는 적어도 수십 년간은 회복될 수 없다고 합니다. 어쩌면 영구적으로 회복되지 않을지도 모른다는 것이 산호초를 연구하는 학자의 보고입니다.

불가사리뿐만 아니라 준설이나 공업폐수와 하수의 유입에 의한 산호초의 파괴도 각지에서 발생하고 있습니다. 이 넓적다리불가사리는 처음에는 중부 태평양만의 문제라고 생각했는데, 대서양으로 옮겨갈 가능성이 서서히 현실화되고 있습니다. 이미 파나마 운하의 태평양 해안까지 도달했어요. 파나마 운하를 어떻게 건너냐고요? 배의 바깥쪽에 붙어서 얼마든지 건널 수 있습니다. 또는 밸러스트 물로 쓰려고 해수를 퍼 올리는데, 그 해수 안에 불가사리 알이 들어있을 가능성도 충분히 생각해볼 수 있죠. 그래서 파나마 운하 한가운데에 염소라도 부어넣어서 밸러스트 물을 살균하는 건 어떻겠느냐는 논의가 지금 진지하게 거론되는 중입니다. 하지만 이것도 시간문제로 조만간 대서양으로 이동하겠지요.

이 산호초의 파괴와 관련해서 인도네시아에서 필리핀에 걸친 수산을 연구하고 있는 미국의 연구자로부터, 산호초와 함께 생산성이 가장 높은 해안인 맹그로브 연안림이 지금 속속 벌채되고 있다는 보고가 있었습니다. 맹그로브는 아시는 것처럼, 공기 중에 뿌리를 노출시켜서 얕은 진흙 속으로 뻗어 갑니다. 역시 물가에 물고기가 살기 좋은 지역을 만드는데 지면에서 양분, 특히 좀 전에 언급한 인산이라든가 질소를 빨아들여서 자신의 몸을 만드는데 그것이 마르면 양분은 물속으로 이동합니다. 그러므로 맹그로브의 연안림은 제1차 생산과 치어의 생산이 아주 높은 구역입니다. 그런데 이런 곳이 필리핀, 인도네시아, 말레이시아에서 속속 벌채되고 있고, 그 재목은 일본에 펄프용 재료로 수송됩니다. 행선지는 다고노우라고요(웃음소리).

그곳에서 그러한 복잡하고 미묘한 생태계를 파괴하고 일종의 공해를 맹렬하게 발생시키는 한편, 일본의 다고노우라에서도 펄프로 오염된 물을 발생시키고 있는 장본인이 이 맹그로브에서 헐값에 벌채된 재목입니다.

이 경우에도 생산성이 아주 높은 생태계는 영구적으로 파괴됩니다. 그 후에는 매립되어 다양한 공업개발을 위한 용도로 사용되고 있지요. 그리고 이런 공해는 어느 한쪽에서 발생하면 어김없이 다른 한쪽에서도 발생한다는 사실을 깨달은 것은, 지난 시간에 언급했던 기름과 이 맹그로브의 재목 이야기에서입니다. 찾아보면 더 많을 겁니다.

예를 들어 일본의 금속공업이 사들이고 있는 철광은 아마 '아시오'가 남미 칠레나 페루로 바뀐 것뿐으로, 그쪽에서도 같은 짓을 하고 있을 겁니다. 하물며 일본자본이 진출하면 더욱 그럴 거라고 예상됩니다.

이처럼 어디에서나 해양오염과 생태계 파괴가 확산되고 있다는

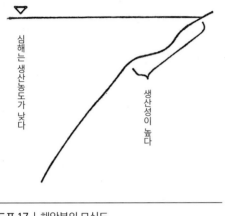

심해는 생산농도가 낮다

생산성이 높다

도표 17 | 해안부의 모식도

보고가 차례차례 이어졌기 때문에 회의장 전체의 공기가 상당히 무거워졌다고 할까요, 심각해져서 최종적인 회의의 결의에서는, 그때까지 깊은 바다에 쓰레기를 버리는 것은 아마 괜찮을 거라던 논의가 처음에는 있었지만 도중에 점점 그런 논의는 자취를 감추고 말았습니다. 그리고 최종적인 결론은 이른바 "open sea" ―연안이 아니라 대해입니다― 원양부분에 물건을 버리는 것은 가능하면 기다려 달라는 결론이 나왔습니다.

이것은 우리가 태평양 가장자리에 서보면, 어마어마한 물이 있으니까 좀 멀리 가지고 가서 버리면 아무한테도 폐가 되지 않을 거라고 착각을 하는데 실은 그것이 위험한 생각이었다는 것을 출석자들이 차츰 납득하게 된 것입니다.

연안부를 대략 그려 보면, 얕은 바다에 대륙붕이 있고, 그리고 심해로 이동합니다. 생산성이 높은 곳은 당연히 얕은 바다에서 대륙붕에 걸친 곳으로 해양개발도 하나같이 여기를 목표로 하고 있습니다.

여기에서 바깥쪽은 약간 흘려보내도 괜찮을 거라는 것이 일반적인 생각이지만, 해양학자 특히 생물학자에 따르면 얕은 바다와 대륙붕은 비교적 영양분이 있는 곳이어서 물질의 회전도 빠릅니다. 특히 유기물의 생산이 높은 곳입니다.

그에 비해서 심해나 대양 쪽은 말하자면 상당히 굶주린 상태입니다. 양분이 없어서 생물의 농도로는 극히 낮은 상태라는 것이 생물학자의 결론인데, 대체적으로 생산력을 비교해서 나타내보면 1대 몇 백이라는 식으로 ─1대 200이라는 의견도 있고, 1대 500이라는 의견도 있어서─ 사람에 따라서 상당히 차이가 있는데, 적어도 대해와 연안부를 비교하면 연안부가 100배 이상 생산성이 높다고 할 수 있습니다.

그런데 생산성이 낮은, 말하자면 과소지대에 오염물을 버리면 어떻게 되느냐 하면 조금밖에 없는 유기물에 오염물이 속속 쌓입니다. 실은 이것은 수은 문제 때 스웨덴 연구팀이 죠네루스와 웨스터 마크를 중심으로 하여 명확한 결과를 냈습니다. 유기물이 적은 영양이 빈약한 호수와, 유기물이 많은 부영양의 호수 양쪽에서 물고기에게 얼마나 축적되어 있는지 수은 농도를 비교해 보니, 영양이 빈약한 호수 쪽이 들어오는 수은의 양은 적은데 차곡차곡 쌓인다는 결과가 나왔습니다. 깨끗한 곳일수록 수은은 생물에 다량 축적됩니다. 이 결과는 상식적으로 우리 주변에서 생각해 봐도 알 수 있는데, 도쿄만의 그 출렁거리는 물속으로 1킬로그램의 수은을 넣는 것과 오고우치(小河内) 댐의 증류수 같은 물속으로 1킬로그램의 수은을 넣는 것은 결과가 전혀 다릅니다. 따라서 큰 바다의 생산성이 낮은, 물이 깨끗한 곳에 오염물을 버리는 것은 실은 엄청난 대규모 오염을 발생시킬 수도 있어요.

그럼 연안은 어떨까? 꼭 그런 것을 생각하는 사람이 있습니다. 하지만 연안 쪽은 앞으로 개발도 해야 하고 물고기도 많이 잡히는 곳이어서, 지금까지 질릴 정도로 오염되어 있습니다. 그래서 연안부에는 이 이상 물건을 버릴 수 없습니다. 연안도 안 되고, 큰 바다도 안 됩니다. 어쨌든 바다에 물건을 버리는 것은 더는 하지 말아달라는 것이 회의의 결론이었습니다.

10년 늦어진 이탈리아의 수은논쟁

그리고 잠깐 토론에서 나온 이야기인데, 이것은 "대체로 이런 일도 있구나!" 하고 들어주셨으면 합니다. 제가 지난번에 유럽에 갔을 때, 1969년 여름에 이탈리아의 라벤나라는 오래된 도시에 석유화학 콤비나트가 생겼는데 거기에 미나마타공장과 완전히 같은 공정을 갖춘 공장이 있다는 것을 알고 있었기 때문에 그 배수구 근처의 물고기를 몇 종류 잡아서 분석한 적이 있습니다.

그 중에서 대체로 최고 2나 3ppm까지의 수은을 발견해서, 공장 폐수에 의한 수은오염이 발생하고 있음을 확인했습니다. 이 결과는 생선뿐만 아니라 어민이나 생선을 잘 먹는 주민의 머리카락 속에 최고 11ppm까지의 수은이 축적되어 있고, 공장폐수가 흘러들지 않는 해안지대 어민의 머리카락은 2ppm 이하인 것도 확인하여 명백하게 공장폐수에 의한 오염이 발생한 것을 라벤나에서 확인했습니다.

이것을 1969년 10월에 나폴리의 학회인 〈해양의학 국제심포지움〉에서 발표했다가 큰 문제가 된 것은 여러분도 상상이 가실 겁니다. 예를 들어 일본에 외국인이 방문해서 어딘가에서 물고기를 잡아와 측정해서 "이것을 먹으면 위험하다."는 보고를 한다면, 우리도 역시 큰 소동이 벌어질 거라고 생각합니다. 어쨌든 1969년 10월에 그런 일이 있었습니다.

그런데 그 소동이 커질 무렵에 저는 이미 일본에 돌아와 있었기 때문에 할 말이 없습니다만, 1970년이 되어 이탈리아의 어느 교수가 저의 보고를 읽고 바로 그곳에서 같은 물고기를 찾아서 분석했더니 수은은 없었다는 보고서를 썼습니다. 그래서 이탈리아 친구가 크게 걱정해서 그 보고서를 복사해서 저에게 보여줬는데, 마침 회의 후에 그 복사본이 도착했습니다. 이탈리아의 교수는 상당히 거창하게 이것을 공표해서 '일본에서 온 자는 거짓말을 하고 있다, 있지도 않은 일로 소란을 피웠다'는 식으로 발표를 했다고 합니다.

그 보고서를 자세히 보면, 원래대로라면 0.1ppm 이상의 수은을 포함하고 있지 않아야 할 물고기 속에 0.9라는 숫자가 있습니다. 즉, 물고기 안의 수은 데이터에 익숙한 사람이라면, 반론을 위해서 만들어진 보고서가 오히려 오염사실을 재확인하고 있음을 알게 될 겁니다. 이 경과는 아직 뒷이야기도 있어서, 이탈리아 친구가 반론이 나온 이상 다시 한 번 일침을 가할 필요가 있으니까 같은 공장이 베니스 근처에 있는데 베니스의 물고기를 잡아서 산 채로는 보낼 수 없으니까 어떻게 할까라는 이야기가 되어, 건조해도 된다고 했더니, 지금은 겨울이고 날씨가 안 좋다고 합니다. 그럼 부엌의 오븐에서 바싹바싹해질 정도로 말리라고 해서 아마 조만간에 물고기 말린 것을 보내주면 일본에서 다시 한번 분석해서 베니스에서도 검출됐다, 라벤나에서도 검출됐다, 이탈리아에서 미나마타병은 발생하지 않는다고 하더라도 충분한 주의가 필요하고 오염은 존재한다는 보고서를 쓰게 될 거라고 생각합니다. 제가 일본의 공해조사를 하면서 일본의 공해라는 사회현상에는 기승전결이라는 4단계가 있고, 반드시 제3단의 반론이 있을 거라고 말씀드렸는데 이탈리아에서도 반론이 나왔다는 경험을 했습니다. 마침 미나마타병에서 기요우라 라이사쿠 교수의 비수은설, 아민설이 나온 10년 전과 이탈리아의 지금이 대체로 같다는 생각이 듭니다.

이것은 이탈리아 대학의 현재 상태로 봐서 당연한 일입니다. 저도 같은 동료 조교에게 듣고 놀랐는데, 교수 1인에게 여러 명의 조교가 있는데 그들은 거의 무급이라고 합니다. 제도상 보장되어 있는 급료는 연봉 200달러. 우리는 월급으로 200달러쯤 받는데, 이탈리아의 조교는 연봉으로 200달러를 받는답니다. 그 대신에 하루에 1시간이나 2시간 교수의 일을 도우면 나머지는 뭘 하든 상관없습니다. 그래서 아르바이트를 해서 생계를 이어가든지 아니면 직업이 있는 아내를 얻어서 피부양자가 되든지 어떻게든 해서 무급조교시절을 버텨내면, 드디어 교수 자리가 나서 처음으로 월급 1000달러 정도의 교수가 될 수 있습니다. 그러다 보니 이 오랜 무급조교시절에 기업과의 연계가 생겨버립니다. 그래서 교수가 될 정도의 인간은 대체로 기업과 연계되어 있기 때문에 교수가 될 수 있는 거라는 사실을 친구가 설명해주더군요. 연봉 200달러라는 숫자에는 저도 정말 놀랐습니다.

하지만 생각해 보면, 볼로냐에 세계에서 가장 오래된 대학이 생긴 이래로 이탈리아의 대학 역사는 일본의 10배 가까이 됩니다. 대학이란 오래되면 될수록 정체되는 조직이고 부패하게 돼있다고 할 수 있습니다. 도쿄대학조차 이 정도니까(웃음소리) 도쿄대학의 10배의 역사가 있는 대학이라면 대체 어느 정도란 말인가(웃음소리) 싶고, 대학교수가 이런 반론을 한 것은 필연적이라고 생각합니다.

이것은 아드리아 해의 가장자리 라벤나에서 일어난 이야기인데, 아마 세계에서 두 번째로 오염되어 있는 곳은 아드리아 해일 거라는 게 저의 의견이고, 골드백은 두 번째가 발트해일 거라고 합니다. 첫 번째는 말할 필요도 없이 일본근해(웃음소리)로 우리 두 사람의 의견이 일치했습니다. 왜 아드리아 해가 세계에서 두 번째로 오염되어 있다고 제가 판단했느냐 하면, 지금 말씀드린 수은문제와 포 강의 계곡에서 나오는 여러 가지 공장폐수의 혼합오염 때문입니다(도표 18).

제일 안쪽에 베니스가 있는데, 베니스는 실은 공업도시입니다. 그러한 몇몇 오염원이 혼합되어 있다는 점에서 아드리아 해가 가장 오염되어 있는 게 아닐까요?

그런데 어느 정도 오염되는 편이 물고기가 증가하는 묘한 현상이 벌어지는 시기가 있습니다. 얕은 바다 주위에 커다란 공업지대가 상당히 많다는 점에서 아드리아 해는 밀도가 높은 바다인데 거기에 트리에스테가 있고 베니스가 있습니다. 베니스라는 곳은 안쪽으로 들어간 후미에 섬이 있어서 이 섬이 우리가 알고 있는 베니스인데, 섬의 뿌리에 해당하는 곳에 커다란 공업 지대가 있습니다.

이것은 지자체로서는 이미 이전의 베니스공화국 밖이기 때문에 이탈리아사람에게 베니스 공업지대라고 해도 잘 몰라요. 차라리 '포르토 마르게라'라고 하는 편이 알기 쉽죠. 그리고 포 강이 있습니다. 이 포 강의 남쪽에 라벤나가 있는데, 대체로 6세기 무렵까지 라벤나는 해안에 있었고, 따라서 동로마제국의 이탈리아 수도가 라벤나였던 시대가 있습니다. 로마제국이 멸망한 후에 로마 대신에 라벤나가 수도가 되었습니다.

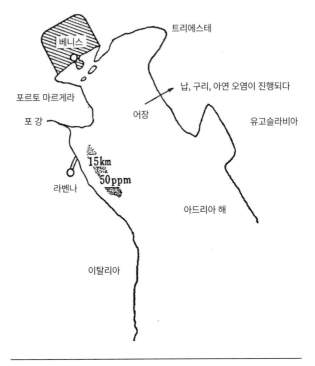

도표 18 | 아드리아 해 연안 약도

그 무렵 여기는 해안이었는데, 포 강이 토해내는 토사로 점점 해
안이 후퇴하고 바다가 후퇴했다고 할까요, 해안이 전진했다고 할까요?
어쨌든 지금은 여기에 이미 8킬로 정도의 해안이 앞으로 이동해 버려
서 8킬로 지점에 그림처럼 운하를 파고 그 양쪽으로 콤비나트가 펼쳐
져 있어요. 라벤나는 이전에 수도였던 만큼 비잔틴 문명의 상당히 아름
다운 모자이크가 있습니다. 라벤나의 모자이크는 대체로 4세기부터 6

세기 정도까지예요. 유명한 베니스의 모자이크는 이보다 좀 더 나중 것으로, 10세기 이후입니다. 미술품으로 비교했을 때, 라벤나 쪽이 훨씬 원시적인 아름다움이 있습니다.

그런데 이 모자이크가 남아있는 사원에서 2킬로미터 떨어진 곳에 석유화학 콤비나트가 세워져 있는데, 일본으로 말하자면 호류지(法隆寺)에서 2킬로 떨어진 곳에 욧카이치 시(四日市市)가 들어선 것이 됩니다(웃음소리). 이탈리아 사람도 과연 괜찮을까하고 염려는 하고 있지만, 이제 막 들어선 참이라 뭐가 나올지 알 수 없습니다. 10년쯤 지나면 반드시 욧카이치 시처럼 될 거라는 것은 이쪽의 주장이라, 거짓말 같으면 한 번 와서 보라고 말해뒀습니다. 이 주변에는 작은 식품가공 공장 같은 것이 있어서 대체로 9월 무렵, 8월부터 10월 무렵에 걸쳐서 유기물을 한꺼번에 포 강과 해안으로 흘려보내기 때문에 해안에서 5킬로 정도 지점의 BOD가 50ppm이 된다고 합니다.

이것이 어느 정도의 농도인가 하면, 오차노미즈(お茶の水)의 수로가 대체로 30에서 50정도입니다. 제일 더러울 때가 50ppm이에요.

아드리아 해는 해안에서 수 킬로 지점이 50ppm이 된다는 것은, 오차노미즈의 수로가 몇 킬로의 폭으로 흐르는 것과 같습니다. 게다가 이 지역은 포 강이 이전에 운반해놓은 토사 아래로 풍부한 천연가스와 지하석유의 광상(유용한 광물이 특별히 모여 있는 지각의 일부-옮긴이)이 있습니다. 이것을 이른바 'off shore' 라고 하는데, 해안에서 떨어진 앞바다 부근에서 가스를 채굴하고 있습니다. 거기에서 기름이 샙니다. 또한 라벤나에 석유화학 콤비나트가 있기 때문에 외부에서 속속 기름을 가지고 옵니다. 물론 유조선의 밸러스트 물도 나옵니다.

따라서 이 주변의 물고기는 썩어서 먹을 수가 없습니다. 이것이 미나마타병이 발생하지 않는 최대 원인인데, 다행히도 발병하지 않는 것은 안 먹었기 때문이지 수은이 낮았기 때문은 아닙니다.

어류가 많이 잡혀도 안심할 수 없다

그런데 유고슬라비아 쪽은 맛있는 어류가 여전히 많이 잡힌다고 해요. 그래서 이탈리아의 고기잡이는 해마다 배에 투자를 해서 크고 강한 배만이 유고 쪽으로 갑니다. 말하자면 물고기를 날치기해 오는 거죠. 유고 쪽은 열심히 어업을 진흥해서 이탈리아에 뺏기지 않으려고 경쟁하지만, 결과적으로 이제까지의 주요어장은 최근에는 아드리아 해 북부로 이동했다는 어업 관계자의 보고가 있었습니다.

하지만 물과 물고기를 분석해 보면, 아드리아 해 북쪽에서 수은뿐만 아니라 납, 구리, 아연의 오염이 확실히 늘고 있다고 합니다. 이것은 보고가 아니라 회의장에서 개인적으로 논의를 하다가 뭐든 좋으니까 중금속의 조사결과를 알고 싶다고 했더니 '드러내놓고 말할 수는 없지만'이라는 단서와 함께 이런 이야기를 해 주더군요.

이 경우, 아마 최대의 오염원은 포 강일 거라고 생각합니다. 유기물과 중금속을 합쳐서 이탈리아의 철의 삼각지대라고 불리는 토리노, 밀라노는 포 호반에 있습니다. 제노바는 지중해 쪽에 있지만, 이 포 강의 상류 밀라노에도 미나마타와 같은 종류의 공장이 있어요. 하나는 밀라노, 그리고 라벤나와 포르토 마르게라. 셋 모두 아드리아 해에 포함됩니다. 아드리아 해에서는 참치를 먹지 않는 편이 좋다는 것이 저의 진심어린 충고입니다.

제가 지금까지 이 로마의 학회에서 들은 이야기 중에서 당장 서둘러야 할 것, 또는 제가 특히 흥미를 가진 사항들은 이상입니다. 이 두 번의 보고에 대해서 질문이 있으시면 해 주세요. 잠시 토론을 하겠습니다.

질문 및 토론

―――― **DDT의 공포**

A   로마 회의의 자료에 있는 바다표범 체내의 염소화합물 중에
Fat이라는 것이 있습니다. 이것은 동물의 지방일까요, 아니면
석유의 기름을 말하는 걸까요? 그리고 관련사항이 다른 그래
프에도 있어서 이것은 아무리 생각해도 동물의 지방 같은데,
앞쪽은 둘 다 해당되는 것 같아서요.

우이 준   알겠습니다. 이것은 동물의 지방입니다. '브라바'가 뭐였더
라… 어쨌든 지방조직 중의 순지방 비율이 'Fat 퍼센트'라고 생
각합니다.

A   그렇다면, Fat과 '브라바'는 어떻게 다를까요?

우이 준   보통 지방조직이라고 할 때도, 그 중 대부분의 기름이 들어있
는 부분은 70~80%이고 나머지는 세포벽이나 기타입니다. 이
런 것을 녹이는 액체로 추출하거나 할 때, 습관적으로 생조직
부근에서 추출하는 경우와 지방분 부근에서 추출하는 경우를
모두 사용합니다. 여기에서는 생조직의 데이터네요. 그래서 그

중의 지방분이 얼마인가를 나타내는 것으로 이 표는 생체지방이라고 생각해도 됩니다. 후자는 아주 친절하고 정중해서 양쪽 모두 분석합니다. 즉 지방 중의 DDT나 PCB는 얼마인가 하는 것과, 생조직의 내부는 얼마인가 하는 것, 양쪽이 나옵니다.

그리고 말이 나온 김에 설명을 덧붙이면, 첫째 칸에 시그마(Σ)의 DDT라고 쓰여 있는데, 이것은 DDT의 대사산물인 DDD 및 DDE, 즉 DDT가 일부 부서진 것 같은 구조를 갖는 것이 자연계에서 다수 발견되었는데, 그 원인이 인간이 사용한 것은 거의 확실하기 때문에 대개의 경우 이 세 가지를 함께 총량으로 측정합니다.

그래서 DDT가 얼마나 쌓여있는가를 논의할 때는, 물론 DDT 자체로 할 때도 있지만 뿌린 것이 얼마나 쌓였나를 볼 때는 이 세 가지를 더한 ΣDDT로 하는 편이 수월하고 물질의 수지가 맞는 경향이 있습니다.

하지만 신경에 대한 독성이 가장 높은 것은 DDT입니다. 그래서 어떤 화합물로 죽었는가에 대해서 우리가 자주 제시하는 예로, 사람이 죽었을 때 심장을 흉기에 찔려서 죽은 건지 출혈과다로 죽은 건지에 대해 논의할 때, 흉기인지 출혈과다인지 식의 사용법으로 DDT의 숫자를 사용하는 경우가 있습니다. 직접적인 신경독으로 DDT의 숫자를 사용하는 경우도 있지만. 어쨌든 인간이 뿌린 씨앗이라는 사실에는 변함이 없습니다.

지난번에도 말씀드렸던 것처럼, 흰꼬리수리의 뇌에 생으로 100ppm의 ΣDDT가 축적되어 있다는 것은 말할 수 없이 불쌍하다는 것 외에 입에 담을 수 없는 숫자입니다. 이만큼 축적되면 반드시 죽습니다. 우리도 죽을 거라고 생각합니다.

그리고 그 칸을 보면, 그 옆에 ND라고 쓰여 있는 것은 'Not

detected'이기 때문에 검출되지 않았다는 것이 됩니다. 이 경우는 확실히 DDT를 뿌렸는데 고차원의 식물연쇄로 여러 몸을 통해서 독수리의 뇌까지 도달할 때는, 대부분이 부분적으로 부서져서 원래의 DDT는 없어지는 식으로 읽어야 한다고 생각합니다. 하지만, 시그마의 DDT는 DDE 플러스 DDD는 확실합니다.

참치 문제를 어떻게 공격할 것인가

B   오늘(1971.1.25)의 아사히신문에 선생님이 저번의 참치통조림을 계기로 해서 상세히 조사하겠다고 쓰여 있었는데, 구체적으로 어떤 일을 하실지 여기에서 알려주시면 감사하겠습니다.

우이 준   사실 그것은 지난번에 여기에서 이야기한 것이 그대로 기사가 된 것 뿐입니다. 그리고 니가타대학의 다키자와(滝沢) 교수님이나 혼마(本間) 교수님, 그리고 교토대학의 가와나베(川那部) 교수님을 니가타 재판 때 만나 뵙고 "이런 생각을 하고 있는데 앞으로 도와주시겠습니까?"라고 물었더니, "가능한 한 돕겠습니다."라고 말씀해 주셨습니다. 무엇보다 참치 한 마리에 수십만엔 한단 말입니다(웃음소리).
   그래서 세계 각지에서 참치를 모아 온다고 해도 공짜로 샘플을 모을 수는 없다고 해서 우리가 당혹해서 머리를 싸매고 있었던 겁니다. 어느 정도의 연구비가 없으면 그 이상 진행할 수 없다는 것은 알고 있었지만 그렇다고 팔짱을 끼고 있을 수만도 없는 상태였습니다.
   실은 참치의 경우에는 하나 더 어려운 문제가 있습니다. 창자까지 짊어지고 오기에는 무겁기 때문에 일반적으로 포획하면 바로 머리와 창자를 제거하고 몸만이 어시장으로 온다고 합니다. 그러면 우리가 가장 필요로 하는 것은 바다 속에 버리고 온 셈이라, 배를 타고 나가서 샘플을 채취하거나 아니면 특별히 한 마리만 머리를 제거하지 않고 가지고 오도록 하거나, 어차피 둘 다 지금 바로 할 수 있는 일은 아니라는 것은 잘 알지만 그렇다고 해서 이대로 있을 수는 없기 때문에 참치 한 마리를 사 줄 곳이 있으면 —사 준다고 할까, 그런 연구비가 있으면— 그 방법으로 해 보고, 없으면 다시 다른 방법을 찾아본다는 것이 지금의 상황입니다.

예를 들어 가와나베 교수의 수하에서 대학원 학생이 지금 물개의 발생연구를 하면서 매일 물개의 골격표본을 만들고 있다고 합니다. "골격표본을 어떻게 만듭니까?"라고 물었더니, 그냥 물속에 넣어서 부글부글 삶으면 그 사이에 모두 녹아서 뼈만 남는다고 합니다. "아깝게 그러지 말고 조직이라도 조금 주시면 안 됩니까?"라고 말해 봤더니, 대개 약품을 사용하면 상당히 비용이 들어서 물로 끓이기 때문에 연구실 가득 냄새가 나서 참을 수 없다고 생각하던 중이라, 누구든지 가져갈 사람만 있다면 좋겠다고 해서 물개의 태아라도 분석해 볼까라는 이야기를 지난주에 한 참입니다.

신문 쪽은 후생성에 대립하는 뭔가 유력한 견해를 제가 제시하지 않으면 체면이 서지 않으니까 그런 식으로 기사화했으려니 후생성 쪽도 그냥 그렇게 받아넘겼다는 식입니다.

그리고 가이노(戒能) 선생님께 도쿄도민의 음식물에 영향을 미치는 일이기도 해서 역시 이 방법으로 한번 해 보시겠습니까? 라는 데까지는 이전에 상담을 한 적이 있습니다.

그런데 같이 일해야 할 생리학자가 사이슈 군처럼 "저는 아무 것도 모릅니다."라고 말해서야 장차 어떻게 될 것인가 하는 문제가 있습니다만, 그건 그렇다 치고 다음 주부터 후다닥 데이터가 나온다는 식으로 진행되지는 않겠지만, 제 입장에서는 돈이 없으면 시간과 지혜로 어떻게든 경제적인 부분을 보충하면서 연구를 진행하려고 합니다.

그래서 다음 주부터 분석을 돕고 싶은데 어디로 가면 됩니까? 라고 물어도 지금으로서는 분석할 것이 아무것도 없는 상황입니다. 아쉽지만 그것이 현재상황이라 어쩔 수 없습니다, 그렇다고 해서 포기한 건 아닙니다.

그리고 여담인데, 좀 전에 제 앞으로 독일과 스위스에서 발간하는 『차이트크리티슈 매거진』 요컨대 비평이나 풍자 잡지가 도착했는데, 이 안에 '일본에서의 계급투쟁'이라는 기사가 실려 있었습니다(웃음소리).

그 하나의 예로 '환경오염에 관한 세미나'라는 것이 있는데, 이것은 아마 이 공개강좌를 의미하는 거라고 생각합니다(웃음소리). 어디에서 어떻게 해서 이 뉴스가 전해졌는지 모르겠지만, 스위스에서 발간된 잡지에 이미 이 공개강좌 안의 논의가 나와 있습니다. 참고로 알려드리는 바입니다(웃음소리).

─────── **발트해의 인산수지**

C　　　발트해의 인산 농도의 증가에 대해서 질문하고 싶습니다. 이것이 무엇에 의한 증가인지는 별도로 설명이 없었을까요? 왜냐하면 비료에 의한 것인지 세제의 토대가 되는 트리폴리의 증가에 의한 것인지 알고 싶습니다.

우이 준　　스웨덴의 원래 보고서를 쓴 그룹은 아마 둘 다 일거라는 식으로 판단하고 있어서 발트해에 대해서는 상당히 깔끔한 물질 수지를 계획하고 있습니다.

이것은 그들의 일이니까 거리낌이 없어서, 예를 들어 발트해에 있는 각각의 구역은 즉 각 나라입니다만, 각 나라에서 몇 톤의 BOD를 흘려보내는가? 하수에서 나오는 것이 얼마이고 공기 중에서 오는 것이 얼마, 대체로 바람은 남쪽에서 북쪽으로 이동하기 때문에 독일이라든가 말이죠. 그런 것까지 하고 있습니다.

그래서 인산에 대해서는 마찬가지로 일단 물질 수지를 계획합니다. 이것은 아주 정확한 수치로는 나오지 않기 때문에 상한과 하한을 제시하고 있습니다. 먼저 핀란드가 2550톤 정도, 러시아가 6390톤 정도, 스웨덴이 351톤 정도, 그리고 그 외의 다른 나라, 폴란드와 동독인데, 이들이 1700톤 정도. 이런 식으로 인산의 각국의 점유율 몫을 계산했습니다.

그리고 트리폴리와 비료, 어느 쪽이 많은지는 사실 좀 측정하기 어려울 것 같습니다. 왜냐하면 스웨덴의 것은 잘 알지만, 소련 부근이 되면 무엇을 어떻게 사용하고 있는지 전혀 알 수 없어서 지금으로서는 일단 총량으로만 제시하고 있습니다. 스웨덴의 경우는 대체로 반 정도 일거라고 언급하고 있었습니다.

그리고 무엇으로부터 나오는지에 대해서는 하수와 공기와 자연유출, 그리고 밖으로부터의 유입이라고 표현하면 좀 이상하지만, 바닷물에서 이쪽으로 들어오는 것이 있죠. 그래서 분류하고 있습니다. 이 자연이라는 데에 아마 대부분 비료를 넣고 있다고 생각합니다.

그런데 비료에서 유출하는 것이 아니라 대개의 경우는 농작물이 되어 그것이 인간의 배를 통해서, 또는 그렇지 않은 경우에도 쓰레기가 되어 하수로 나오는 것이 양적으로 상당하기 때문에, 결국 하수 속의 트리폴리의 분량과 그 이외의 분량을 구별하면 양쪽의 점유율이 나옵니다.

우리도 하수의 일을 하고 있어서 대체로 반반 정도라고 생각하고 있습니다. 일본의 세제 구성으로 보면 대체로 반반정도가 아닐까요? 이것은 대충 어림잡은 것이어서 확실한 근거는 없습니다.

그리고 PCB에 대해서 미국의 총설(總說)을 두 편 정도 이소노(도립대 조교) 씨에게 받았기 때문에 일본에서도 이것에 대응할 것을 조만간 만들어 봐야 합니다. 특히 다치카와 선생님이 지금까지 BHC나 DDT의 순환에 대해서 조사하고 계시는데, PCB가 물고기의 생조직에서 1ppm정도 검출되었다고 하면 이것은 상당히 확실한 숫자라고 생각해야 합니다. 요전에 PCB생산은 아주 적을 거라는 이야기를 했는데, 어딘가에서 상당히 다량으로 나오고 있다고 생각해야 할 것 같습니다.

그리고 같은 문제는 앞으로 수은의 경우에서도 알아봐야 합니다. 앞으로 세미나가 대체로 그런 것을 하는 장소가 될 것으로 생각합니다.

제11회

1971년 3월 15일

유럽의 공해

기존의 기구(機構)에서 공해문제를 다루다

오늘은 제가 최근 몇 년 사이 세 번 정도 유럽을 돌아다니면서 그 곳에서 배운, 일본과는 다른 조건에서의 공해가 어떻게 나타났는가에 대해 이야기하려고 합니다. 일본에서는 다소 구하기 어려운 자료를 구해왔기에 그에 관한 설명과 외국에서의 일반적인 공해상황을 이야기할 겁니다.

제가 유럽을 다녀온 것은 현재까지 크게 세 번으로 나눌 수 있습니다. 첫 번째는 1966년 9월부터 10월에 걸쳐 서독에서 있었던 학회에 출석했다가 돌아오는 길에 오스트리아, 폴란드, 체코, 헝가리, 유고 슬로바키아, 루마니아를 돌아보고 소련을 경유해서 귀국했는데 이것이 약 두 달.

두 번째는 68년 8월부터 69년 10월까지인데, 그때는 도쿄대학투쟁이 시작되고 야스다(安田)강당의 점거[1]가 시작됐던 무렵부터 대학에 의해 이른바 정상화가 확인된 시기까지로, 공교롭게도 이 기간과 겹친 시기였습니다. 이때는 스웨덴, 체코슬로바키아, 헝가리, 오스트리아, 네덜란드, 이탈리아, 스위스, 영국, 핀란드 그리고 아주 짧게 벨기에와 독일.

세 번째 여행은 ㅡ이것은 여행이라기보다는 학회출석이었는데ㅡ 1970년 12월과 올해 2월에 FAO가 주최한 회의에 출석하기 위해 이탈리아에 갔습니다. 이 중 마지막 회인 12월분에 대해서는 바로 앞 장에서 말씀드렸기 때문에 생략하겠습니다.

이것으로 몇 개국이 되죠? 20개국 가까운 나라를 다니면서 대개 공통된 문제라고 제가 느꼈던 것을 먼저 이야기하면, 무엇보다 현재는 일본만큼 심하지는 않다는 겁니다. 대부분의 나라에서는 기존의 정치기구나 행정기구 안에서 어떻게든 논리에 맞춰서 공해문제를 취급하고 있는 실정입니다.

하지만 그렇게 해서는 도저히 안 된다는 판단 하에, 예컨대 스웨덴처럼 행정기구를 약간 변경해서 〈환경보호청〉이라는 전문기구를 만든 나라도 있습니다. 또 반관반민(半官半民), 이를테면 관청의 예산이나 국가 예산과 사기업 등 산업계에서 돈을 공동투자하여 물과 대기 오염에 관한 연구소, 그것과 쌍둥이 같은 구조를 갖는 물과 대기의 오염방지 주식회사 ㅡ이것은 컨설턴트업인데ㅡ 같은 것을 만든 것이 스웨덴

---

1 전학공투회의(전공투) 및 신좌익 학생들이 도쿄대학 혼고(本郷)캠퍼스 야스다강당을 점거한 사건으로 이후 대학의 의뢰를 받은 경시청이 1969년 1월 18일부터 19일에 걸쳐 봉쇄해제를 단행한 사건.

의 특징입니다. 그리고 나중에 데이터로 제시할 코메콘(경제상호원조회의)의 〈수자원부회〉가 있습니다. 이것은 동유럽과 소련을 중심으로 한 동유럽 사회주의국가의 경제기구로써, 여러분도 아시는 코메콘 내부에 〈수자원부회〉라는 것을 만들어서 물에 관한 각국의 자료를 확보하여 상당한 강제성을 갖는 수질규제를 실시하고 있습니다.

그런데 이런 식으로 행정기구를 의도적으로 바꾸는 사례가 유럽에서는 비교적 적지 않은 이유가 뭘까요? 바꿔 생각해보면 첫째 일본은 역시 섬나라입니다. 유럽에 갈 때마다 느끼는 것은, 밤기차를 탔다가 아침에 눈을 뜨면 이미 국경 두세 개를 넘어와 있는 것은 너무나 당연한 일입니다. 네덜란드에서 밤기차를 타면 이튿날 아침에는 스위스에 와 있어요. 그리고 저녁에는 이탈리아에 도착.

일본에서라면 도쿄에서 가고시마(鹿児島)까지 급행열차를 타도 24시간 가까이 걸립니다. 그래서 유럽 사람들의 움직임은, 섬나라 일본에서 보면 상상할 수 없을 정도로 상호협력이 아주 일상적으로 이뤄지고 있다는 겁니다. 가령 학회에 참석할 때도 유럽 내에서는 대개 일본 국내에서 학회가 열리는 다른 도시를 찾아가는 것과 거의 같은 느낌입니다. 비행기를 타면 대개가 3시간 이내에 도착할 수 있어요. 물론 여권 같은 귀찮은 절차도 한 번만 거치면 평생 효력이 있어서, 일본처럼 까다로운 절차를 밟지 않아도 외국에 나갈 수 있습니다. 그래서 일상적인 협력이 있을 때는 일부러 행정기구를 바꿔서 귀찮은 업무를 생략하고 국제적으로 어느 정도 대책을 세울 수 있습니다.

그리고 제1회 강의에서 말씀드렸듯이 사회적, 자연적 조건이 상당히 다릅니다(『공해원론』 제1권분). 만일 유럽에서 미나마타병이나 이타이이타이병, 비소분유 중독 혹은 카네미유증 같은 사건이 발생했다면 그것은 피를 부르는 사태가 됐을 것이 분명합니다. 실제로 탈리도마이드 사건을 일으켰던 독일의 제약회사 그뤼넨탈 같은 회사는, 극심한 경영부진에 처해서 결국 1억 마르크의 합의를 제시하지 않고는 도산할 지경에 몰려있습니다. 이것은 일본의 신문보도 양상과 상당히 차이가 있죠.

정적인 세계 : 유럽

또 한 가지, 유럽은 일본과 비교했을 때 상당히 정적이고 조용한 세계입니다. 예를 들어 교통사고로 사람이 치어 숨졌다는 뉴스가 신문지상 1면에 크게 보도되고, 하물며 살인사건이라도 나면 일주일 정도는 그에 관한 기사들로 사회가 어수선할 지경입니다. 범죄만 가지고 하는 말이 아닙니다. 유럽에서 보면 영국과 일본과 미국 이 세 나라는 상당히 다르다는 느낌이 듭니다. 사회 내의 여러 가지 행정기구 같은 이른바 장치가 일본에 비하면 훨씬 역사가 오래되고 풍부한 경험을 가지고 있어요. 그에 대해서는 하니 고로(羽仁五郎) 선생이 자신의 저서 『도시의 윤리』에서 '도시 주민의 자치'라는 전통이 얼마나 오래됐는가에 관해 서술하고 있는데, 그 내용을 행정에도 고스란히 적용할 수 있다고 봅니다.

다만 이런 감상에 대해, 어느 법률에 그렇게 적혀 있느냐고 묻거나 구체적인 사례를 말해달라거나 하면 딱히 이렇다 하게 떠오르는 것은 없습니다. 나중에 실제 사례를 들어 그런 느낌을 이해할 수 있도록 이야기할 예정이긴 하지만, 솔직히 이런 것은 그곳에 가보지 않고는 설명할 수 없는 것들이죠.

다만 유럽에서 보면 영국은 상당히 불안정한 나라고, 미국은 일상생활이 위태위태해서 백악관에서 불과 몇 백 미터 안 떨어진 곳에서 '묻지마 살인'이 하룻밤에도 몇 건씩 발생한다는 이야기를 들으면 가고 싶지 않을 정도로, 나쁘게 말하면 위험천만한 나라고 좋게 말하면 다이내믹한 나라죠. 그런데 그것에 아주 가까운 방식을 취하고 있는 곳이 일본이라는 겁니다. 공해문제도 마찬가지예요. 유럽에서 보면 역시 일본의 공해문제는 두드러지게 앞서 있다는 것은 여러 차례 말씀드린 대로지만, 그에 대한 반대운동은 유럽에서도, 그리고 들은 바에 따르면 역시 미국에서도 자연보호운동은 확실히 왕성합니다. 주로 이것은 중산계급의 상류층 즉 어느 정도 생활이 안정된 사람들 사이의 운동이라는 것도 사실입니다.

자연보호운동만 두고 보면 일본보다는 확실히 박력이 넘칩니다. 일본에서는 자연보호운동이 가두시위를 한 건 작년이 최초였지만, 미국이나 유럽에서는 가두시위 정도는 시도 때도 없이 하고 있어요. 그리고 더 강력한 실력행사 방법은 없을까 여러 가지로 궁리하고 있죠.

스웨덴의 경우에는 자연보호협회의 회원이 4만이라고 하니 인구비율로 따지면 —뭐든 열두 배 하면 일본과 거의 맞아떨어지니까— 무려 50만 명의 압력단체라고 할 수 있습니다. 게다가 사회적으로 발언력이 아주 강한 사람들이 회원이라서, 그들의 자연보호운동은 일본에서는 상상하기 어려울 정도로 유럽에서나 미국에서는 강력한 것이라고 할 수 있습니다.

그리고 각국에 있는 자연보호운동 단체 간의 교류도 상당히 활발합니다. 이건 여담이긴 합니다만, 제가 핀란드의 자연보호협회에 초대받아 가서 수은문제에 대해 이야기했을 때 —나중에 공로장이란 걸 받은 적이 있어요, 외국인으로는 두 번째라고 하는데— 그만큼 그들은 외국인과도 협회 내에서의 관계를 구축하고 있습니다. 또 학회에서도 수시로 자연보호 입장에서 발언하곤 합니다.

그리고 한 가지 더 자연보호운동에 대해 말씀드리고 싶은 것은, 그에 대한 학생들의 관심이 아주 크다는 겁니다. 이것은 오히려 당연한 일이에요. 공해문제라는 건 미래를 좀먹는 것과 다를 바 없으니까, 오염문제는 곧 미래의 일이기도 한 이상 청년과 학생들의 지지를 받는 것은 자연스러운 일입니다.

자연보호운동 외에 또 한 가지 고려해야 할 일본과의 큰 차이점이 있습니다. 그것은 과학자의 발언이 상당히 활발하다는 겁니다. 아마도 직업적인 능력을 갖춘 과학자라는 입지가, 일본보다 훨씬 역사가 오래되고 전문가로서의 직업이 확립되어있다고 할 수 있습니다. 그에 걸맞은 사회적 책임이 있다는 것도 많은 과학자와 이야기를 나누면서 느낄 수 있었습니다.

그런 점에서 한마디로 말하면 급료가 높습니다. 일본의 과학자처럼 혹은 저희 같은 조교처럼 굶어 죽지 않으려고 학문을 하는 게 아니라, 적어도 먹고 사는 데는 지장이 없을 만큼의 급료를 받고 있다는 겁니다. 또 그 정도 급료를 받아야 할 만큼의 사회적 책임을 요구받는다고 봐야겠지요.

그러므로 이번 강의 초반에 말씀드렸던 바르샤바대학의 예처럼 자칫 잘못하면 총살이나 교수형을 당하는 것이 대학교수이고, 가깝게는 제2차 대전 때 나치스에 저항한 뮌헨대학이나 프라하대학에서 실제로 대학교수는 총상이나 교수형을 당하기도 했습니다.

과학자의 직능적 지위를 확실시한다는 방향에서 지금까지 유럽 혹은 미국의 학문은 발전해왔는데, 이것이 공해문제에서는 의외로 답보상태라는 이야기를 전에 해양오염에 관해 다룰 때 잠깐 말씀드렸습니다.

다시 한 번 시민의 한 사람으로서 현재 상태에 어떻게든 참여할 방법이 필요하다는 반성의 목소리가 조금씩 들려오고 있지만, 그렇더라도 일본의 활발한 평론가와 과학자 혹은 대학교수 쌍방의 역할을 겸비하고 있다고 보면 일단은 맞을 것 같습니다.

하지만 대학제도의 답보가 한편에서는 과학자와 기술자의 분리를 초래하고 있어요. 일본에서도 사실은 우리가 모르는 사이에 상당히 심각한 지경에 이르고 있는데 이에 관해서는 다음 기회에 말씀드리기로 하고, 유럽에서 종종 공해문제에 관해 기술자와 이야기하면 "그것은 과학자의 생각일 뿐 우리는 주어진 목표를 충실히 실행하고 설계하면 된다"는 답변이 돌아옵니다.

엄중한 책임을 묻는 법

그런 경우에도 결코 기술자는 책임을 피할 수 없습니다. 기술자는 확실히 대학의 교수나 과학자만큼 사회적인 발언력이 크지는 않더라도 자신의 업무가 실패하면 그에 대한 책임을 지게 됩니다. 그 좋은 예가 —이탈리아 북부였다고 생각하는데— 바이온트댐 붕괴사고가 제가 유럽에 가기 직전에 있었는데, 그것을 설계한 10명의 기술자는 체포되었죠. 보석으로 풀려나긴 했지만 결국 재판에 부쳐졌습니다. 10명 중 세 명은 자살했고, 남은 7명도 재판에서 유죄가 확정될 것으로 보입니다.

일본에서는 지금까지 이런 종류의 사고로 기술자에게 형사책임을 물었던 예는 없었던 것으로 압니다. 가령 있다고 해도 같은 기술자끼리 옹호해서 어떻게든 마지막에는 흐지부지 무마되고 말죠. 이것은 저희 역시 대학 강의에서 배웁니다. 그 어떤 인재(人災)라도 반드시 1%의 천재(天災)적 요소가 남도록 조사보고서를 써야 한다고 말이죠. 그렇게 하지 않으면 반드시 누군가가 책임을 져야 한다고.

댐이 됐든 다리가 됐든, 그것을 설계한 사람이 어쩌다 발생한 천재(天災)적 요소가 있는 사고의 모든 책임을 뒤집어써야 하는지 어떤지를 결정하는 건 확실히 어려운 문젭니다. 어디서부터가 그 사람의 책임인가를 논하기는 어렵지만, 일본의 경우에는 1%의 천재적 요소로 모든 책임을 면제하는 관습이 오래도록 지속되어 왔습니다. 이런 점에 비춰보면 직업인에 대한 책임의 엄중함에 대해, 유럽에 있을 때 상당히 강한 인상을 받았습니다.

이어서 일본과 다른 점을 또 들자면 먼저 기업의 책임, 이것은 정말 확연하게 다릅니다.

공해로 인해 하나의 산업이 망한 사례로, 종종 루블란 제조법의 소다제조가 거론되곤 합니다. 암모니아 소다법에 대해 경쟁할 수 없게 된 원인 중 하나는 거기서 나오는 검은 재였죠.

그리고 가이노(戒能) 선생이 유럽의 자본주의나 부르주아가 절대왕제와 격투를 벌인 역사가 있고, 그 과정에서 자신들의 사회적 책임을 강조함으로써 민중을 자기편으로 만들어 권력을 탈환했다는 것을 이야기합니다. 확실히 일본에는 그런 종류의 역사가 전혀 없어요. 그러니 공해기업은 보이콧을 당해 마땅하다는 이야기를 종종 듣습니다.

그리고 일본과 다르다고 느낀 또 한 가지는, 기업 상호 간의 경쟁이 일본에서는 상상도 할 수 없을 만큼 격렬하다는 겁니다. 유럽 6개국의 경제기구 중에서는 예를 들어 독일, 프랑스, 네덜란드, 이탈리아 등등의 자동차, 녹음기, 냉장고 같은 상품이 경쟁하고 있는데, 어느 한 기업이 결함이 있는 차를 출고하거나 2중 가격플레이를 한다는 등의 스캔들이 터지면 그것은 그 나라의 경쟁회사뿐만 아니라 전 유럽의 동업자에게 더할 수 없이 운 좋은 사건이 됩니다. 기다렸다는 듯이 특정 회사의 시장을 잠식하죠. 이런 일들이 다반사로 벌어집니다.

예를 들어 네덜란드에서 길을 달리는 트럭들을 별생각 없이 쳐다보고 있으면, 가령 불가리아나 그리스에서 재배된 채소를 가득 실은 트럭이 매일 같이 영국까지 달립니다. 그런데 만일 그 채소 안에 농약이 잔류해있다는 문제가 거론되면, 당연히 어느 나라의 산물은 전혀 팔리지 않게 되고 다른 산지의 농산물이 그 자리를 대신하게 되겠죠. 이런 일은 아주 일상적입니다. 스웨덴의 달걀 안에 수은이 많다는 이야기가 퍼져서 스웨덴 농가가 회복할 수 없는 타격을 입었던 사건, 헝가리의 농산물 특히 버터나 치즈 혹은 우유 속에 DDT가 축적되어있다는 뉴스로 형가리 전국이 난리가 났던 사건도 있어요.

이런 여러 가지 요소가 작용하여 시장은 반드시 물가만으로 움직이지 않습니다. 가령 스웨덴의 달걀에 수은이 들어있다고 하면, 아무리 가격을 절반으로 내려도 안 팔리는 건 절대 안 팔립니다. 조금 기묘한 예를 하나 들자면, 형가리의 슈퍼마켓 같은 큰 상점에 가면 러시아산 게 통조림이 산더미처럼 쌓여있습니다. 형가리 사람들한테 물으니 "저건 비싼 데다 맛없다"고 해요. 하지만 우리는 러시아산 게 통조림이 맛없지 않다는 걸 알고 있죠. 그런데 형가리 사람들은 "일본 것이 싸고 맛있다"라고 합니다.

물론 여기에는 형가리의 전통적인 러시아 혐오, 일본 편애 같은 문화가 작용한 것이긴 합니다만, 러시아의 통조림이 일본 것보다 싸더라도 형가리 사람은 "저것은 비싸고 맛없다"라고 한단 말입니다. 이걸 보면 시장이라는 것은 반드시 가격만으로 움직이는 건 아니란 걸 알 수 있겠죠? 좀 극단적인 예긴 하지만 이런 실례는 얼마든지 있습니다.

그런데 시장에서 무엇이 팔리는가를 가격만으로 논의하는 것이 현재의 근대경제학이기 때문에, 공해문제가 근대경제학과 잘 맞지 않는 건 어느 정도는 필연이라고 생각합니다. 특히 유럽에 있으면, 대신 구매할 대체상품이 항상 풍부하게 있을 때는 가격만이 아니라 기업이미지나 과거의 실적 등 여러 가지 요인으로 시장이 움직이고 있다는 느낌을 받습니다.

그러므로 그런 시장원리에서는 탈리도마이드 사건, 특히 피고인 그뤼넨탈사가 재판을 받기로 하고 법정에 서긴 했지만 200회에 걸친 재판의 연장 자체가 엄청난 비난을 받았죠. 그 때문에 사회적 이미지는 땅에 떨어지고 말았습니다. 또 이 그뤼넨탈의 경우에는 '탈리도마이드 콘테르간'이라는 자사의 제품에 부작용이 있을 수 있다고 주장한 의사를 사립탐정을 고용해 조사하게 했다는 사실이 법정에서 밝혀졌습니다. 이렇게 재판을 늦추면 늦출수록 기업에 불리한 이야기들이 하나둘 제기되자 이윽고 항복한 것이 최근 화제가 되었던 '1억 마르크 합의'입니다. 혹은 GM이 랄프 네이더에 대해 상당한 책략을 꾸몄다는 것도, 알고 보면 GM에게는 엄청난 사회적 손실이 되겠죠. 그러니까 그런 책략을 사용하는 것 자체가 어지간히 대범한 선택인 셈이죠. 일본의 경우처럼 우익을 움직여서 위협하는 방법을 일상적으로 쓸 수 있는 나라는 역시 어딘가 좀 이상해 보여요. 이건 다른 이야깁니다만, 우리가 말하는 '보이콧'이라는 말은 원래 아일랜드에 진출한 영국 상인의 이름이었다고 해요. 아일랜드는 아시다시피 영국에서 독립하려는 의지가 강한 곳이라 영국 제품의 불매동맹이 활발한데, 특히 '보이콧'이라는 남자가 두각을 드러내다 보니 '보이콧 운동'이라는 말이 생겼다고 합니다. 그 정도로 상품이란 가격만으로 움직이지 않는다는 것을 유럽을 다니면서 실감했습니다.

현재의 경제학은 공해를 일으키지 않도록 하려면 제품비용이 올라갈 것이므로 그만큼의 부담이 자연스럽게 소비자에게 전가된다고 주장하는데, 그것이 참 의심스럽습니다. 그렇게 간단하게 소비자 전가가 가능하진 않다고 보거든요.

주민자치의 힘과 중앙집권에 대한 저항

일본과 다른 조건을 두세 가지 더 말씀드리면, 먼저 중앙집권제에 대한 저항입니다. 이것은 아주 강력해요. 미야모토(宮本) 선생의 『사회자본론』에 나온 것처럼 최근 100년간 지자체의 수는 전혀 감소하지 않았어요. 독일의 하수처리를 보면, 고작 수백 호에 달하는 시골 마을들이 모여서 처리장을 만듭니다. 그래도 하나하나의 마을은 각각의 지자체라는 태도를 완강히 고집합니다. 일본에서는 당연히 광역수도니 하수도니 하는 것은 언제든 도시합병을 위한 수단으로 이용됩니다. 먼저 수도나 하수도를 광역으로 만들어 놓고, 이왕에 광역으로 만들었으니 능률을 높이기 위해서라도 합병하면 어때? 하는 식의 이야기가 반드시 거론되죠.

다만 최근에 들은 이야기로는, 영국에서 지역개발을 위해 도시합병을 강제적으로 추진한 사례가 대도시 부근에서 증가하고 있습니다. 이것은 물론 일본에 뒤처져버린 영국이, 상당히 시대착오적인 산업을 합리화하기 위해 '역시 도시합병만큼 좋은 방법은 없구나!'라는 깨달음에서 시작한 선진국 따라잡기 노력의 한 표출로 보아도 좋겠지요.

어쨌든 이렇게 자치권이 강한 곳에서는 공해가 발생하기 어렵습니다. 지난번 강의에서 우스키(臼杵)의 사례를 이야기했는데, 우스키에서 고토 쿠니토시(後藤国利) 씨에게 들은 바에 따르면 공해피해자는 정말 소수지만 정작 그들은 살아갈 수 없거나 먹고 살 수 없을 정도의 피해를 입습니다. 그러니 공해의 무서움을 모르는 대부분의 도시 사람들이 다수결로 기업유치를 결정하는 것은 소수의 사람에게는 "죽어라!"

라는 말밖에 안 된다는 겁니다. 그런데 만일 우스키라는 마을이 도시합병 이전의 마을이고 10개 정도의 마을들로 분리되어 있다면 어떨까요? 공장을 유치한 곳은 한 개의 마을뿐입니다. 주변의 나머지 마을들은 얻은 것도 없이 공해만 입게 되죠. 세금은 일절 안 들어오고 먼지만 뒤집어씁니다. 그렇게 되면 이번에는 반대쪽 사람들이 많아집니다. 그래서 현재의 광역행정이란 이익에 대립하는 것을 가능한 한 얼렁뚱땅 넘기는 쪽으로 작용하고 있다는 느낌을 받습니다.

그리고 이것도 역시 들은 이야깁니다만, 스웨덴의 자연보호운동이 활발한 이유는 스웨덴의 사회구조가 전통적으로 중세 이래의 농업에 의한 촌락공동체가 기반이 되어 있기 때문이란 겁니다. 왜 그것이 자연보호운동과 연관이 있는 걸까요? 촌락공동체 안에서 겨울의 혹독한 기간에 공동체의 한 사람이 자연에 대한 판단을 자칫 잘못하면 ―예컨대 누군가가 작물을 겨우내 보관하는 것을 잊어버렸다면 그것은 그 사람 혼자만의 파멸이 아니라 공동체 전체의 위기가 될 수 있기 때문입니다.

누군가 실수로 수원을 오염시킨다면 역시 마을공동체 전체의 죽음을 초래할 수 있습니다. 그러니 자연보호운동이 활발한 배경에는 ― 현재 도시화가 진행되었다고 해도― 그런 예로부터의 촌락공동체라는 존재가 숨어있는 것이 사실입니다.

그런가 하면 자치권이 강한 지자체에서는 중앙관료에 대한 불신 역시 큽니다. 요컨대 중앙정부는 기회만 있으면 지방자치단체 주민의 권리를 훔쳐서 중앙에서 통제하려고 한다는 의혹을 낳습니다. 우리는 종종 미국의 주(州)와 연방정부 사이의 알력에 대해 듣곤 하는데, 이것은 유럽 어디에서나 마찬가집니다.

가령 일본에서는 전국의 일률적인 음료수기준을 수도법으로 규정하고 있지만, 미국의 경우에는 어디에도 그런 법이 존재하지 않습니다. 있는 것은 각 주에서 정한 주의 기준과 예컨대 주와 주를 운항하는 비행기 혹은 기차에서 판매하는 음료수의 기준 정도죠. 이처럼 주의 경계를 오가는 운수기관의 음료수 기준을 연방이 정합니다. 대부분의 경우 이것은 주의 기준보다 엄격하죠. 그래서 종종 연방정부의 기준이 너무 엄격하다는 불만이 나오긴 하지만, 그것은 어느 특정 주나 지역에 적용하는 것이 아니라 비행기와 열차 안에서만 통용되는 음료수 기준입니다. 그 정도로 주의 권리는 보장되어 있어요. 그렇지만 주의 권리를 마냥 자유롭게 해두면 자칫 무질서해질 수 있으므로, 지금 말씀드렸듯이 언뜻 보기에 기묘한 형태의 전국적인 규제가 마련되어 있습니다.

나라에 따라서는, 가령 스웨덴의 기본적 인권의 한 예로 '공문서 열람권'이라는 이상한 제도가 있는데요. 이것은 공해문제뿐만 아니라 모든 행정문제에 대해 모든 국민은 모든 공문서를 열람할 수 있다고 되어 있습니다.

공문서란 어느 관공서가 다른 관공서로 발송한 순간부터 공개된 것으로 간주합니다. 처음에는 이것에 예외가 전혀 없었다고 해요. 따라서 외교문서나 군사문서가 유출되어 문제가 된 사례가 가끔 있어서 현재는 외교와 군사에 관한 것은 특별히 예외로 취급하고 있습니다.

하지만 이렇게 되면 가령 미나마타병에 관한 어떤 통보를 후생성이 현으로 발송했다거나 혹은 통산성이 무슨 결정인가를 했다거나 하는 것은 우리가 언제라도 알아볼 수 있습니다. 요컨대 행정이 숨김없이 노출되는 거죠. 그런 기본적 인권도 공해를 억제하는 데 한 역할을 합니다.

그렇다면 여론에 대해 생각해보죠. 여론의 한 요인이 되는 신문의 영향력. 이것도 여러 나라를 다녀보면 상당히 다르다는 걸 알 수 있습니다.

일반적으로 정당지(政党紙)가 많습니다. '정당지'라고 하면 일본에서는 일간지가 되어 있는데, 공산당의 『셋키(赤旗)』와 공명당의 『고메이신분(公明新聞)』 두 가지가 있어요. 하지만 스웨덴이나 이탈리아 혹은 네덜란드에서는 일본의 그것처럼 확연하게 계열화되어 있지 않아요. 이야기를 자세히 들어보았을 때 이쪽이 다소 보수계라는 사실을 알게 되는 정도의 정당지입니다.

일본의 아사히(朝日)나 마이니치(每日), 요미우리(読売) 같은 전국지는 유럽에서는 비교적 적은 편입니다. 그렇다 보니 전국적인 뉴스기관으로써 텔레비전이 점유하는 위치가 상당히 커지게 됩니다. 일본처럼 전국 어디서나 같은 신문을 읽을 수 있는 경우는 유럽에서는 동유럽 제국을 제외하고는 일단 찾아보기 힘듭니다. 예를 들어 독일에서 대표적인 신문 하면 〈프랑크프루터 알게마이네〉인데, 이것은 '프랑크프르트에서 나온 신문' 혹은 '본에서 나온 신문'이라는 식으로 지역에 따라서도 그 지역의 신문이 다소 전국적으로 읽히는 정도로, 다른 나라들도 크게 다르지 않습니다.

동유럽의 경우에는 당(黨)기관지라는 것이 있어서 이것이 전국적으로 읽히는데, 거기서도 지방신문은 상당히 많기 때문에 중앙집권화를 위한 도구로는 텔레비전이 주로 이용되죠. 하지만 텔레비전을 너무 많이 사용하면 이에 대한 반발이 있어서, 결국 국영방송이라도 어느 정도 독립성을 인정해줘야 합니다. 그렇지 않으면 여론이 용인하지 않아요. 그래서 이탈리아에서는 지금 고도성장을 위해 엄청난 시도를 하고 있는데, 제가 12월에 잠시 체재했을 때 공업도시인 라벤나의 석유콤비나트에 대한 공해문제 캠페인의 일환으로 미나마타병을 다루자는 이야기를 들은 적이 있습니다.

국영방송이 어떻게 그렇게까지 할 수 있느냐고 솔직히 좀 놀라서 물었더니, 물론 상당한 어려움이 있긴 하지만 간신히 하고 있노라고 하더군요. 일본의 NHK 특파원이 이탈리아 텔레비전을 보니, 일본에서 그런 방송을 하면 아마 민영방송도 그렇겠지만 NHK였다면 절대 한시도 버티지 못하고 해고당할 거라고 하더군요. 그 정도로 힘들고 어려운 캠페인을 하는 곳이 이탈리아 국영방송입니다. 다른 여러 나라도 대개 비슷하다고 보면 될 겁니다.

법률은 간단해야

시간을 좀 더 가지고 두세 가지 공통된 요인을 이야기해보기로 하겠습니다. 종종 논의되는 것이 법규제인데, 법률은 각국에서 어떻게 추진되고 있는가?

이것은 법률을 조금이라도 공부한 경험이 있는 사람이라면 잘 알고 있듯이 영미법은 주로 이런 손해배상의 문제에 있어서는 배심제를 취하고 있습니다. 배심제는 이해하기 어렵고 또 능률적으로 나쁜 면도 있지만, 공해재판의 경우에는 사실 피해자에게는 유리하다고 볼 수 있습니다. 원고 측에 유리한 경우가 많지요. 배심원은 대개 아마추어에서 선출하는 데다 그 아마추어를 외부로부터 격리해야 합니다. 하지만 보통의 시민이므로 그렇게 오랜 기간 격리할 수도 없기 때문에 아무래도 즉결재판으로 가기 쉽습니다.

쌍방이 가능한 한 이해하기 쉬운 논리로, 재판관을 비롯해 배심원에게 어느 쪽의 주장이 맞는지를 설명하죠. 그런데 그 기반이 되는 법률은 성문법보다 오히려 관습법이나 판례가 더 많습니다. 그러면 대개 상식적인 결론에 도달해요. 일본처럼 재판에 부치면 상식과는 반대되는 결과가 나오는 식의 일은 별로 없어요. 그런 점에서는 영미법이 법률로는 정비되어 있지 않지만, 손해배상 사건에서는 아무래도 오랜 역사가 있어서 일본에서도 종종 예로 인용되곤 합니다.

그리고 스웨덴에는 '물 재판소'라는 특별한 재판소가 1920년대 무렵부터 있는데, 사실 발전소의 수리권을 둘러싼 분쟁이 종종 물 재판소로 기소됩니다. 그런데 지금까지의 물 재판소 기구에서는 도저히 판가름할 수 없다고 해서, 1970년부터 개조되어 〈자연보호환경위원회〉로 통합하는 방향으로 가게 된 것 같습니다. 이 부분은 아직 확인하지 못했지만, 스웨덴 사람의 이야기로는 상당히 과감한 개혁, 나쁘게 말하면 정치적 변경이라는 의견을 들은 적이 있습니다.

그러면 그때까지의 3심제 재판소에 비해 상황이 급변해서 행정위원회제도에 근접해지는 거죠. 이것은 경우에 따라서는 좋은 방향으로의 변화일지 모릅니다. 요컨대 공해문제는 비교적 납득하기 쉬운 일이므로, 재판소에 재판을 걸어 지리멸렬하게 논쟁을 벌이기보다는 행정위원회에서 후딱후딱 처리해가는 편이 좋을지 모른다는 생각이 듭니다.

그리고 또 행정법은 가능한 한 불필요한 통제를 부가하지 않는 방향으로 정해지는 것이 보통인 것 같습니다. 가령 독일의 '영업법'이라는 법률에는 공해에 대해 특별한 어떤 것도 적혀있지 않습니다. 하지만 세탁소에서 대규모 공장에 이르기까지 5년에 한 번 인가(認可)의 재판정 제도가 있는데, 그때 주민의 공청회를 거쳐 인가할 것인지 말 것인지를 정합니다. 그렇게 하면 공해를 일으켜 주민의 심한 반대를 받는 회사에게는 5년에 한 번씩 치러야 하는 인가 재판정이 두려움의 대상이 되는 거죠. 실제로 그렇게 해서 인가를 받지 못한 사례를 본 적은 없습니다만, 사실 공장에 가서 담당자와 이야기해보면 이 영업법에 따른 인가 재판정 때 주민에게 트집이 잡힐까 봐 제일 두렵다, 그래서 평소에 주민과 사이좋게 지내야 한다는 등의 이야기를 종종 들었습니다.

'공해'라는 말은 전혀 적혀있지 않아요. 다만 '인가제도에 공청회가 필요하다'는 단 한 줄의 조문으로 공해를 방지할 수 있다는 겁니다. 그런 점에서 보면 일본의 법률은 형식적인 정비에 불과하죠. 그래선지 가능한 한 실효가 없는 방법을 일부러 선택한 게 아니냐고 할 정도로 복잡기괴합니다.

그런데 최근에는 일본이 법률 면에서도 세계에서 가장 선진적인 나라가 됐다고 합니다. 작년 봄이던가요, 공해국회를 통해 일본에서 14개의 법안이 제정된 것이? 그렇지만 그중 어떤 것이 과연 실효가 있을까 의문이라는 논의가 제기되곤 합니다. 그런데 올해 2월 미국의 닉슨 행정에서도 14개의 법률을 공해문제 대책으로 내세웠습니다. '일본에서는 작년 14개 법률을 만들었다'는 이야기를 2월에 로마에서 만난 미국인에게 했더니, "일본정부는 진정 선견지명이 있다. 닉슨은 이번 달이 돼서야 14개 법안을 만들었는데 법률 개수까지 같다"(웃음)라며 놀라더군요.

국내법은 이런 상황인데 국제법이나 국제협력 문제는 어떨까요? 솔직히 암중모색일 수밖에 없는데, 석유에 의한 해양오염에 관해서는 IMCO(국제해사기구)를 중심으로 한 약간의 조약을 만들려는 노력이 있습니다. 하지만 이것도 언제 비준될지 모르는 조약으로 당분간 그 유효성을 기대하긴 어렵습니다.

그럼 해양은 별개로 하고 라인 강이나 도나우 강 등 예로부터 국제하천으로 유명한 강들은 어떨까요? 대개 수리권이나 배의 운항과 운송을 둘러싸고 〈라인 위원회〉니 〈도나우 위원회〉니 하는 것이 각각 존재합니다.

하천이란 일단 지금까지의 유럽에서는 물건을 나르는 길이라고 여겨져 왔기 때문에, 이런 국제위원회의 업무도 주로 수량을 둘러싼 조정이었죠. 그런데 여기에 수질문제가 발생하면서 지금까지의 업무방식으로는 아무래도 해결하기 어렵게 됐습니다.

그래서 상당한 액수의 돈을 들여서 개조하자는 움직임도 있는데, 역시 정치가가 가장 위에 서서 문제를 이해하지 못한다는 것이, 라인 강 하류에 위치해 있어 항상 고충을 겪고 있는 네덜란드의 주장입니다.

또 한편에서는 이 정도로 공해문제가 심각해지자 국제기구 간의 선두싸움이 있습니다. 예를 들어 건강문제는 WHO이고 농업문제는 FAO라는 정도는 다들 예측할 수 있지만, 가령 미나마타병은 어느 쪽 소관에 해당하는가를 문제 삼으면 그게 참 애매모호합니다. 물고기가 죽은 것은 FAO의 소관이고 인간의 질병 부분은 WHO의 소관. 이건 마치 일본에서 농림성과 후생성이 소관쟁탈전을 벌이는 것과 마찬가지 일들이 국제적으로도 벌어지고 있는 겁니다.

어쨌든 해양에 관해서는 WHO, FAO라는 건 알겠습니다. 그리고 아까 말한 IMCO가 있고 WMO(세계기상기구), 유네스코의 해양위원회 그리고 국제원자력기구(IAEA) 등이 모여서 구축한 전문회의가 지난달 제가 초대받아 갔던 GESAMP(해양오염방지전문가회의)입니다. 이런 걸 보면 어디가 지도권을 잡을 것인가를 놓고 무대 뒤에서는 항상 치열한 경쟁이 이뤄지고 있다는 생각이 듭니다.

지나치게 그런 경쟁에 치중하다 보면 자칫 공해 자체가 심해지는 것 아니냐는 비판의 장이 72년에 있을 국제연합의 환경문제에 관한 총회인데, 이 총회를 놓고도 각 기관의 경쟁이 심해질 거라는 예측을 조심스럽게 해봅니다.

종교와 정당의 공해에 대한 태도

마지막으로 종교문제에 관해 이야기하겠습니다.

종교와 정당, 이것은 원래 별개의 것이지만 유럽 전역에서 공통적인 점이 '좌익은 환경문제에 서툴다'라는 겁니다. 특히 마르크스주의 정당의 지금까지의 이론적 틀 안에 공해문제가 끼어들기는 어려울 것 같습니다. 어느 나라에서나 공해문제와 자연보호운동에 좌익정당도 동참하고 싶어 하지만 쉽게 손을 내밀 수 없다는 고충을 듣곤 합니다.

지금까지의 마르크스주의와 마르크스경제학 이론의 구조를 넓혀서 공해문제를 다루려고 했다는 점에서, 미야모토 켄이치(宮本憲一) 선생의 『사회자본론』은 국제적인 역작이라고 생각합니다. 제가 아는 한 공해문제를 그만큼 잘 이해할 수 있는 책은 많지 않습니다.

이탈리아의 경우를 보면, 학생의 공해반대운동이 간혹 격렬한 형태의 투쟁이 되는 경우가 있는데, 이를 두고 공산당은 토로츠키스트적이라며 비난하는 반면 가톨릭의 좌파는 오히려 학생의 공해반대운동에 대해 동정적이라는 겁니다.

그리고 스웨덴에서는 학생들 사이에서 역시 환경보호운동이나 공해반대운동의 움직임이 있지만, 스웨덴 공산당은 이들을 두고 '마오쩌둥파'라고 부릅니다. 일본으로 치면 신좌익쯤으로 이해하면 되겠죠? 그런데 이 마오쩌둥파 학생들도 문제를 충분히 이해하지 못하고 있는 상황입니다.

조금 특이한 예로는 네덜란드의 경웁니다. 프로테스탄트의 일종으로 보이는 신흥종교가 그것인데, 이것은 원폭이나 원자력 혹은 방사능물질에 의한 오염을 중심으로 상당한 양의 자료를 수집해서 일종의 종말론을 전개하고 있어요. 이들은 신이 노하셔서 지구가 이만큼 오염되었고 인간은 머잖아 멸망할 수밖에 없다는 이론에서 출발하고 있습니다. 애당초 이 '라우'라고 하는 신흥종교는 한 어부가 홀연히 신의 계시를 받은 것에서 전파되었다고 해요. 그 사람이 어부라서 평소 그런 환경문제에 자연스럽게 관심을 갖게 된 건지 모르죠.

그리고 유럽의 각 정당은 일본의 공명당에 꽤 흥미를 갖고 있습니다. 불교정당 —물론 공명당은 지금 불교정당은 아니지만— 어쨌든 불교도들의 집단에서 출발한 정당이 공해문제에 대해 아주 열심이라는 사실에 대해 유럽 각 정당의 관심이 뜨거운 모양입니다.

일반적으로 가톨릭보다는 프로테스탄트가 환경문제에 관해서는 더 엄격하다고 할 수 있습니다. 프로테스탄트의 강점, 예컨대 스웨덴이나 스위스에서 환경문제에 관한 종교인의 발언을 많이 볼 수 있거든요.

여기까지 다양한 이야기를 해왔는데, 어쨌든 이런 총론적인 문제에 대해서나 결론을 이끌어내기 위한 기초자료를 조사하기 위해서도 —그간에 제가 체류했던 기간이 짧은 데다 일손이 부족했던 점도 있어서— 언젠가 제대로 된 조사를 위해 본격적인 조사대를 파견할 필요가 있다고 봅니다.

이것은 물론 유럽에서 혹은 외국에서 데이터를 가져오는 것뿐 아니라 반대로 일본에서 현상을 정확히 파악해 외국에 전달한다는 데에도 의미가 있습니다. 이 역시 정부 간의 통신 차원에서는 결코 할 수 없는 일임을 통감하였고, 그래서 민간인인 우리가 실정을 전달할 필요가 있다고 느낀 것이 세 번에 걸친 여행의 총론입니다.

지금 시간이 7시 조금 넘었으니까 일단 전반부를 마치도록 하고, 오늘 마침 가와사키(川崎)의 마에다 후미히로(前田文弘) 씨가 참석하셨어요. '한 주 운동'에 대해서뿐만 아니라 가와사키의 운동에 관한 보고도 해주신다고 하니, 쉬는 시간 전에 말씀을 먼저 듣도록 하겠습니다.

"나는 어부다" - 반공해 일본돌격대

마에다

여러분 안녕하십니까. 저는 일개 어부일 뿐 아는 것도 없고, 여러분 얼굴을 보니 무슨 이야기를 해야 좋을지 모르겠지만 그래도 잠깐 제 이야기를 하려고 합니다. (박수)

저는 〈니혼코칸(日本鋼管) 공해반대 1천명 위원회, 랠프 네이더(Ralph Nader) 반공해 일본돌격대〉의 마에도 후미히로라고 합니다. 1월 중순 무렵에 미국에서 랠프 네이더라는 사람이 일본에 와서 도쿄를 안내한 적이 있는데, 참 재밌었어요. 어쨌든 니혼코칸이 세워진 것은 B29 포로들의 노동력을 이용해서 이만큼이나 지어졌고 이것이 공습을 면했다는 이야기 등을 열심히 해줬습니다.

그랬더니 '이거 참 큰일이다, 기간산업 지원도 정도가 있지'라면서 '그런데 너희는 왜 이런 운동을 안 했느냐?'라는 겁니다. 결과적으로 니혼코칸의 주식을 1천 주나 주고 갔어요. 저도 그걸 받고 깜짝 놀랐죠. 받고 싶은 사람은 얼마든지 있고, 여러분도 받을 수 있었을 겁니다.

그런데 저는 하나도 안 고맙더란 말입니다. 그래서 몇 번이고 거절했어요. 그런데 이런저런 생각 끝에 이 노란 코쟁이가 우리한테 이런 건방진 수작을 부리는구나 싶더군요. 공해에는 국경이 없다고 하지만, 도대체 뭘 어떻게 해야 하지? 그러다 지금까지 있었던 일본의 반공해 운동이 뒤떨어진 게 아닐까 라는 생각을 하게 됐습니다.

그래서 랠프가 행동의 첫 페이지를 펼쳤다는 사실을 높이 평가하고 니혼코칸의 주식을 수락했습니다. 근로자 낚시동호회 회원이 3천 5

백 명입니다. 그 이상은 늘리지 않고 있습니다. 만든 것은 1967년이고 '공해조사반'이라는 것도 동시에 만들었어요. 매월 도쿄만을 세 번 돌면서 공장의 폐액을 수집합니다.

왜 그걸 했냐면 공장 근처로 낚시를 하러 가면, 물고기에서 기름 냄새가 나는가 싶더니 점점 그마저도 안 잡히더라고요. 그래서 공장에 "너희 공장 근처에서 잡은 물고기가 기름 냄새가 난다. 어떻게 좀 해라"라고 했더니 "무슨 증거로 그런 소릴 하느냐?"고 따지는 거요. 그렇다면 우리도 증거를 찾아야겠다고 생각했죠.

그래서 우이 준 선생님이나 대학의 수질 전공자 혹은 제약회사의 기술부장 등 몇몇 분이 중심이 돼서 지금의 젊은 고등학생이나 대학생들이 하는 실습부 같은 걸 꾸렸습니다. 연간 약품값이 200만 엔입니다.

그런 관계로 사공들이 물을 뜨러 갈 때도 그리고 시험관을 흔들어대는 사람도 다들 도시락 지참입니다. 그런데 이때 물을 뜨러 가면 돌멩이를 던진다니까요. 그러니 어쩔 수 없이 헬멧을 써요. 그때 저는 처음으로 헬멧의 진정한 쓰임을 알았습니다. (웃음소리, 박수)

어쨌든 회원이 3천 5백 명인데 1천 주를 내가 다 가져버리면 말이 안 되잖아요. 그래서 나는 한 주만 있으면 된다고 하고 나머지 999주는 신을 믿건 안 믿건 상관없이 용기 있는 사람에게 나눠주었습니다. 그렇게 네이더 씨의 의향을 충분히 배려해서 니혼코칸의 공해반대 1천 명 위원회가 탄생하게 된 겁니다.

총회가 5월 27일입니다. 대회에 출석도 해야 해서 3월 23일 무렵까지 일단 접수를 마감할 생각입니다. 하지만 1천 명 운동만으로는 아무것도 안 됩니다. 인간의 근육은 안 쓰면 안 돼요, 안 쓰면 약해지게 마련입니다.

그래서 저는 주주총회의 주식을 가지고 있는 사람들한테 부탁했죠. 노무라(野村)증권 등 여기저기 찾아다니면서요. 회원들이 여기저기 있거든요. '네가 가진 주식을 좀 써라!' '공해로 나 혼자 죽을까봐 이렇게 열심히 운동하고 있는 것이 아니다. 공해의 무법침입에서 누구도 도망칠 수 없다'라고 말하죠. 그러니까 위임장을 써달라고. 돈은 필요 없으니까 위임장만 써달라고. 그 결과 15만 주의 위임장을 받았습니다. (박수)

'한 주 운동' 하면 지금까지 미나마타의 짓소 문제 때뿐 아니라 다른 여러 경우가 있습니다만, 우리는 좀 색다른 운동을 하려고 합니다. 그래서 먼저 그것을 운동화하는 것이 중요합니다. 여기 계신 여러분, 지금이야말로 타성의 정신을 채찍으로 물리치고 끈기 있는 운동으로 밀고 나가자 이 말입니다!

불쌍하다는 말로는 부족하다

2월 27일, 가와사키의 간논초(観音町)에 사는 술을 파는 술집 사장—그 '빠' 말고요(웃음소리)— 그 술집 사장이 천식으로 발작을 일으켜 공해병 인정을 받았습니다. 그 죽을 것 같은 고통을 참지 못하고 집에 가서 죽고 싶다고 병원을 뛰쳐나온 날 밤에 자기 집 2층 지붕에서 뛰어내려 죽고 말았습니다.

그런데 여러분, 그 죽은 친구를 측은하게 생각해서 '불쌍하다'고 말하는데 그것만 가지고는 부족하다 이겁니다. (연단을 심하게 두드림) 비겁하다 이겁니다. 강도가 갓 태어난 아기를 목 졸라 죽여도 '불쌍해라' 한마디하고 말 겁니까? 그게 뭡니까, 대체! 백 명이 공해병으로 죽으면 다들 말하죠, "불쌍해라".

이건 운동에서 도피하는 것밖에 안 됩니다. 잘 생각해보세요. 저는 배운 것도 없고 말도 잘 못하지만 말이에요, 우리가 지금 하려고 하는 운동은 특정 당파나 선거 목적으로 띄우는 애드벌룬이 아니라는 것만은 확실히 증명할 수 있다 이겁니다!

그래서 지금 가와사키에서 어떤 일이 벌어지고 있느냐? 지금 가와사키에서는 매연으로 백주대낮에 살인이 저질러지고 있어요. 그중에서도 가장 센 공해 두목은 니혼코칸이에요. 이놈은 60년 이상에 걸쳐서 매연매진과 아황산가스를 흩뿌려온 공해의 최대 발생원입니다.

이번의 요코하마(橫浜)방식 같은 방패막이 뒤에 숨어서 시도 때도 없이 매연을 내뿜고 있단 말이에요. 그리고 올해 1월 초순에 14만 명을 모아 노동조합을 조직했는데, 여기서 아황산가스의 95%를 배출하고 있는 38개 공장을 공해 발생원으로 고소하려고 했을 때 노동조합 간부를 매수해서 기어이 이 문제를 묵살하고 말았습니다.

정당에 뭘갈 기대할 수가 없어요. 도대체 지금까지 정당이 뭘 했습니까? 10년 전에 공해문제를 어떻게든 해야 했어요. 노동조합도 마찬가지라고 봐요. 하지만 노동조합은 비판하더라도 발생원의 노동자는 비판해선 안 된다고 생각해요. 발생원의 노동자와 손을 잡지 않는 한 이 공해는 절대 없어지지 않습니다. 매일매일 저 매연과 분진을 내보내는 직공은 진짜 인간적인 고민을 끌어안고 삽니다. 이 사람들과 우리는 역시 손을 잡아야 한다고 생각해요. 그런 의미에서 더는 노동조합에 맡겨둘 수가 없다 이겁니다.

10년 전인 60년에는 '안보, 안보!'라고 안보를 위해 죽어라고 나팔을 불었는데 그만 불발로 끝나고 말았죠. 왜 불발로 끝났는가? 의욕이 없었으니까요. 지금의 정당 역시 의욕이 없어요.

그런 사람들한테 뭘 더 기대할 수 있겠어요. 기댈 곳은 이제 여러분뿐이다! 이겁니다. 어떻게 말해야 좋을지 저는 잘 모르지만, 어쨌든 이 문제는 어떻게 해야 하지 않겠어요? 먼저 이론이란 건 실천을 통해 증명된다고 하잖아요. 여러분은 저보다는 훨씬 머리가 좋으니까 말입니다.

공부를 안 했어도 생각하면 어떻게든 할 수 있다

저야 이런 토론 같은 것은 한 번도 해본 적도 없고 신문 따위 읽을 시간도 없어요. 저같이 머리가 나쁜 사람도 말이에요, 이런 운동은 공부를 안 한 사람이라도 뭔가 생각만 하면 얼마든지 할 수 있습니다. 그런 의미에서 인간적인 울분을 느낀다면 함께 싸우자 이겁니다!

그리고 내가 부탁하고 싶은 것은 '남의 눈물을 나의 눈물처럼 생각하라'는 겁니다. 아름다운 영혼을 가진 벗으로서 이 슬로건을 이해하신 분만이 1천 명 위원회는 영원한 친구라고 생각합니다. 그래서 지금 르네상스 시기의 휴머니즘 정신에 입각한 자기 개혁을 위해 니혼코칸의 1천 명 위원회에 들어오시길 바랍니다.

여러분, 여러분들의 대장이 아주 훌륭하게 이렇게 온몸으로 투쟁하고 있으니까, 도쿄대 선생들한테 지지 않고 버틸 수 있는 겁니다. 물론 절대 도쿄대 교수는 될 수 없겠죠, 우이 준 선생도. 제비뽑기를 영불리한 것으로 뽑아서(웃음소리). 이런 걸 보면 우리 모두 좀 이상한 사람들이죠.

그래도 저 같은 사람한테 주식을 주고 간 네이더 씨를 처음에는 달갑게 여기지 않았지만, 그래도 지금은 우리 자신의 목숨과 건강은 역시 우리 손으로 지켜야 하지 않겠느냐? 이 말을 하려고 왔습니다. 잘 부탁합니다. (박수)

우이 준

소개가 늦어졌습니다만, 가와사키 노동협동조합이 주최한 강연회에 갔을 때 야마다 씨를 처음 뵀습니다. 근로자 낚시협회 회장님을 역임하시고 있고, 가와사키에서는 꽤 유명한 분이라고 하십니다(웃음소리).

물론 보시면 아시겠지만 가와사키에서 위세가 큰 운동을 하고 계셔서 한 번쯤 견학이라도 하자는 차원에서 이 공개강좌에도 다녀가신 적이 있다고 해요. 그런데 공교롭게도 제일 혼잡하고 정신없었던 제2회 강좌 때 오셔서 도저히 연단이 보이는 곳까지 못 오고 말았다고 하시네요.

짓소에서 우리도 했던 한 주 운동, 이번에는 다른 회사에 대해 다른 입장에서 다른 방법으로 지금 마에다 씨를 중심으로 니혼코칸이라는 '돈과 생명의 교환(코칸²)회사'라고 옛날부터 악명 높기로 소문난 회사에서(웃음소리) 해보자고 합니다. 돈을 낼 수 있는 사람은 돈을, 일손을 보탤 수 있는 사람은 일손을 보태는 식으로 한발 한발 나아갈 수 있기를 바랍니다.

원래 사람이 높은 데 올라서면 지금 마에다 씨처럼 위엄스럽게 느껴지게 됩니다만, 평소 둘이나 서너 사람이 이야기할 때는 마에다 씨도 아주 부드러우신 분이니까 (웃음소리) 겉모습에 너무 겁먹지 않아도 됩니다(웃음소리).

〈휴식〉

스웨덴의 수은문제

먼저 스웨덴의 수은오염에서부터 유럽의 실례를 살펴보도록 하겠습니다. 스웨덴의 수은오염 경과를 간략하게 말씀드리면, 1960년대에 들어 갑자기 야생조류의 감소가 눈에 띄게 두드러지기 시작합니다. 일본으로 치면 따오기나 황새 같은 멸종위기에 처한 새들이 몇 종류 나타납니다. 그 알이나 죽은 새들 몸속에서 대량의 DDT와 수은이 발견된 것이 문제의 발단이 됐는데, 1962년 테이닝이라는 룬드대학교의 임상의가 우연히 발견했어요. 농가에서 메틸수은으로 소독한 씨앗의 쓰

2　'교환'의 일본어 발음이 '코칸'으로 가해기업인 '니혼코칸'의 '코칸'과 동음인 '교환(코칸)'이라는 단어를 이용해 생명을 경시하는 가해기업의 행태를 풍자하고 있다.

고 남은 것을 버리기 아까워서 닭에게 모이로 줍니다. 이건 사실은 하면 안 되지만, 어쨌든 종종 먹이로 줬어요. 그랬더니 달걀에서 수은이 검출된 거죠. 이건 아주 낮은 수량으로 0.01ppm 이하 정도의 농도였는데, 어쨌든 달걀에서 소량이지만 수은이 검출됐어요. 그런데 덴마크나 네덜란드의 달걀에 비해 스웨덴의 달걀에서 검출된 수은이 많다는 걸 알게 되고, 그렇게 64년에 발표된 것이 스웨덴의 양계농가에 파멸적인 타격을 주게 됩니다.

테이닝이 왜 메틸수은에 주목했는가 하면, 직업병을 다루는 의사라서 소독한 씨앗을 실수로 먹고 메틸수은 중독에 걸린 예를 과거 20여 년 사이에 여러 차례 목격했거든요. 이런 실수를 하지 않도록 나중에는 소독제에 색소를 첨가해서 소독한 씨앗은 붉게 물들도록 했는데, 그래도 역시 불미스러운 사고들이 반복된 탓에 세계적인 규제로 이건 어찌 처리됐습니다. 그런데 이라크에서 발생한 집단중독의 예를 보면, 누군가가 물로 씻었더니 색소가 빠져서 마치 깨끗한 밀처럼 보이니까 먹을 수 있겠다 싶었던지 그걸로 빵을 만든 거예요. 결국 그 빵을 먹은 100명 정도의 사람이 중독된 사건이 있었습니다.

테이닝은 이 사건들이 마음에 걸려서 닭의 먹이에 주목한 겁니다. 그렇게 65년이 되자 꿩이나 매의 깃털 속에 수은이 축적되어있다는 사실을 밝혀냅니다.

그래서 1860년 무렵부터 박물관에 보존되어 오던 독수리 일종의 깃털 샘플들을 모아서 수은량을 측정해본 결과 〈도표 19〉와 같은 결과가 나와요.

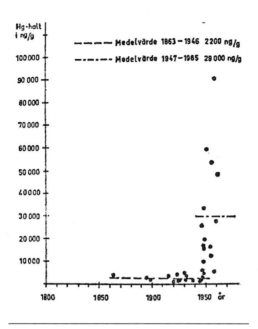

도표 19 | 독수리의 깃털 속 수은량

    이 도표를 보면 알 수 있듯이 1940년대 중반 무렵까지는 깃털 속 수은량이 낮고 거의 일정해요. 그리고 1940년대 후반 이후로는 상당히 넓게 분포하거나 상승하고 있죠. 이 시점에 무슨 일이 있었던 것 같아요. 이건 알고 보면 별것 아닌 것 같지만, 박물관에 보관된 새 깃털을 모아서 이런 식으로 과거의 오염정도를 조사하는 시도 자체가 참 기발하고 지혜롭다는 생각이 듭니다. 사실 이 연구는 상당히 우수한 생태학자와 방사화학 연구자의 공동연구였어요. 이런 훌륭한 연구는 전혀 다른 분야의, 그것도 제일선의 우수한 사람이 조직했을 때 비로소 탄생할 수 있다는 생각이 들더군요.

    1863년부터 1945년까지 깃털 속 수은농도의 평균은 2.2ppm, 여기에는 2,200ng/g라는 단위로 표기되어 있는데, 이것의 1천분의 1이 우리가 평소에 사용하는 ppm이 됩니다.

그리고 47년부터 65년까지의 평균은, 분포가 이렇게 들쭉날쭉하다 보니 평균을 내기에는 상당히 어려움이 있긴 하지만 일단 참고삼아 낸 것이 29ppm. 즉 1946, 7년 무렵을 경계로 해서 10배 이상이나 상승했습니다. 이 시기에 환경에 새롭게 도입된 것이 종자소독을 위한 메틸수은의 이용, 그리고 또 한 가지 공장폐수입니다. 페닐수은을 펄프공장 내부에서 곰팡이 방지를 위해 사용한 사실, 요컨대 이 두 원인이 있다는 것까지 밝혀낸 시점에서 이 연구는 일단락되고 있습니다. 그리고 여러 조사를 실시한 결과 대개 종자소독이 위험하다고 보고, 66년부터 종자소독에 사용했던 메틸수은제의 사용을 금합니다. 그렇게 하니까 꿩이나 메추리처럼 곡물을 먹는 새의 깃털 속 수은량이 점점 감소합니다. 이걸 보면 역시 새 깃털 속 수은은 이 종자소독에서 비롯되었다고 볼 수 있는 거죠.

그런데 이상하게 물새의 깃털 속 수은은 일절 줄지 않았어요. 그래서 이번에는 물새의 먹이가 문제가 되고, 이 두 연구자는 새롭게 물고기 연구를 시작합니다. 그때 가장 먼저 한 연구가 스웨덴의 담수어와 발트해 연안에 서식하는 꼬치고기였습니다. 일본해에는 이 종류의 물고기는 없습니다만, 마치 가물치를 납작하게 해놓은 것 같은, 다른 물고기를 죄다 잡아먹는 전형적인 육식 물고기예요. 그런데 이것이 식물연쇄가 가장 높은 위치에 있어요. 이때는 이미 DDT나 아까 본 꿩이나 매 혹은 독수리 등의 연구에서 먹고 먹히는 관계로 성립된 식물연쇄의 위쪽으로 갈수록 수은이 축적된다는 사실이 이미 밝혀져 있었어요. 그런데 꼬치고기는 식물연쇄의 최고봉에 있는 만큼 연구대상으로 가장 적절했던 거죠. 무엇보다 다른 물고기를 잡아먹고 자기 영역에서 비교적 정착해 산다는 것. 마지막으로 스웨덴 각지에 서식하고 있다는 요소들로 봤을 때 가장 적합한 표본이라고 생각한 겁니다.

다음으로 그들이 한 것은 꼬치고기 한 마리를 해부해서 내장이나 머리 등 기관 곳곳의 수은함유량을 측정했습니다. 가장 안정된 것이 등살이었습니다. 게다기 이것은 비교적 자주 먹는 고급 물고기인데 사람들도 이 등살을 튀기거나 구워서 잘 먹습니다. 말하자면 최고급 요리였던 셈이죠.

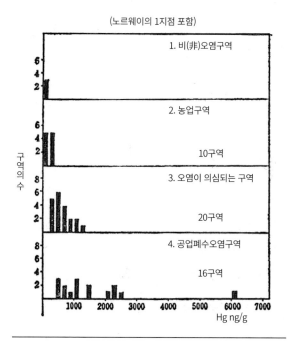

도표 20 | 이에다 등살의 수은함유량

그래서 식품위생 상으로도 등살은 중요하다면서 등살의 수은함유량을 비교했습니다. 다소 불규칙하긴 하지만 연령과 체중에 비례하게 수은함유량이 증가합니다. 여기에 별 무리 없이 직선을 그려볼 수도 있어요.

이때 두 연구자는 몇 개 호수에서 물고기를 잡아봅니다. 그랬더니 오염이 심한 곳에서는 나이에 비례한 체중과 함께 수은함유량도 증가한다는 사실을 알게 되죠. 그래서 큰 물고기 작은 물고기 할 것 없이 각지에서 잡아온 물고기를 한데 모아놓고 비교하는 것, 그 지역의 호수나 해안의 수은함유량을 비교하는 것은 좀 무리라고 판단하죠. 그래서 체중 1킬로의 경우, 그곳 호수에서 어느 정도의 수은을 함유하고 있는가를 '내삽법'으로 구합니다. 몇몇 물고기를 잡아서 그 등살의 수은함유량을 측정하고, 내삽법으로 1킬로에 상당하는 부분을 찾아서 그 값을 각지의 값과 비교합니다.

스웨덴에는 호수가 많아서 '오염이 절대 일어나지 않을 것 같은 곳' 혹은 '농업지대의 호수' 또는 '오염이 의심스러운 곳' '확연히 오염된 곳'으로 크게 분류해서 몇 십 곳의 호수를 측정합니다. 그렇게 하면 '하나의 호수당 몇 마리의 물고기' 꼴이므로 결국에는 몇 천 마리의 물고기를 측정했다고 하는데, 그런 식으로 해서 '전혀 오염되지 않은 곳'에서는 수은함유량이 0.2ppm 정도이고 그런 호수가 몇 곳이라는 식으로 표시합니다. '전혀 오염되지 않은 곳'에서는 체중 대비 수은함유량이 거의 변하지 않습니다. 반면 '오염된 곳'에서는 체중이 증가하면 수은함유량도 증가해요. 그러니까 '오염이 전혀 안 된 곳'에서는 아마 가장 아래 선에 해당하지 않을까요? 물고기 몸속에 축적된 수은과 배출된 수은이 정확히 균형이 잡혀있는 곳, 그것이 옛날부터 전혀 오염되지 않았던 곳의 수치가 아닐까 예측을 했죠. 이렇게 그들이 조사해 본 결과, 오염되지 않은 곳에서는 그곳의 모든 물고기의 수은함유량이 0.1~0.2ppm 사이에 들어가요.

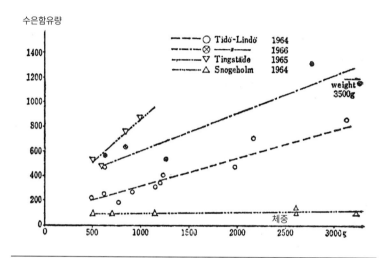

도표 21 | 이에다의 체중과 등살 수은함유량의 관계

'농업지대'에서는 그것이 조금 증가합니다. 조금 더 높은 부분이 생겨요. 그래도 0.2를 넘는 경우는 거의 없습니다. '오염이 의심되는 곳'에서는 당연히 조금 높아지죠. '확연히 오염된 곳' 중에서도 완전히 오염된 곳도 한두 곳이 있다는 결과가 나왔어요.

이것으로 판단했을 때 오염된 곳은 과연 어떤 곳일까? 확연히 오염된 곳은 항상 펄프공장의 폐수가 흘러드는 수역입니다. 아니면 도시

하수가 대량으로 흘러드는 수역. 여기에서 그들은 물고기 체내의 수은은 원래 펄프공장의 폐수 속에 소량으로 포함되어 있던 페닐수은에서 기인하여 축적된 것이라고 판단했는데, 그것이 66년의 일입니다.

이 자료 때문에 아주 큰 일이 났습니다. 마침 이 시기에 일본의 미나마타병에 관한 뉴스가 유럽에 전해졌거든요. 수은이 사람을 죽일 수도 있구나! 우리 동료들은 이를 '꽁치 소동'이라고 부르는데, 이때 미나마타병 문헌이래야 영어로 된 것뿐이었거든요. 그걸 읽으면 '미나마타에서는 수은이 물고기 몸속에 50ppm 정도가 들어있었다'라고 보고되어 있어요. 50ppm으로 사람이 죽는다면 그 10분의 1이면 설마 목숨에는 지장이 없겠지. 또 그것의 10분의 1, 즉 50ppm의 100분의 1이면 공중위생상의 허용량이 될 수 있겠다고 쉽게 생각했죠. 하지만 이건 너무 안이한 생각이었어요. 특히 축적성을 갖는 독의 경우에는 치사량의 100분의 1을 간단히 공중위생상의 허용량이라 생각하고 안심했다가는 진짜 큰일 납니다. 어쨌든 스웨덴의 국립위생연구소는 0.5ppm을 일단 허용량의 기준으로 정하려고 했어요.

그런데 그와 같은 시기에 스웨덴 최대의 담수어 어장에서 잡힌 물고기가 대략 0.5ppm 정도의 수은을 함유하고 있다는 사실을 알게 됩니다. 그러니 0.5라는 기준을 유지하면 시장에 나가 있는 이 꽁치의 대부분은 결국 먹을 수 없게 되겠죠. 그래서 위생연구소 담당자는 황급히 허용량 기준을 1ppm으로 수정합니다. 나중에 공문서 열람권을 통해 이때의 변경 사실이 알려지지만, 이 무렵에는 1ppm으로 발표되었습니다.

그런데 1ppm으로 발표한 직후에 이번에는 스톡홀름대학의 젊은 과학자가 국립위생연구소가 사용한 영어문헌을 입수해서 꼼꼼하게 정독합니다. 그랬더니 아까 말했던 50ppm 정도의 물고기가 미나마타에서 잡혔다는 표 아래에 작은 글씨로 '건조중량 당'이라는 각주가 적혀 있는 걸 목격한 거예요. 그런데 날생선하고 건조한 생선의 중량은 적어도 5배 정도 차이가 납니다. 물론 생것이 수분을 함유하고 있어서 무게가 더 나가죠. 그러니 농도는 낮아지고 건조해서 50ppm이라면 날것에서는 10ppm 정도가 돼요. 그것으로 미나마타병이 발생했다고 하면, 아까 말한 100분의 1로 따져도 1ppm이 아니라 0.1ppm으로 해야 하겠죠. 이 같은 중요한 자료를 놓쳤다는 사실을 공개 토론회 석상에서 발표했으니 아주 난리가 났겠죠. 연구위원장은 책임을 물어 사직하고요.

이것이 66년부터 67년에 걸쳐 벌어진 소동인데 —아까 스웨덴에는 회사와 정부가 절반씩 출자해서 만든 연구소가 있다고 말씀드렸는데— 67년에 그곳 연구소의 생물학 연구자가 무기수은을 진흙과 섞어서 일정 기간 놔뒀더니 아주 조금씩 메틸수은이 되었다는 사실을 밝혀냈어요.

이 바닷속에서의 '무기수은의 유기화'라는 가설은 사실 미나마타에서 1960년 무렵 필사적으로 매달려 연구했던 건데, 일본에선 결국 버려진 가설이 되고 말았어요. 그런데 미국에서 들어온 어떤 문헌을 보면, 그 무렵 구마모토대학의 그 같은 가설이 적혀있습니다. 아마도 스웨덴 연구자들이 그 가설이 버려진 걸 모르고 추가로 실험을 하다가 결국 성공했던 거로 보입니다. 일본에서도 조금만 더 면밀하게 조사했더라면 발견에 성공했을지 모를 일이죠. 그런데 안타깝게도 67년 스웨덴에서 처음으로 발견되게 됐어요. 펄프공장 폐수에서 페닐수은을 사용했는데 왜 물고기 몸속에 메틸수은이 축적되는지를 알아냄으로써 의문이 완전히 풀렸습니다.

68년에 앞서 나왔던 생태학자와 핵과학자 팀이 철새 한 마리를 잡아서 조사를 했습니다. 그 결과, 철새의 깃털이 8장이 있는데 그중 1과 2 그리고 5와 6은 아프리카에서 빠진 후 새로 나고, 3과 7은 중부유럽 아마도 독일 부근에서 또 4와 8은 스웨덴에서 빠지고 새로 난다는 사실을 알아냈어요. 그리고 이 깃털들을 하나하나 분석해서 수은함유량을 측정했습니다.

그런데 병아리는 스웨덴에서 태어나 깃털이 나기 때문에 병아리에게는 그에 맞는 만큼의 수은이 축적될 겁니다. 한편 어미 새의 경우 스웨덴에 있을 때 새로 난 깃털에는 아주 높은 수은오염이 있었고, 아프리카에서 난 깃털에는 오염이 전혀 없었는데 이 수준은 100년 전 스웨덴과 거의 맞먹는 수준이었다고 합니다. 그리고 중부유럽 즉 독일 남부에는 스웨덴 절반 정도의 수은오염이 있었다는 결과가 나왔습니다. 이런 걸 보면 학문이란 역시 위대하다는 생각이 절로 드는데, 스웨덴에 앉아서 철새 한 마리로 이 정도 결과를 낸다는 것은 어지간히 생물에 대해 알지 못하면 불가능한 일이죠. 어쨌든 이 정도라면 학문도 역시 존재의 가치가 충분하다고 생각합니다.

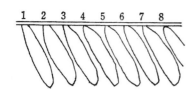
도표 22 | 철새의 깃털

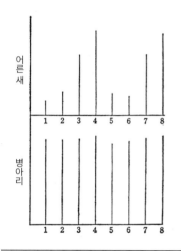
도표 23 | 철새의 수은함유량

68년에는 저도 어쩌다 스웨덴에 있었는데, 당시 일본 후생성의 연구반 보고가 공표되었을 텐데 스웨덴에서는 아까 말했던 문서의 열람권에도 불구하고 비공개 처리된 것도 있었어요. 그때 만났던 스웨덴 과학자가 '결국 일본어를 공부 안 하면 공해를 알 수 없다'고 불평하던 기억이 납니다. 일본어로 쓰인 보고를 영어가 아닌 일본어로 직접 읽어야 하고 신문기사 역시 직접 읽지 않으면 공해문제에 대해 구체적인 것은 알 길이 없다는 거죠. 일본의 경우를 확실히 알면 스웨덴에서 언젠가는 일본과 같은 사태가 벌어질까 봐 그런가? (웃음소리) 하는 생각이 들더군요.

결국 스웨덴이 찾아낸 대책은 '수은을 사용하지 않는다' 한 가지였습니다. 그래서 그때까지 수은을 사용하던 펄프공장은 점점 수은사용량을 줄여가다 68년에 이윽고 사용량 제로에 도달했습니다. 그리고 식염을 전해(電解)하기 위해 역시 수은을 사용하던 수은법 전해공장이 스웨덴에 몇 곳이 있었는데, 거기서도 가능한 한 수은을 사용하지 않거나 밖으로 유출하지 않기로 합니다. 하지만 전혀 안 나올 수는 없기 때문에, 결국에는 식염전해를 위해 아무래도 수은을 사용해야 하는 양질의 가성소다에 필요한 수요가 어느 정돈지 조사합니다. 그래서 질은 좀 나쁘지만 수은을 사용하지 않는 '격막법'이라는 방법으로도 가성소다의 80% 정도는 조달할 수 있다는 결론을 내립니다. 이 이상 수은을 사용하는 공장을 세우기보다는 오히려 수은을 사용하는 지금의 전해법을 격막법으로 바꾸는 편이 낫겠다는 것을 소다업계가 진지하게 고려하기 시작합니다. 당시 일본은 공해문제로 프로세스를 변경하는 단계에까지는 아직 이르지 못했습니다만, 스웨덴에서는 이미 68년에 진지하게 그런 논의를 시작한 겁니다.

펄프공업 강세인 핀란드의 실패

물론 스웨덴과 자연조건이 아주 비슷한 핀란드에서도 이것과 거의 평행을 달리는 오염이 발생했는데, 66년 무렵부터 간간이 스웨덴의 뉴스가 보도되면서 문제화되었습니다. 그런데 상황이 나빴던 것은 이 문제에 처음으로 손을 댄 것이 산업위생 관계의 의사였다는 겁니다. 일반적으로 직업병 관련 의사라고 하면 문헌에 나오는 전형적인 예밖에 안 보는 경향이 있어서, 수은이 검출된 호수를 조사하고 머리카락의 수은량을 측정해보고는 '아, 이 정도는 별일 아니다'라면서 철수해요. 그리고 정부에는 '염려할 것 없음'이라는 보고를 올렸다고 해요.

그런데 스웨덴에서 사태가 점점 커지니까 핀란드에서도 생물학자들이 불만을 토로하게 되고 정부도 우왕좌왕하고, 무엇보다 처음에 걱정할 것 없다고 결론 내렸던 의사들도 허겁지겁 다시 측정에 나섰습니다. 그때 머리카락에 85ppm까지의 수은이 축적된 사례가 발견돼요. 그것은 강에서 잡은 물고기를 먹은 결과 축적된 건데, 85ppm이라고 하면 —일본에서 대개 50ppm을 요주의 라인으로 정해두고 있으니까— 그런 문헌이 나타나면 공포는 급상승하고 "다시 한 번 조사할 테니 예산을 달라"라고 산업위생 의사들은 정부에 요청했다고 합니다. 하지만 어느 나라나 국가 관리들은 다 똑같은 모양인지 "야, 너희들 전에는 아무 문제없다고 하지 않았냐?"라는 것이 재정당국의 반응이었답니다. 결국 예산을 못 받고 상황은 곤란하게 흘러가다 결국 핀란드에서는 철저한 연구가 이뤄지지 못했습니다.

게다가 핀란드에서는 펄프업계의 영향력이 커서 이 문제는 완전히 비밀리에 부쳐지고 말아요. 저도 69년 가을에 —일본으로 치면 '수질심의회' 같은— 핀란드 정부의 이와 같은 문제 담당자의 회합에 초대받아 가서 영어로 설명한 적이 있는데, 그 설명 자체는 아주 충격적이었던 모양이지만 그때도 제가 "가능한 한 공개하는 편이 좋다"고 권했음에도 결국 공개는 하지 않았습니다. 지금까지도 완전공개는 안 되고 있고, 사실 핀란드의 한 시인이 미나마타병을 테마로 한 시극(詩劇)을 발표했다는 이야기를 들었는데 상당한 압력을 업계로부터 받았다고 해요.

표 4 | 스톡홀름의 쓰레기 조성분석표

샘플채취일자	1) 21/10·1959	2) 9/12·1959	3) 23/10·1962	4) 14/5·1963	5) 22/10·1963
샘플일자기후 평균기온, 강우, 습도	8.6 0.9 90	-4.7 5.2 90	7.8 0 83	4.4 0 84	10.6 0.3 83
분석일 기후 20C°·mm·%	9.0 2.1 99	-4.0 0 70	8.0 0 89	5.5 8 88	8.8 1.8 87
1. 샘플의 양 (채취 횟수)	5 (3)	5 (3)	12 (6)	12 (6)	12 (6)
2. 조성(%)					
산·잔지	6.2 } 66.2	14.6 } 66.2	62.0	66.3	54.7
부스러기	11.1	6.0	13.2	8.3	12.3
기타쓰레기	48.9	45.6	2.6	3.1	2.9
종이	9.3	7.2	1.5 } 2.5	1.1 } 1.9	1.1 } 1.9
음식물쓰레기·동식물류	2.1	4.6	1.0	0.8	1.9
섬유류	2.2	1.7	0.0	0.0	
고무·피혁	0.0	0.0	0.0	0.0	0.0
플라스틱	0.0	0.0	2.8	3.3	7.3
석탄·코크스	3.0	2.9			
기타 가연물	4.6 } 4.8	2.9 } 3.8	4.8	5.3	4.2
금속·철부스러기	0.2	0.9	5.7 } 6.6	6.3 } 7.7	9.7 } 12.0
기타 금속	2.8	6.9	0.9	1.4	2.3
유리	2.8	6.9	5.5	3.4	3.6
기타 불연물	9.6	6.7			
10mm이하의 토사					
3. 가연물의 비율(%)	100.0	100.0	100.0	100.0	100.0
가연물	—	51.9	51.3	56.2	47.0
수분	29.9	28.6	29.0	22.6	30.2
재		19.5	19.7	21.2	22.8
4. 재의 조성(%)	100.0	100.0	100.0	100.0	100.0
탄소	—	48.0	49.3	48.8	49.8
수분	—	45.5	44.2	44.8	43.8
재	—	6.5	6.5	6.4	6.4
5. 발열량(킬로칼로리/kg)	100.0	100.0	100.0	100.0	100.0
발열량	—	4,540	4,640	4,600	4,750
저(低)발열량	2,160	2,190	2,210	2,450	2,060

표 5 | 서독 마인츠 주변의 쓰레기매립지에서 나오는 오염수 분석량

		매립지 A			매립지 B		
		최소	최대	평균	최소	최대	평균
BOD—5	mg/ℓ	105	236	151	70	88	80
KMnO₄ 消費量	mg/ℓ	586	1,310	850	382	484	470
pH		7.1	8.2		7.3	7.7	
電気伝導度	μʊ/cm	7,700	9,000	8,350	3,810	4,940	4,050
Cl⁻	mg/ℓ	880	1,640	1,340	500	600	550
SO₄⁻⁻	mg/ℓ	369	558	428	1.65	30.0	13.7
NH₄⁺	mg/ℓ	270	310	293	138	190	169
NO₂⁻	mg/ℓ				0	0.13	0.04
NO₃⁻	mg/ℓ				0	4.5	2.2
正 PO₄⁻³(P₂O₅)	mg/ℓ	0	9	3	0.48	1.53	0.81
加水分解PO₄⁻³(P₂O₅)	mg/ℓ	1.90	2.56	2.30	0.51	1.58	0.91
Fe⁺⁺	mg/ℓ	0.32	1.60	1.15	8.0	88.8	41.7
Mn⁺⁺	mg/ℓ	0	6.5	2.2			
Ca⁺⁺	mg/ℓ	0	2.64	1.25			
Na⁺	mg/ℓ	120	180	150			
K⁺	mg/ℓ	540	805	675			
水蒸気留出フェノール	mg/ℓ	312	465	306			0.6

- 매립지 A는 인구 11만인 도시 및 근교의 공장 쓰레기를 취급, 1956년부터 개시, 10m 높이로 되어 있다. 면적 9헥타르, 오염수의 양은 0.4~0.7ℓ/sec, 평균 0.5ℓ/sec
- 매립지 B는 인구 18만의 도시 및 근교의 공장 쓰레기를 취급, 1964년부터 채석 이후의 부지를 매립하여 개시, 현재의 높이는 5m. 면적 12헥타르, 오염수의 양은 약 2 ℓ/sec (Müll und Abfall, Vol. 1, No.1. p.3)

표 6 | 쓰레기 처분, 수집용 크라프트 종이봉투의 각국별 판매통계

단위 천

연표B	오스트리아	벨기에	덴마크	핀란드	프랑스	독일	영국	네덜란드	아일랜드	이탈리아	노르웨이	포르투갈	스페인	스웨덴	스위스	합계
1957	0	0	5	0	0	0	0	0	0	0	0		0	150	0	155
1958	0	0	25	0	0	0	0	0	0	0	0		0	700	0	725
1959	0	0	100	0	0	60	90	0	0	0	20		0	4,000	0	4,270
1960	0	0	600	0	0	470	690	0	0	0	50	통계수치없음	0	5,400	0	7,210
1961	75	0	1,900	60	450	1,600	1,600	0	0	35	100		0	9,500	0	15,320
1962	200	0	4,200	250	850	2,660	8,000	0	0	170	300		0	11,100	0	23,950
1963	425	0	7,200	550	1,500	4,000	20,000	0	0	270	600		0	16,700	100	51,345
1964	600	200	12,600	860	3,000	5,000	30,000	0	0	535	900		0	22,000	1,000	76,695
1965	1,060	400	18,500	1,200	5,300	7,435	43,000	0	330	9,360	1,320		0	27,700	1,500	117,105
1966	1,290	600	24,000	1,770	11,900	9,090	50,000	700	520	13,100	2,200		180	34,000	2,200	151,550
1967	1,550	750	30,600	2,310	15,500	11,100	60,000	600	520	19,050	4,500		3,230	40,000	4,000	193,810
1968	1,920	1,463	36,600	2,679	21,500	12,041	75,000	700	520	30,500	6,110		14,000	47,000	5,400	256,033
68 : 67	+24%	+95%	+20%	+16%	+39%	+14%	+25%	—	—	+60%	+36%		+333%	+18%	+35%	+32%

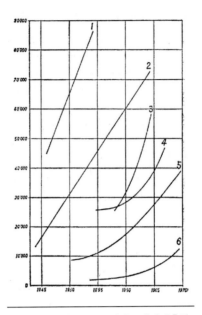

도표 24 | 스위스 주요도시의 쓰레기 배출량

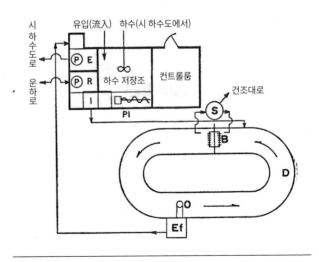

도표 25 | 델프트 TNO의 300~500인용 산화구 약식도(바스피어 씨 설계)

쓰레기와 하수의 자료

여기에 유럽의 쓰레기와 폐수에 관해 정리된 자료가 있습니다. 스웨덴과 관련이 있는 것으로는 〈스톡홀름의 쓰레기 조성표〉(표 4)라는 것이 있습니다. 이것은 공개강좌 참가자가 진행하고 있는 세미나에서 쓰레기에 관심을 가진 분이 계셔서 제가 구해본 쓰레기 조성표입니다. 그리고 이것은 서독의 마인츠 근처에서 쓰레기 매립지를 만들었더니 거기에서 흘러나오는 오염수가 이 정도라고 밝힌 분석표(표 5)입니다. 거기다 스위스의 주요 도시에서 최근 25년간 쓰레기의 양이 마을 전체에서 어느 정도 증가했는가를 보여주는 것이 〈도표 24〉입니다. 그리고 일본에서는 양동이수집을 하는데, 유럽에서는 종이봉투 수집이 활성화되어 있어요(표 6). 일본에서는 이런 종류의 외국 자료를 쉽게 구할 수 없기 때문에 다소 낯설 겁니다. 다만 유럽의 쓰레기가 일본의 그것과 좀 다른 것은, 부엌에서 나오는 쓰레기를 이른바 고속퇴비로 사용하는 방법이 활발하게 보급되어 있다는 겁니다. 일본에서는 도쿄 도(都), 아마가사키 시(尼崎市), 고베 시(神戸市) 모두 성공하지 못했습니다. 지금이야 그만뒀거나 머잖아 그만두거나 하겠죠. 비교적 잘된 곳이 가누마 시(鹿沼市)뿐인데, 여기는 아주 작은 규모긴 하지만 어찌어찌 돌아가고 있습니다. 그런데 유럽에서는 깊은 산중에서도 이 고속퇴비가 활용되고 있어요. 표층이 얇아서 끊임없이 유기성 퇴비를 하지 않으면 토지력이 떨어지는 유럽으로서는 쓰레기로 만든 퇴비는 상당히 중요한 비료입니다.

그리고 〈도표 25〉는 네덜란드에서 최근 20년 이상 걸려서 특별히

개발한 아주 간단한 하수처리 설비로, 소수 인원을 위한 소형설비입니다. 대신 자리를 다소 넓게 잡은 여유가 있는 설비라는 점도 흥미롭고 해서 참고하시라고 가져와 봤습니다. 그것으로 실험한 데이터가 〈도표 26〉의 그래프입니다. 특징은 보통의 하수처리와 마찬가지로 활성오니 같은 유기물은 대개 90% 혹은 95% 정도를 걸러낼 수 있습니다. 그런데 아주 흥미로운 것이 질소가 걸러진다는 거예요. 이것은 배설물 처리장의 폐수문제로, 농업이 주로 심한 피해를 입는 주요 원인이 암모니아성 질소인데, 이 방법을 만약 적용할 수 있다면 아주 재미있을 것 같아서 거기서 제가 직접 한 실험입니다. 이 시기에 마침 네덜란드에 머무르고 있어서 직접 매일 자료를 수집할 수 있었어요. 아직 다른 데 발표한 적이 없어서 비교적 독창적인 결과라고 할 수 있죠.

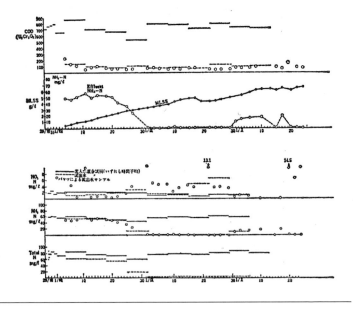

도표 26 | 산화구 시작 시 특성, 수질변화

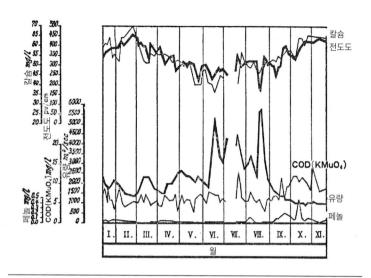

도표 27 | 부다페스트의 1958년도 수질인자의 연간변화

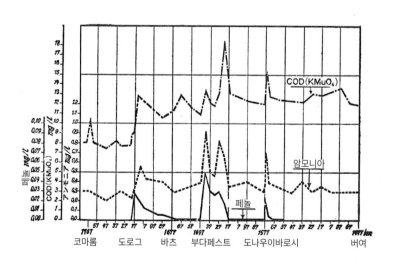

도표 28 | 도나우강 흐름에 따른 수질변화(1959년 평균)

그리고 〈도표 27〉은 오래된 부다페스트 도나우 강의 1958, 9년 무렵의 데이터인데, 조금 색다른 것이 일단 물이 아주 짙다는 겁니다. 전에 유럽의 물은 짙다는 이야기를 한 적이 있는데, 전기전도도가 500~600 —200에서 500 정도 사이를 오르락내리락한다는 것은 이른바 다마가와 강(玉川) 정수조 물의 두 배 내지는 세 배 정도 진한 물입니다. 인간의 뱃속을 제법 돌고 나온 물이라고 볼 수 있죠.

또 〈도표 28〉도 오래된 자료예요. 아시다시피 코마롬은 도나우 강이 헝가리로 들어오는 첫 번째 길목에 위치한 곳이고, 다음에 위치한 도로그라는 곳에 커다란 석탄공장이 있습니다. 그러다 보니 그 근처에 들어오면 물은 갑자기 더러워집니다. 조금씩 흘러가는 사이 조금씩 회복하다가 부다페스트쯤 오면 다시 더러워져요. 그런 다음 다시 회복해서 하류인 도나우이바로시라는 곳에 이르는데, 그곳은 헝가리에서 가장 큰 제철소가 있는 곳이라 거기에서 다시 더러워집니다.

이런 식으로 더러워졌다가 회복하고 또 더러워졌다가 회복해요. 그렇더라도 페놀이나 암모니아 혹은 유기물 같은 것은 감소하지만 염분은 감소하지 않기 때문에, 갈수록 축적되어 하류로 갈수록 진한 물 즉 더러운 물이 되는 것이 유럽의 국제하천의 실상입니다. 그것을 각 지점에서 측정한 자료가 있어서 참고하시라고 실어놓았습니다. 그리고 스위스의 하수처리장 보급률(표 7)이 엄청 좋은 숫자라는 것은 물론 설명이 필요 없습니다. 이 정도로 철저하게 해도 스위스에서는 호수가 해마다 더러워지더니 지금 당장 문제가 발생하고 있다는 사실을 말씀드립니다.

그리고 수질인자 구분값(표 8)은 사실 제가 유럽으로 여행갔을 때

나온 표인데, 제1구분 제2구분 제3구분 등이 있는 것은 이보다 아래면 제1분류 —일본 스타일로 말하면 A클래스— 아니면 제2분류 혹은 B클래스라는 부류에 들어간다는 강물의 분류방법입니다. 물론 이 제3구분보다 나쁜 곳이 있어서 대개 4단계로 나뉩니다. A, B, C, D 4단계가 있다고 생각하면 되지만, 폐수처리의 기준으로 A를 B로 혹은 B를 C로 격을 낮추지 않을 정도로 유역에서 폐수처리를 하겠다는 것이 코메콘의 약속입니다.

표 7 | 스위스의 하수처리장 보급률(인구대비 %)

주 이름	운전 중	건설 중	본년착공예정	합계
취리히	91.6	1.8	0.7	94.1
벨룬	28.8	24.5	9.5	62.8
루체른	8.1	47.5	0.3	55.9
우리	33.9	—	—	33.9
슈바이츠	1.5	35.5	—	37.0
상 운테르왈드	11.4	—	6.7	18.1
하 운테르왈드	0.5	16.4	37.4	54.3
그랄루스	—	—	1.1	1.1
츠크	57.0	1.9	—	58.9
프라이부르크	21.1	0.4	7.5	29.0
솔로츠른	26.4	17.4	30.4	74.2
바젤 시(市)	—	—	—	—
바젤 주(州)	35.8	1.2	5.4	42.4
샤프하우젠	68.3	—	—	68.3
아펜체르 A. R.	6.3	15.0	18.2	39.5
아펜체르 I. R.	2.3	—	1.6	3.9
장크토가렌	50.2	4.3	18.5	73.0
그리조니	2.0	4.0	0.4	6.4
알가우	40.8	22.8	7.7	71.3
츠루가우	10.5	12.4	19.1	42.0
테이치노	1.8	2.9	—	4.7
보드	50.9	7.7	10.7	69.3
바로아	3.3	0.8	2.6	6.7
누샤테르	0.3	40.8	4.6	45.7
제네바	98.1	—	0.2	98.3
합 계	40.6	12.1	6.9	59.6

1969년 1월 현재

그러므로 가령 도나우 강이 B상태에서 헝가리로 흘러들면 나갈 때도 B가 아니면 안 됩니다. 그 사이에 C로 떨어지면 하류 쪽에서 항의가 올라오는 거죠. 그런 식으로 하나하나의 하천에 대해 현재의 수질을 꼼꼼하게 측정한 후에 이것은 A급, 저것은 C급 하는 식으로 동유럽의 모든 하천의 등급을 정해둡니다. 그래서 새롭게 공장을 만들 때의 조건이 그 등급을 낮춰서는 안 된다는 약속을 하게 하는 거죠. 그 제도 자체는 이미 잘 알려져 있는데, 일본에 있을 때는 도대체 어떻게 정해지는지 몰랐는데 이렇게 실제 숫자가 기입된 자료를 구할 수 있어서 여기에 소개한 겁니다. 이 정도 자료는 일본 관청에서도 아마 거의 모르고 있지 않을까요?

표 8 | 수질인자 구분값 표

번호	수질인자	단위	제1구분	제2구분	제3구분
A1	용존산소농도		6 5 3 단, 야간과 아침의 샘플은 고려하지 않음		
A2	산소포화도		상동		
A3					
A4	산소소비량(과망간산칼륨법)		부식산을 함유한 물은 별도로 함.		
A5	유리(遊離)유화수소				
A6	생물상(부수도)				
B1	염소이온				
A2	황산이온				
B3	전경도	독일 경도			

B4	칼슘이온				
B5	마그네슘이온				
B6	전고형분				
B7	부유고형분		화창한 날 유량을 대상으로 함		
C1	암모늄				
C2	초산이온				
C3	pH		천연 산성수를 제외함		
C4	전철				
C5	망간		부식산을 함유한 물은 별도로 함		
C6	휘발성 페놀		*음료수로써 염소멸균한 경우		
C7	계면활성제류		아니온 활성제만을 대상으로 한다. 다른 물질에 대해서는 분석방법이 확립된 후 수치를 정함		
C8	시안이온				
C9	온도		필요하면 착이온도 고려한다 각국의 기상조건에 맞춰 정한다		
C10	냄새와 맛		느끼지 않을 것	상태를 넘지 않을 것	최대라도 약하게 느끼는 정도
C11	색깔		현재까지는 분석법상의 어려움 때문에 정량적으로 결정할 수 없다. 조건에 맞춰 정한다		
C12	유분		존재하지 않을 것	흔적	흔적
C13	대장균 적정치	mℓ라고 본다	분포의 최솟값을 취한다		

헝가리의 DDT소동

헝가리의 DDT소동이 제 여행의 두 번째 문제였는데, 헝가리는 사실 농산물을 서방에 수출함으로써 외화를 대량으로 벌어들이고 있습니다. 그런데 60년대에 이 농산물에 잔류한 농약의 독성이 큰 문제가 되었어요. 세계 각국의 인체지방 내 DDT를 측정해본 것이 최초의 계기가 되었습니다(표 9~11).

〈표 9〉의 위에서부터 미국, 캐나다, 그리고 독일, 영국, 프랑스 순인데 헝가리가 엄청 높습니다. 헝가리가 1960년에 12.4, 63년부터 64년까지 24.1, 65년에 조금 감소한 13.8. 이것은 WHO가 이 시기에 수집한 자료인데, 최고가 인도에서 26이고 그다음이 헝가리와 이스라엘이라는 결과가 나왔어요.

그런데 이것은 당연히 헝가리인이 먹는 음식에 함유된 거라고 해서 한편으로 식품에 함유된 DDT 함유량을 조사했습니다. 이것도 식물연쇄가 높을수록, 그러니까 식물보다 동물에게 혹은 사료작물보다도 동물에게 한층 더 축적되고, 동물보다는 그 알에 더 축적됩니다. 그래서 새의 지방보다는 알의 노른자가 더 높아요. 32ppm이라는 엄청난 숫자 보이시죠? 이건 말할 것도 없이 먹으면 바로 중독이라고 보면 됩니다.

표 9 | 각국의 인체지방 내 DDT 함유량

국명	시기	검체 수	DDT 함유량 평균 (범위) mg/kg
미국	1954—56	61	11.7
미국	1961—62	130	12.7
미국(알래스카)	1961	20	2.8
캐나다	1961	62	4.9
서독	1958—59	60	2.2
영국	1961—62	131	2.2
영국	1963—64	66	3.3
영국	1964	100	4.5
헝가리	1963	10	5.2
헝가리	1960	50	12.4(1.6—50·4)
헝가리	1963—64	50	24.1(7.1—72.2)
체코슬로바키아	1966	51	13.8(3.3—33.2)
이스라엘	1964	229	9.2
인도	1963—64	254	19.2
	1964	67	26.0

표 10 | 식품 및 인체지방 내 DDT 잔량 분석 결과(1960~66)

분류	검체 수	DDT〉1.0mg/ kg을 보인 검체의 비율 %	검출 DDT mg/kg
식물성 식품	214	10	1.1— 8.0
동물성 식품	279	40	1.1—32.0
인체	240	90	1.1—28.9

표 11 | 1965~66의 시판 식품 중 DDT 잔류량

식품	검체 수	DDT가 검출된 검체 수	함유량 mg/kg	DDT>1mg/kg인 검체 수
식물성 식품	147	59		13
감자	48	10	n*—0.4	0
채소	18	10	n—0.2	0
과실	65	36	n—4.5	12
식물성 기름·마가린	9	1	0.4	0
기타	7	2	n—5.0	1
사료작물	57	35	n—8.0	8
동물성 식품	213	198		93
우유	48	34	0.1—2.5**	2
버터	70	70	0.1—3.4	27
치즈	11	10	0.4—1.5**	4
돼지의 지방	27	27	0.2—3.9	21
닭의 지방	4	4	2.0—10.0	4
달걀노른자	53	53	0.3—32.0	35

* n<0.1mg DDT/kg 식품
** 지방분에 대한 농도

표 12 | DDT 사용량과 잔류량의 비교

연간 사용된 DDT량 100t		부다페스트 시내의 인체 지방 내 DDT mg/kg	버터 중 잔류 DDT(최대치) mg/kg	
1959年	11.5	1960. 1~4 5.7(12.4)*	1960	0.7(2.0)
1962年	14.7	1963.10~1964.10	1962~1964	
1963年	16.8			
1964年	21.0	10.0(24.1)		1.4(3.4)
1965年	17.9	1966.10~12	1965~1966	
1966年	•14.4	5.9(13.8)		0.4(0.8)

* 괄호 안은 DDT+DDE, 전체 DDT 대사물의 농도

이 정도가 나왔으니 헝가리의 농산물 수출은 말할 것도 없이 완전히 정지됐죠. 그때 DDT의 독성에 대한 대대적인 논의가 이뤄졌는데, 사용하면 위험하다는 측과 사용을 멈추면 —역시 농약에의 의존도가 높으니까요— 수확량이 줄어서 큰일 난다는 측으로 나뉘어 헝가리에서는 드물게 신문논쟁으로 번지게 됐습니다. 그러다 결국 68년부터 DDT와 딜드린 같은 잔류성 유기염소제를 전면 금지하기로 합니다.

그 계기가 됐던 또 하나의 사건이 있습니다. 발라톤 호라고 하는 헝가리에서 가장 큰 호수 속에 아까 말한 꼬치고기 —여기에는 '호가시'라고 적혀있지만— 혹은 잉어가 꽤 많이 서식하고 있는데, 그 물고기의 몸속에서 DDT와 린단=BHC가 엄청나게 발견된 겁니다. BHC는 분해된다고 하는데 DDT는 전혀 분해되지 않고 갈수록 축적되기만 해요. 그 때문인지 꼬치고기가 대량으로 죽습니다. 이 역시 중요한 수출 식품이었는데, 헝가리 국내에서는 거의 먹을 수 없을 정도로 대부분이 서방으로 수출되는 유명한 식품이었거든요. 그런데 이 사건으로 역시 수출이 중단되고 DDT 사용을 금지하는 계기가 됐습니다.

68년부터 DDT 사용을 그만두었다는 것은 세계에서 가장 빠른 경우입니다. 69년부터 그만둔 나라는 제법 있죠. 미국의 몇 개 주를 비롯해서 스웨덴이나 네덜란드도 69년에 그만뒀는데, 68년에 그만둔 나라로는 유럽에서도 세계에서도 헝가리가 가장 빠른 것으로 압니다.

헝가리 말을 제가 잘 몰라서 간신히 조사한 것은 이 정도뿐이고, 나머지는 딜드린의 함유량이 몇 가지가 있어요. 이것을 헝가리에서 사용하기 시작한 것은 그렇게 오래지 않아서 DDT만큼 많이 쌓여있지는 않았지만, 그래도 태아의 내장에서 DDT나 BHC 혹은 딜드린 같은 물질이 소량이나마 나왔다는 것은 이목을 끌기에 충분했죠. 아무래도 아이들에게 더 잘 축적되는 경향이 농약류에도 있었고, 이런 신경독은 신경세포가 활발히 분열하는 태아나 유아에게서 독성은 더 강하게 드러납니다. 그러니 다 큰 어른에게 몇ppm이 축적돼 있어도 아무렇지 않으니까 걱정하지 말라고 하는 것은 말도 안 되는 소립니다. 그런 논란들은 헝가리에서도 상당히 문제시되었어요(표 14~16).

표 13 | 1966년의 발라톤호 물고기 DDT 함유량 mg/생kg

샘플	부분	전 DDT	린단
Lucioperca-lucioperce	고기	0.09—1.80	0.02
	간장	0.15—1.85	0.05—0.41
	난소	0.04—1.85	0.00—0.25
	지방	0.53—2.89	0.29—0.89
Esox lucius	고기	0.13—1.20	0.02—0.40
꼬치고기	간장	0.13—5.90	0.09—1.40
	난소	0.90	0.11—0.28
	지방	7.99	4.40
	혈액	0.58—3.00	0.60—1.00
Cyprinus carpio	고기	0.08—0.13	0.02—0.08
잉어	간장	0.02—0.05	0.04—0.15
	난소	0.00	0.00
	혈액	tr	tr
Abramis brama	고기	tr —1.88	0.02—0.08
	간장	0.24—0.34	0.04—0.15
	난소	0.36—1.20	0.30—0.65
	지방	1.20—2.48	0.41—0.80
	혈액	1.77	0.38

표14 | 1965~66 신생아 사체-간장 속의 농약 잔류량(mg/kg)

화합물	함유량
D D T	ny—0.4
D D E	ny—0.3
D D D	양성
α—B H C	ny
β—B H C	ny—0.08
γ—B H C	ny—0.07
딜드린	ny—0.01

ny=gmswjr<0.01mg/kg

표15-A | 각국의 인체 지방 중의 딜드린 함유량

분류	시기	검체 수	딜드린 평균 mg/kg
미국	1961—62	28	0.08
미국	1962—63	64	0.11
미국(뉴올린즈)	1964	25	0.29
영국	1961	131	0.21
영국	1963—64	65	0.29
영국	1964	100	0.21
헝가리	1965—66	53	0.06
인도	1964	69	0.03

표15-B | 식품 및 인체지방 중의 딜드린 잔류농도(1964~66)

분류	검체 수	검출된 비율 %	딜드린 농도 mg/kg
식물성 식품	157	22	ny*— 2.0
동물성 식품	137	72	ny*— 2.0
인체	93	95	ny*—0.25

* <0.01mg/kg

표 16 | 딜드린의 사용량과 잔류량(mg/kg)

년도 사용량 t	루산 속 잔류량	버터 속 잔류량	부다페스트의인체지방내잔류량
1959 1.3			
1963 35.5			
1964 117.0	1964.7 0.5(2.0)**		
1965 11.0		1965.4 0.3(0.8)**	1965.8 0.07(0.2)**
1966 9.2	1966.4 <0.11	1966.7 0.06(0.1)	1966.11 0.06(0.2)

* 루산은 클로버의 일종
** 측정된 최대치

　　그리고 텔레비전을 통해 이미 보신 분도 계시겠지만, 사실 테이닝이 스웨덴에서 낸 결과는 메틸수은이 산모보다 아이에게 더 잘 축적된다는 것을 여실히 보여주고 있습니다. 산모의 혈중수은 농도와 태아의 혈중수은 농도를 측정해본 결과, 약 25%에서 30% 가까이 아이 쪽의 혈중수은 농도가 항상 더 높다는 사실이 밝혀졌어요(도표 29).

　　여러 측면에서 이 테이닝이라는 사람은 일본의 미나마타병에서의 호소카와 하지메 박사가 했던 것과 같은 선구적이고 소박하면서 상당히 심각한 자료를 만들어 낸 사람인데, 이것 역시 그중 하나예요. 이것을 보면 태아성 미나마타병은

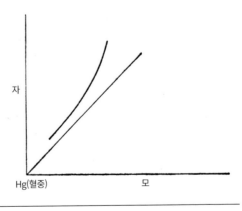

도표 29 | 산모와 태아의 혈중수은 함유량(테이닝에 의함)

왜 건강한 산모에게서 태어났는가 하는 것을 한눈에 알 수 있습니다.

이탈리아의 수은오염

앞에서 이미 말씀드렸기 때문에 이탈리아의 수은문제는 대략 정리해서 말씀드리도록 하겠습니다. 이탈리아에는 미나마타공장과 마찬가지 타입의 공장이 세 곳 있습니다. 밀라노, 베니스, 라벤나. 라벤나에 있는 것은 ANIC이라는 국영화학공업으로 이것이 가장 큽니다.

밀라노 근처의 폐수도 결국은 포(Po)강을 지나 아드리아해로 흘러들고, 베니스는 유명한 섬인데 여기에 공업지대가 형성돼 있어요. 이곳의 폐수 역시 아드리아해로 가고 라벤나도 마찬가집니다. 그래서 유기물은 포강에서 대량으로 떠내려오는데, 라벤나 인근에서는 해안에서 5킬로 정도까지 BOD 50ppm이 검출됩니다. 가장 더러운 진흙탕을 연상하면 될 겁니다. 그런데 거기에 미나마타공장과 같은 규모의 공장이 있다면 어떤 사태가 벌어질까요? 나름대로 기대를 안고 현지로 갔습니다. 그런데 온갖 조사를 해봐도 딱히 미나마타병 환자가 나왔다는 이야기도 없고 고양이가 미쳐 날뛰었다는 이야기도 못 들었어요. 정말 말도 안 되는 얘기지만, 솔직히 실망했을 정도였다니까요. 그런데 물고기를 잡고 어민들의 머리카락을 가지고 수은을 측정했더니 제법 높게 검출되는 거예요. 라벤나의 경우에는 물고기 몸에서 2~3ppm까지, 그리고 어부의 머리카락에서는 11~12ppm까지의 수은이 축적돼 있었어요. 일본에서는 머리카락 속에 10ppm정도가 있다고 해도 요즘에는 아무도 놀라지 않게 됐지만, 유럽에서는 만일에 대비해서 다른 지역 어부의 머리카락도 측정해봤습니다. 그랬더니 2ppm을 초과하는 경우는 거의 없더군요. 일본에서는 대개 머리카락 속에 6 내지는 8ppm이 들어있다고 하는데, 이탈리아에서는 2 이하였어요. 그러니 12라는 숫자는 확실히 인위적인 오염을 의미합니다. 물고기 몸속의 2ppm 역시 인위적인 오염으로, 이것은 라벤나에 있는 ANIC의 공장에서 배출되었다고 판단할 수밖에 없습니다.

그런데 왜 여기서는 미나마타병이 발생하지 않았을까요? 미나마타와 같은 크기의 공장이 있는데 왜 미나마타병이 발생하지 않을까? 그것은 아까 말했던 유기오염에 의한 측면이 큽니다. 물고기 몸속에 축적되는 수은은 상대 물고기의 양이 적을수록 더 많이 축적됩니다. 물고기나 그 밖의 유기물 양이 많으면 유기물에 희석돼서 높은 농도까지 축적되지 않는 거죠.

극단적인 예를 들면, 오고우치(小河內)댐에 1킬로그램의 메틸수은을 투입한 경우와 도쿄만에 1킬로그램의 메틸수은을 투입한 경우의 결과는 완전히 달라집니다. 아마도 100배 정도의 차이가 날 거라고 봅니다. 도쿄만에 수은을 아무리 많이 넣어도 지금 미나마타병이 발생하지 않을 겁니다. 그것은 도쿄만이 그만큼 유기물로 이미 오염되어 있기 때문입니다. 그것은 스웨덴에서도 어느 정도 밝혀진 것으로, 유기물로 오염된 곳에서는 펄프의 폐수가 들어오더라도 수은은 별로 축적되지 않아요. 하지만 아주 깨끗한 호수에 가보면 펄프의 폐수는 전혀 안 들어오는데도 수은이 있어요. 여러모로 궁리한 끝에 간신히 찾은 답이 위쪽에서 수은이 날아온다는 설명이 가장 옳았다는 예가 있습니다. 즉 위쪽 호수 안에서 메틸화한 메틸수은의 증기가 바람을 타고 운반되어 아래쪽 호수를 오염시킨 거죠. 그렇게 소량의 메틸수은으로 물고기 몸속에 1ppm 정도까지 축적되는 예가 꽤 있습니다. 스웨덴의 호수는 그만큼 깨끗합니다. 깨끗한 곳일수록 공해에 약하다는 측면도 있습니다.

라벤나에서 미나마타병이 발생하지 않았던 것은 첫째는 유기오염이 너무 심했다는 것. 미나마타에 비하면 오염이 훨씬 심했다는 것과 또 하나는 기름의 오염이 같은 지역에 중첩되어 수은으로 오염된 물고기는 기름 냄새 때문에 누구도 안 먹습니다. 유기오염이 심하니까 산소가 없어져서 물고기가 다 도망쳐버려요. 혹은 죽어버리거나. 그런 사정으로 라벤나 주변의 어부들이 생선을 많이 안 먹었던 것이 원인이었습니다.

다만 이때 놀랐던 것은, 설마 여기에는 수은오염이 없을 거라고 생각하고 대조를 위해서 채취한 니스 근처의 —프랑스의 니스라는 유명한 휴양지가 있는데— 샘플에서 소량이지만 수은이 검출된 겁니다. 이걸 설명하는 데 꽤 애를 먹었습니다만, 한 가지 의견은 그곳은 하수처리를 하지 않았기 때문에 병원 같은 곳에서 사용하는 소독제의 수은이 전부 바다로 흘러간 겁니다. 또 한 가지는, 니스의 주민들이 조사해서 알아낸 바에 따르면 작은 도금공장이 있는데 그곳에서 아주 소량의 수은을 취급하고 있었던 거예요. 그 폐수가 흘러드는 부근에서 수은이 많은 물고기가 잡혔어요. 그러니까 니스에서는 설마 공장폐수에 의한 오염이 없겠거니 생각했던 것은 이쪽 생각이 안이했다는 걸 보여줍니다. 공장폐수에 의한 오염이 없는 지역을 찾기가 이토록 어렵구나 새삼 깨달았습니다.

이탈리아에서 밀라노를 포함한 포강 계곡에서는 대기오염이 어마어마합니다. 재작년 겨울 2월에 아황산가스의 하루 평균이 1.5ppm을 넘은 날이 여러 날이었다는 뉴스를 들었는데, 이번에 갔을 때 보니까 올해는 1월 말부터 2월에 걸쳐 하루 평균이 2.4ppm까지 올라간 날이 여러 날 계속되더군요. 이렇게 되면 욧카이치의 최고치가 지금까지 측정한 것 중 1.5ppm 정도니까 2.4라고 하면 아무래도 생명에 지장이 있을 정도의 수치입니다.

라벤나에 왜 그렇게 큰 콤비나트가 들어섰는지 그 이유를 듣고 지방자치의 힘이 얼마나 중요한가를 또 새삼 깨달았습니다. 이탈리아 지자체 중 가장 큰 곳이 로마고 두 번째가 라벤나라고 해요. 로마는 로마제국 이래의 수도니까 주변의 지자체를 합병해서 커진 거라고 이해하겠는데, 라벤나는 로마제국이 일단 멸망한 뒤 오도아케르의 용병군대가 수도를 여기에 정하고 이후 잠시 동로마제국의 이탈리아반도 수도가 됩니다. 그래서 로마 다음의 이탈리아 수도는 라벤나였던 거죠.

그런 사정으로 하나의 콤비나트를 하나의 지자체 안에 세울 만큼의 면적을 가지고 있었고, 그 때문에 라벤나에 석유콤비나트가 들어서게 됐습니다. 그런데 이렇게 몇몇 마을들에 걸쳐 콤비나트가 유치될 때는 그들 사이에 반드시 이해대립이 생기게 마련이죠. 하나의 지자체 안에서는 유치하기도 쉽고 기업도 편하고. 그런 이유로 라벤나에 지금 아주아주 큰 콤비나트가 생기게 됐습니다. 아마도 향후 5년 뒤에는 비잔틴 문명의 유적인 라벤나의 모자이크를 보러 가면 어떻게 변해있을지 상상이 안 갑니다.

네덜란드의 수은오염

마지막으로 네덜란드의 수은오염에 대해 말씀드리겠습니다. 네덜란드는 두 발생원에서 수은오염이 발생했는데, 첫째는 튤립이나 히야신스 같은 구근식물을 수출할 때 소독을 위해 수은제를 사용합니다. 그런데 이것을 그 근방에 버리니까 운하로 흘러드는 거예요. 이때 운하라고 하는 건 다름이 아니라 하수구를 말합니다. 네덜란드 사진을 보면 반드시 목장이 있고 하천이 있어요.

그걸 보면서 여러분도 이상하다고 생각했을 겁니다만, 왜 저렇게 밭 한가운데 개울이 잔뜩 있을까요? 모형화해서 보면 쉽게 알 수 있는데, 네덜란드 지하수는 아래에서 위로 흐릅니다. 네덜란드는 해면보다 낮게 위치한 나랍니다. 바다에서 지하수로 해수가 흘러드는데, 이것이 위로 분출할 경우에는 아주 곤란하겠죠. 그러니까 담수를 끊임없이 강으로 끌어들여야 해요. 담수는 해수보다 가벼워서 위로 뜨거든요. 그럼 끊임없이 스며나오는 지하수를 쉼 없이 퍼올리지 않으면 나라 전체가 물 밑으로 가라앉고 맙니다.

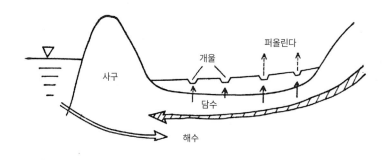

도표 30 | 네덜란드의 지하수

이 밭의 토질에 따라서 저마다 정해진 간격으로 개울을 파는데, 그 물을 옛날에는 풍차로 퍼올렸어요. 그런데 지금은 펌프로 퍼올리죠. 네덜란드 사람이 풍차를 중요하게 여기는 것은 풍차가 없었다면 지금의 네덜란드는 없었을 테니까요. 이 물을 퍼올리는 동력이 없었다면 네덜란드는 이미 물에 잠겨버렸겠죠. 가는 곳마다 이런 개울이 있으니까 쓰고 버린 수은제가 아무래도 여기로 흘러들 거 아닙니까. 그 물을 옛날에는 풍차로 지금은 펌프로 퍼올려서 대규모 운하로 보내니, 거기에 사는 꽁치나 꼬치고기의 몸속에서 8 내지는 9ppm의 수은이 검출되는 겁니다.

이것은 당연히 예상됐던 일입니다. 다만 이때 측정한 것은 기껏해야 수십 마리의 꽁치에 불과했으니 망정이지, 만일 스웨덴처럼 수천 마리를 측정했다면 최고치는 더 높아졌을 거라고 봅니다. 스웨덴에서는 꽁치를 자주 먹지만, 네덜란드에서는 꽁치가 다행히 전형적인 스포츠 피싱의 대상이라 잡으면 안 먹고 그냥 강으로 돌려보냅니다. 떡붕어 같은 거죠, 그러니까.

그러니 꽁치에서 수은이 검출돼도 그다지 당황하지 않았어요. 라인 강에서 물이 들어오는 암스테르담 근방에서 북쪽으로 펼쳐진 커다란 아이젤 호가 있는데, 이것은 옛날의 내해를 댐으로 막아서 만든 담수호예요. 그런데 이곳의 뱀장어에서 2ppm의 수은이 검출됐어요. 정말 큰일 난 거죠. 암스테르담에서 북쪽으로 조금 올라간 곳에 포렌담이라는 작은 어촌이 있는데, 이곳은 민속의상을 구경하러 가는 관광버스들이 반드시 거치는 곳이거든요. 그곳에 가면 일본의 어촌들처럼 전형적인 어촌마을 건물들이 즐비해 있는데, 그곳은 주로 뱀장어 같은 담수어 어업으로 먹고삽니다. 당연히 뱀장어가 많겠죠.

네덜란드 사람들이 뱀장어를 어떻게 먹는지 아세요? 보통 훈제한 기다란 뱀장어의 머리와 꼬리를 두 손으로 들고 와그작와그작 베어 먹습니다. 우리랑은 먹는 방법이 조금 다르죠. 어쨌든 그들은 뱀장어를 비교적 많이 먹고, 이 아이젤 호에서만 10억 엔 이상의 매출을 뱀장어 수출로 올리고 있어요.

이건 여담입니다만, 네덜란드 풍속사진 속에 반드시 들어있는 것 중에 고개를 쳐들고 입을 한껏 벌려서 식초와 양파를 얹은 청어를 한입에 쏘옥 집어넣는 장면이 있습니다. 마치 우리나라 여성들이 군고구마를 먹을 때하고 같은 모습이죠(웃음소리). 길에서 미니스커트를 입은 여성도 길거리 음식점에서 손에 들고 크게 입 벌려 먹고는 또각또각 걸어오는 모습을 보곤 합니다. 이렇듯 네덜란드 사람들은 청어와 뱀장어를 잘 먹습니다.

아무튼 뱀장어 어민이 사는 포렌담의 건강조사를 했는데, 딱히 이상한 건 없었어요. 다만 한 가지 마음에 걸린 것은 전국의 평균과 비교했을 때, 포렌담의 유아(乳兒)사망률이 2배나 된다는 겁니다. 이것이 수은하고 관련이 있는지 어떤지는 아직 모릅니다. 하지만 딱 한 가지 마음에 걸리는 것은 이 높은 유아사망률이에요. 네덜란드는 생명보험업이 유럽에서 최초로 발달한 곳이라서, 출생사망 통계는 유럽에서도 잘 갖춰진 것으로 유명하거든요. 그런 네덜란드에서 통계적으로 입증할 수 있는 것은 이 유아사망률뿐인데, 아까 예를 들었다시피 수은은 아무래도 어린아이에게 치명적입니다. 어른보다 아이에게 더 해로운 경향이 있으니까, 이 높은 사망률이 아무래도 의심스럽다는 겁니다.

그나저나 이 수은이 대체 어디에서 왔는가? 이게 논란거리죠. 이것은 어느 모로 보나 라인 강에서 온 겁니다. 수질분석 결과, 라인 강이 운반해오는 수은의 양은 1년간 400톤 정도나 돼요. 하루에 1톤 이상이 라인 강을 타고 흘러듭니다. 하루 1톤의 수은 중 아마도 상당 부분은 말할 것도 없이 독일의 화학공업에서 온 것이라고 예상은 됩니다만, 상대가 딴 나라도 아니고 독일이잖아요. 네덜란드는 몇 번이나 독일의 침략을 받아온 역사도 있고 해서, 네덜란드 사람들은 독일을 싫어해요. 독일은 또 네덜란드 사람들을 무시하는 경향이 있고. 그러니 둘 관계가 좋을 리 없겠죠? 게다가 재작년 6월엔가, 독일에서 농약을 흘려보내서 라인 강의 물고기들이 폐사한 일이 있었어요. 그 때문에 네덜란드에서 수도급수를 긴급정지하는 사건이 벌어졌죠. 그런데 마침 그 무렵에 수은이 발견된 거예요. 네덜란드 정부는 이 자료를 어설피 발표했다가는 다시 독일에 대해 여론이 악화할 것이고, 그렇다고 그대로 방치하자니 무슨 일이 벌어질지 모르는 진퇴양난의 상황에 놓이게 됐습니다. 전 바로 그 무렵에 네덜란드에 있으면서 이토록 어려운 문제인가 뼈저리게 느꼈습니다.

그러니까 수질오염은 국제분쟁까지는 아니더라도, 이런 사건들이 이따금 반복됨으로써 국제감정의 악화와 분쟁의 기반을 조성하는 경우가 있다는 것은 부정할 수 없을 것 같습니다.

1년이 넘는 기간의 여행을 두 시간이 채 안 되는 시간에 정리해 보고하려다 보니, 가능한 자료를 이용해서 대략적으로 서둘러 전달하고 말았습니다. 오늘 이것만은 꼭 묻고 싶다 하는 이야기가 있으시면 말씀해주십시오. 질문도 좋고 토론도 좋습니다.

질문 및 토론

—— **산화구(酸化溝)에서 배워야 할 것**

A 아까 철새의 깃털에 대해 이야기했는데, 그것은 깃털이 하나 하나 돋아난 지역에 따라 다르게 나타나는 자료를 가져왔다는 말씀이신가요?

우이 준 그렇습니다. 철새에 대해서는 이미 생태사학적으로 잘 알려져 있습니다. 어디서 어떤 깃털이 나는지 등이 생물학자에 의해 정확히 파악되어있기 때문에 그런 해석이 가능했던 겁니다. 일본에서는 생태학이 공해해결에 도움이 된다는 논의가 최근 들어 활발해졌는데, 그렇게 간단하진 않다는 것을 이 자료를 보더라도 알 수 있습니다. 그 분야에 아주 각별하게 통달한 학자가 아니면 다른 분야에 대해 이 정도로 선명하게 '이렇게 하면 압니다!'라는 식의 방법은 쉽게 나올 수 없지요.

아까 산화구(酸化溝) 이야기도 했는데, 이것은 둥글게 판 마치 스케이트장처럼 생긴 개울에 브러시가 돌아갈 뿐인 간단한 하수처리 설비입니다. 브러시로 하수를 휘저어 공기를 불어넣는 것은 네덜란드인인 케스너가 1930년대에 발명했어요. 그리고 네덜란드는 어딜 가나 개울이 있죠. 이 둘을 조합해서 산화구를 만드는 건 딱히 어려운 일이 아니었다고 발명자는 말하더군요. 하지만 이미 60세에 가까운 파스비어(Pasveer)라는 세계적인 학자는, 그 자신의 인내와 명석함으로도 네덜란드 어디에나 있는 개울과 네덜란드인이 발명한 브러시를 조합하는 데 십몇 년이 걸렸다고 합니다. 즉 하나의 하수처리 프로세스가 이렇게 완성된 형태를 갖춰 정상적으로 작동하기까지는 십몇 년이 든다는 겁니다.

일본에서는 이 산화구의 기술을 이시이(石井)철공소가 도입해서 두세 곳에 만들었지만 전부 제대로 가동되지 않고 있습니다.

B   산화구는 다른 프로세스에 비해 특히 나쁜 점은 없나요?

우이 준   다른 프로세스에 비해 산화구가 특별히 나쁜 점은 없습니다. 다만 이것이 좀 터무니없는 프로세스라 보통의 하수처리장에 비해 1인당 차지하는 면적이 5배 내지는 10배가 요구됩니다. 아주아주 싸지만 터무니없는 설비라고 할 수 있어요.

그래도 사용법만 제대로 알면 실제로 여러 가지 처리가 가능합니다. 유기물을 제거하고 암모니아를 제거해주죠. 또 초산도 제거해주고. 조금만 궁리하면 부영양화로 문제가 되고 있는 린산도 제거하는 등 다양한 기능을 갖추고 있어요. 다만 일본에서는 완성된 프로세스를 사들여온 데다 능률을 더 높이려고 하니까, 그런 융통성 있고 다양한 사용법이 가능한 프로세스를 무용지물로 만들고 있어요. 산화구는 현재 일본에서는 거의 무용지물이에요. 그것은 결국 우리의 성급함 때문이 아닐까 생각합니다. 뭘 좀 많이 넣으면 더 잘 작동하지 않을까 하는 욕심에 자꾸자꾸 과부하를 주니까 결국 전체를 쓸 수 없게 되는 경우가 발생하고 있습니다. 산화구는 이 이상 부하를 가하면 안 된다는 것을 알기까지 파스비어는 십몇 년의 시간을 들였습니다. 십몇 년에 걸쳐 파스비어가 찾아낸 답을 우리는 "무슨 소리, 50% 정도 더 해도 괜찮아!"라면서 불필요한 부하를 가하니까 역시 잘 안 되는 겁니다. 그것이 기술이란 것임을 최근에야 깨달은 거죠.

도시공학과 공개단체교섭 참가 권유

마지막으로 현재 도시공학에서 발생하고 있는 사태의 보고 차원에서 전단을 하나 소개하겠습니다. 알고 계신 분도 계시겠지만, 석사과정에서 박사과정으로 진학할 때 상당히 불합리한 선발을 교수회가 하고 있다는 사실을 알게 됐습니다. 그 정도로 말도 안 되는 선발을 하는 교수회라면 ―가령 이번 공개강좌를 얼마나 눈엣가시처럼 보고 있는지 여러분도 잘 알고 계시니까― 저를 몰아내려고 할 때도 충분히 저 정도 치사한 짓을 하겠구나 하는 참고로 알아두시면 좋을 것 같습니다.

오늘도 단체교섭을 하고 있을 겁니다. 이것은 다음에 제가 말씀드릴 과학기술의 한계와 대학의 퇴폐를 보여주는 실례라고 할 수 있습니다.

여러분이 일단 알아두셨으면 하는 것은, 이 공개강좌의 기반이 되고 또 제가 소속돼 있는 도시공학이라는 곳 역시 아주 심각한 지경이라는 사실입니다. 그들은 저놈들은 월급 받으면서 저렇게 속 편하게 투쟁이나 하고 있다는 식으로 비판합니다. 옆에서 보면 속 편하게 보일지 모르지만, 사실 당사자는 전혀 편하지 않거든요. 그건 실행위원회 여러분이 누구보다 잘 알고 계시지만, 여러분도 알아두시면 감사하겠습니다.

그리고 조금 전에 말씀드린 전단에 대해 ―이미 읽으신 분도 계시겠지만― 확인 차 다시 말씀드립니다. 이 공개강좌는 이처럼 불안한 기반 위에서 이뤄지고 있는 탓에 항상 청중과 강사 간의 상호협력으로 겨우겨우 이끌어가고 있는 실정입니다. 이것은 당분간 어쩔 수 없는 일이라 생각합니다.

2학기부터 다소 규모가 커지고 강사도 두 명이 되어 매회 대담형식이 될 예정이다 보니 아무래도 실행위원회의 업무가 늘어날 것으로 봅니다.

지금의 실행위원회는 제1회 때 자발적으로 참여해주신 분들을 중심으로 움직여 왔는데, 업무가 많다 보니 아무래도 지치게 됩니다. 그래서 조금 더 인원을 늘려서 업무를 분담하면 2학기도 무난히 이겨낼 수 있지 않을까, 저도 함께 일하면서 느끼고 있습니다.

그래서 시간을 좀 낼 수 있는 분도 좋고, 시간은 없지만 지혜를 보탤 수는 있는 분도 좋습니다. 열다섯 분이나 스무 분 정도, 실행위원회에 들어와주시면 2학기 강좌는 안심하고 추진할 수 있을 것 같습니다. 혹시 참여해주실 분이 계시면 잠시 남아주시길 바랍니다.

오늘 처음 오신 분들을 포함해서, 이 강좌는 저와 여러분이 함께 '아무것도 없는 곳에서' 만들어내고 있다는 사실을 확인하고 싶습니다.

오늘 늦은 시간까지 경청해주셔서 고맙습니다. (박수)

〈자료〉

| 도쿄대 도시공학의 현상 |

-도시공학과 교실회의에 대한 요구 (1)

3월 5일, 석사논문 발표회에 이어서 평가 및 박사과정 진학희망자 선발을 위한 교실회의가 개최되었다. 출석자는 혼조, 이시바시, 이노우에, 도쿠히라, 스기키 교수, 이토, 아야, 이치카와, 시모후사 조교수, 마쓰오 강사, 곤도 조교였다. 정원 8명에 7명의 희망자가 있었지만, 논의의 중심은 오나가, 히라이, 기우치 등 3층의 세 사람을 진학하지 못하도록 하기 위해 어떤 구실을 세울까 하는 것이었다. 당일의 회의 경과를 순차적으로 서술하면 다음과 같다.

(제1단계)

"진학의 적합 여부를 정하는 기준은 성적이 좋고 나쁘고가 아니라 학생을 받아들일 지도교관이 있느냐 없느냐이다"라는 혼조 교수의 발언을 듣고, 각 교관의 의견이 제시되었다. 즉 논문성적의 좋고 나쁨을 진학기준으로 삼으면 이상 세 사람을 떨어트릴 수 없기에 마련한 기준이 지도교관 운운이다.

(제2단계)

종래의 자율 시스템은 어떻게 되는가? 하지만 도시공학에는 원래부터 '반드시 지도교관을 정할 필요는 없다'는 확인이 대학원생과 교수들 간에 이뤄졌고 지금까지 그대로 실시해왔는데, 진학심사 기준을 '지도교관'으로 정한다는 것은 종래의 확인이 무의미해진다. 그런 의미에서 '종래의 자율 시스템은 앞으로 인정할 수 없다'는 이야기가 된다.

(제3단계)

그래서 종래에는 지도교관으로 인정받았던 조교 곤도 씨가 '오나가 씨를 받겠다'고 했지만, 교관들은 종래의 방침(실질적인 지도는 조교가 하는 경우가 많으므로 조교도 지도교관으로 인정받았다)을 부정하고, '조교는 책임 있는 교수단으로 인정할 수 없으므로 지도교관이 될 수 없다'고 바꾼 것이다.

〈결론 1〉

이상과 같은 경과를 거쳐 '받아줄 교관이 있느냐 없느냐'를 심사기준으로 한 교관은 '이것으로 8층의 4명은 받아줄 교관이 있으므로 합격, 3층의 3명은 없어서 불합격'이라는 결론을 내고 논의는 끝난 듯 보였다. 그런데…….

(제4단계)

이토 조교수 "히라이 군은 제가 맡겠습니다."

그런데 교수단인 이토 조교수가 "히라이 군은 제가 맡겠습니다"라고 말함으로써 사태는 다시 분규의 국면을 맞게 되었다. 받아줄 교관이 있는가 없는가를 판정기준으로 하면 이것으로 당연히 히라이 군의 진학을 인정해야 하는데, 이상하게도 논의는 '히라이 군을 진학시키고 오나가 군을 진학시키지 않으면 균형이 맞지 않는다'는 식으로 전개되었다.

이런 모순을 해소할 논리는 과연 무엇일까?

(제5단계)

'받아줄 교관이 있어도 안 돼!'

그래서 나온 결론은 '한 사람의 교관이 받아준다고 해도 그것을 다른 교관이 승인하지 않으면 안 된다'고 하여, 이 기묘한 억지주장이 계속돼오던 '지도교관제'를 대신했다.

〈결론 2〉
'이것으로 드디어 결정. 그럼 투표하자.'
이상의 경과를 거쳐 이윽고 3층을 몰아낼 명분이 만들어진 것이다. 이 결론이 난 후 투표에 부쳐 체재를 정비하자고 하여 교수단이 아닌 강사와 조교는 물러나야 했다. 그런데 다음날……

(제6단계)
"길동무가 없으면 너무 노골적이다!" "8층에서 한 사람 길동무로 삼자"
〈결론2〉까지 해서 논의는 끝났지만, 그 후 이틀에 걸쳐 질질 끌어오다 다시 논의를 시작했다. 그 내용은 불분명하나 결론으로 제시된 것은 '3층만 떨어트리는 것은 너무 노골적이니까 8층에서 한 사람 길동무를 만들자'는 것이었다. 희생자는 오카사와 군으로 낙찰되었다. 하지만 논문심사 과정에서 A, B, C 랭크 중에서 B에 속했던 오카사와 군과 야마기시 군(둘 다 8층) 중 누구를 떨어트릴까의 기준은 무엇이었는지는 명확하지 않다. 다만 3월 5일 교수회에서 야마기시 군의 논문평가를 B로 할까 C로 할까를 놓고 논의했을 때, 지도교관인 스기키 교수가 'A로 하면 좋겠다'고 거듭 요구했던 사실과 오카사와 군의 논문평가는 교실에서도 '우수하다'는 목소리가 높았고 무엇보다 지도교관인 이치카와 조교수와의 사이에 지도를 둘러싼 약간의 트러블이 있었다는 사실을 부연해둘 뿐이다. 훗날 사태는 판명될 것이다.

-도시공학 교실회의에 대한 요구 (2)

71년 3월 12일. 도시공학 대학원 3층 거주자 일동
3월 5일 이후의 일련의 파렴치한 석사논문 심사 및 박사과정 진학자 선고에 뒤이어 대학원 3층 주민인 스기에의 휴학계에 대해, 놀랍게도 '휴학불가'라는 일방적인 통고를 받았다.

-약간의 경과

2월 22일, 공학부 사무실에 휴학계를 제출하였다. 담당자는 "휴학은 가능하지만 휴학하더라도 졸업을 위한 단위를 취득하는 것이 상당히 곤란할 거예요. 차라리 과정주임의 재량으로 대학원 재입학이 가능하니까 그것이 더 낫지 않을까요? 휴학하게 되면 2월 1일로 거슬러 올라가야 해서 다소 절차상의 문제는 있지만 괜찮을 거예요."라고 상세하게 안내해주고 학과사무실에 제출하도록 서류를 건네주었다.
2월 24일, 도시공학과 사무실에 제출
2월 25일, 교실회의에서 심의?
3월 9일, 학과사무실로부터 과정주임인 혼조의 이름으로 '휴학계는 수리할 수 없다(이유는 언급하지 않음)'고 일방적인 전화통보를 받았다.
(본인부재)

-휴학 불허가가 의도하는 것 ―처분―

이번에 교실회의가 취한 조치=처분은 다음과 같은 이유로 전혀 불명확하고 말도 안 되는 처사다.

1. 기존의 당국은 휴학에 대해 질병 및 경제적인 이유일 경우에는 예외 없이 인정해왔다. 이미 경과에서 밝혔듯이 공학부 사무실에서

는 휴학은 당연히 가능하다는 전제로 대응하였음이 분명하다.

2. 휴학해야 하는 사정을 본인에게 일절 묻지도 않고 당국의 일방적인 독단으로 어떤 이유도 밝히지 않고 일방적으로 불가하다고 통보해왔다. 앞서 있었던 박사과정 진학자 선고 스캔들과 이번 사태로 알 수 있는 것은 혼조를 비롯한 도시공학 교실회의의 전공투 퇴출을 위한 너무나 노골적이고 너무나 무능한 책동 그 이하도 이상도 아니다.

도시공학과 교실회의는 휴학을 인정하지 않는 이유를 밝혀라!

① 직원 여러분께

도시공학의 교수들이 권력을 등에 업고 자기들 말을 잘 들을 사람만 대학에 남기고 반대하는 사람은 철저하게 배제하는 이 보기 흉한 모습을 직시해 주십시오.

학생에게만 냉혹하고 직원에게는 온정을 베풀 거라고 기대할 수 없습니다. 이 문제를 방치한다면 언젠가는 직원에게도 같은 공격을 가해올 것이 틀림없습니다.

이것은 박사과정 진학기준의 옳고 그름의 문제가 아니라 교수와 조교수가 공적인 관계에 있는 대학을 자신들의 기호와 손득으로 운영해도 되느냐 안 되느냐의 문제입니다.

직원과 학생은 이런 식으로 대학을 사유화하고 있는 교수들이 시키는 대로 하지 않으면 안 되는가 하는 겁니다.

직원 여러분의 적극적인 발언과 행동을 기대합니다.

또 개별적으로 분단되고 어찌할 수 없는 원통함을 품고 있는 개개인의 문제제기, 사실의 전면적인 발굴을 통해 도시공학의 문제를 만천하에 알려야 합니다. 한때 우리가 대충 넘겨왔던 문제들을 다시 한

번 본격화합시다!

② 조교 여러분께

교실회의에 출석할 수 있는 권리를 가지고 있으면서 어떤 적극적인 반대도 하지 않고 이 사태를 방치한다면, 당신도 교수나 조교수와 다를 바 없는 공범입니다.

조교도 출석할 수 있는 교실회의라는 민주적 위장의 옷 역할을 맡은 것이 지금 도시공학과 조교의 모습이 아닌가요?

연습, 실험, 졸업논문 지도 등 책임 있는 일을 도맡아 하면서도 '책임 있는 교수단으로 인정할 수 없다'는 식의 말을 태연하게 하는 교수의 작태를 이대로 용인할 수 있습니까? 만일 이 굴욕을 참는다면 그것은 무엇을 위한 것입니까?

모든 더러운 악연을 끊고 우리와 함께 분연히 일어섭시다!

③ 학부학생 여러분에게

이것은 결코 이번 사례로만 끝날 일이 아니다. 학부학생 여러분의 진학에 있어서도 똑같은 대응이 이뤄지리라는 것은 명백하다.

이번 일이 의미하는 것은 교수에 의한 학생의 생살(生殺)여탈의 장악이다. 이것을 간과한다면 어떤 이의신청도 인정받지 못하고 학생은 교수의 노예에 지나지 않게 될 것이다. 거기에서 생산되는 것은 교수의 축소판에 지나지 않을 것이다. 이것은 학생의 인간성 압살을 의미한다. 학생 여러분 역시 교수의 순종적인 노예가 될 것인가? 아니면 스스로의 주장을 가진 자립한 인간이 될 것인가? 지금 그 선택의 순간에 와있다.

우리는 학생 여러분이 이 관리체제의 강화를 자신의 문제로 인식하고 행동할 것을 요청한다.

④ 8층의 대학원생 여러분

박사과정의 선고기준은 '교수에게 순종하는 자'여야 하는 것이 첫째
라는 사실은 이미 말했지만, 제군은 이것을 모욕이라고 생각하지 않
는가? 교수는 제군을 순종적이라서 받아들이면서도 '신념이 없다'
'논리가 없다' '패기가 없다' '문제의식이 희박하다'라고 아무렇지 않
게 말한다. 제군은 이런 평가를 감수할 것인가? 가장 바보 취급을 받
는 것은 여러분이 아닐까?

선고기준은 논문도 아니고 성적도 아닌 단지 순종하는가의 여부라
는 사실을 인정한다면, 제군은 교수의 노예라는 사실을 인정하는 것
이고 자신의 모든 권리를 포기하는 것이 된다.

제군이 인간으로서의 자기 권리를 가지고 있지 않다면 이런 교수의
전면지배를 타파해갈 수밖에 없다.

우리는 제군의 행동을 아주 흥미롭게 지켜보고 있다.

⑤ 기계과의 여러분에게

도시공학의 교관은 도쿄대학투쟁으로 그렇게 고발당하고도 언제 그
랬냐는 듯이 도쿄대학투쟁 과정에서 약속했던 것들을 모두 없었던
것으로 돌리고 다시 대학을 사유화하려고 하고 있습니다.

우리는 단호히 이에 대항하여 반격할 것입니다.

물리적으로 약간 폐를 끼칠 수도 있습니다만, 정당성은 우리에게 있
음을 이해해주시길 바랍니다.

제13회

1971년 3월 18일

운동론 · 조직론 - 1학기의 정리

공해문제에서의 대학의 역할

지난 시간에 이야기할 예정이었던 대학문제 중 공해와의 관계에 대해서는 ─시간도 부족하고 해서─ 단체교섭의 현장을 보신 분은 잘 아실 거라고 믿고 최대한 간단하게 대학의 현상에 대해 먼저 말씀드리겠습니다.

대학이란 현대 과학기술의 상징이라고 해도 과언이 아닐 겁니다. 특히 도쿄대학의 지위는 ─확실히 상대적으로 최근에 와서 낮아지긴 했습니다만─ 그래도 여전히 고급관료, 고급기술자, 고급과학자의 공급원으로써 일본에서 큰 역할을 점유하고 있죠. 그뿐만 아니라 일본의 국립대학이나 사립대학들은 도쿄대학을 하나의 모델로 삼거나 부양하는 존재로 발전해왔기 때문에, 이곳 도쿄대학이 갖는 성격이란 현대 과학기술의 문제를 대략은 가지고 있다고 해도 결코 틀린 말은 아닐 겁니다.

그런데 사실 어제부터 오늘 아침까지의 단체교섭에서도 명백히 드러나긴 했지만, 현대 과학기술의 한계가 고스란히 드러난 것은 공해대책 면에서입니다. 공해대책은 지금까지의 생산을 위한 기술과 생산을 위한 전문가, 그리고 그것을 지지하고 있는 과학의 발전 단계에서 전혀 고려되지 않았습니다. 이렇게 공해가 심각해지자 이번에는 또 한 가지 공해대책을 전문으로 하는 분야, 예컨대 제가 있는 도시공학과의 위생공학 코스 같은 부문을 새롭게 전문분야의 하나로 만들어서 어떻게든 해보려고 했죠. 다른 부분은 그때까지의 방식을 그대로 답습하면서 위생공학에 모든 책임을 전가하고 거기서 어떻게든 하려는 것이 현대 과학기술의 태도입니다. 좀 더러운 예를 들면 먹는 놈 따로 있고 싸는 놈 따로 있고, 게다가 뒤처리 하는 전문을 따로 두려는 거나 마찬가지입니다.

하지만 지금까지의 과학이 인간과 자연을 위한 —여기에서 '~을 위한'이라고 목적어를 넣은 것이 어디까지 맞을지 자신은 없지만— 적어도 인간과 자연에 관여하는 과학은 지극히 경시됐습니다. 아마도 여러분이 고등학교 때 물리, 화학, 생물, 지리 4가지 선택과목 중에서 지리와 생물은 물리나 화학에 비해 항상 뒤처졌을 겁니다. 상급학교로 진학하기 위해서 물리와 화학을 우선적으로 선택한 경험을 여러분도 가지고 계실 겁니다.

인간과 자연에 관련된 과학을 경시하고 생산을 위한 과학기술을 중시하는 경향이 특히 발전한 것이 산업혁명 이후 자본주의사회로 접어든 이후부터입니다. 이것은 제가 따로 말씀드릴 것도 없겠죠. 하지만 그렇게 발달한 과학기술이 거의 무비판적으로 현재의 사회주의사회로 받아들여진 것 역시 부정할 수 없습니다. 사실, 소련의 초기 공업화에서 가장 지도적인 경영이념은 테일러 시스템, 포드 시스템이었던 시대가 있습니다. 지금도 물론 생산을 올려서 미국을 따라잡자거나 일본을 따라잡자는 것이 사회주의의 슬로건처럼 따라다닙니다.

하지만 문제는 그것만이 아니라는 겁니다. 지금 사회주의사회에 대해 비판하기 전에 우리 자신이 처한 도쿄대학의 현실입니다. 또 대학의 현상이 사실 능률을 올리기 위해 전공을 분류하고 전문화하는데, 그렇게 하면 당연히 그 전문화된 사람은 '전공바보'가 됩니다. 즉 전공 이외의 것에 대해선 아무것도 몰라요. 이것은 우리가 주변에서도 많이 봐온 사례들처럼 다른 전문가가 뭔가를 해주겠지 하다가 결국 큰일에 봉착하고 마는 전공바보 타입의 학자가 생겨나는 겁니다. 하지만 문제는 결코 거기서 끝나지 않습니다. 전공바보가 되는 순간 자신의 협소한 전공분야가 타인에 의해 박탈당하거나 파괴되는 것은 참을 수 없으므로, 전문가가 되었을 때 가장 먼저 약속하는 것은 서로를 비판하지 않겠다는 겁니다. 남이 하는 일에 옳고 그름을 따지거나 비판하는 것은 학계 풍토에서는 있을 수 없는 괘씸한 일인 겁니다. 그리고 학생 중에서 어느 정도 머리가 좋고 자기 말을 잘 들을 것 같은 사람을 뽑아서 후계자로 만듭니다. 가능한 한 자신과 닮은 후계자를 만들려고 노력하죠. 이것은 지금 우리가 도시공학에서 직면하고 있는 사례인데, 요컨대 또 하나의 자신을 재생하려는 거예요. 그것도 자신이 하는 전문화된 학문이 자기의 생활에서 도출된 것이 아니기 때문에 외국의 동향에 어떻게 뒤처지지 않고 따라갈까? 오직 그것만을 추구합니다. 왜 이런 학문이 생겨났는가에 대해서는 전혀 생각하지 않고 필사적으로 그것만 추구해요. 그야말로 헐레벌떡 쫓아간다고 해도 과언이 아닐 정도의 노력을 학자들은 합니다. 이 점에서 학자의 노력은 정말 상상을 초월합니다. 결국 도쿄대학 대학원 진학에서 아무리 해도 적당한 입학시험 과목을 정하지 못할 때 남는 것은 외국어입니다. 영어, 독일어, 프랑스어 그리고 러시아어 중 하나, 외국어를 못하면 학자가 될 수 없습니다. 이것은 자신의 논문을 외국어로 쓰기 위해서가 아니라 외국어로 쓰인 논문을 읽기 위해서, 반드시 읽지 않으면 학자가 될 수 없기 때문이에요. 암암리의 그런 약속이 있습니다.

그렇게 되면 비판이 자신의 전문분야를 벗어나기 때문에, 가령 제가 도쿄대학 위생공학 내에서 누구누구 교수의 연구가 무의미하다거나 여기가 틀렸다거나 하는 비판을 할 수 없기 때문에, 자신의 영역에서 아무리 바보라도 잘난 체 할 수 있습니다. 잘난 체하면 진보할 기회도 생깁니다. 그래서 학생 여러분이 교묘하게 '전공도 바보'라고 부르는 상황이 생기는 겁니다.

사실 어제부터 오늘 아침까지의 상황은 그야말로 '전공도 바보'라는 상태가 고스란히 드러났는데, 이것은 나중에 토론할 때 만일 도시공학 학생들에게 시간이 맞으면 지정토론 형식으로 상황에 대해 이야기를 듣도록 하겠습니다. '전공도 바보' 상황이 얼마나 심각한 지경에 와있는지 알 수 있습니다. 그러므로 현재 도쿄대학 공학부 교수에서 조교까지 포함해서 자기는 이런 문제의식으로 이 전공을 선택했다는 연구자는 지극히 드뭅니다. 생활상에 이러이러한 흥미가 있어서 이 학과를 선택했다, 예컨대 응용화학이니 전기니 혹은 토목이니 건축이니 하는 —건축은 비교적 예술가 기질이 있어서 간혹 단게(丹下) 교수를 동경

해서 건축을 선택했다는 학생도 제법 있지만 —그 밖의 학과에 대해서는 어떤 필연성으로 어느 학과를 선택했는지를 우리에게 부족하게나마 이야기해주는 학생은 찾아보기 힘듭니다.

하물며 교수나 조교수에게 "당신은 왜 이 학과를 선택했는가?"라고 물으면, 2~30년 전의 일이라서 기억나지 않는다는 대답이 거의 대부분입니다. 안타깝게도 지금까지 이래저래 10수 년 동안 제가 도쿄대학에 있으면서 '나는 이것을 선택했다!'라고 열정을 가지고 말한 교수를 만나본 예가 없습니다. 누구누구가 말해줘서 혹은 추천해줘서 했다는 것이 가장 보편적입니다. 추천으로 정했다는 경우는 그나마 낫죠. 그리고 돈을 잘 벌 것 같아서 선택했다는 것도 그나마 낫습니다.

돈을 벌려고 선택했다는 건 자신이 자발적으로 선택했다는 말이니까, 그 정도의 문제의식은 있는 사람이란 뜻이니까 아직은 논의의 여지가 있습니다. 하지만 그렇게 답하는 사람조차도 드뭅니다. 이것을 전공하면 언젠가 반드시 돈을 벌 것이라고 믿고 화학이면 화학, 토목이면 토목, 전기면 전기 그런 학문분야를 선택했다는 사람도 드뭅니다. 10명 중에 한두 명이고 나머지는 대부분 즉흥적으로 결정합니다. 간혹 저 전공이 재미있을 것 같다거나 다른 사람이 많이 가니까, 또 사회가 요청하고 있다고 들었으니까 혹은 취직이 잘 될 거 같으니까 등의 이유가 있습니다.

하지만 이때의 '사회'는 잘 생각해보면 현재의 자본주의사회에서는 '회사'에 취직하는 겁니다. 그러므로 '사회'의 요청에 따라 이 학교를 선택했다는 사람에게 "회사를 사회라고 잘못 말한 거 아닌가요?"라고 물어보면 대개가 '그렇다'고 말합니다. 이것이 현재 도쿄대 전문가의 현실입니다.

조금 전 말씀드렸던 자신을 재생한다느니 자신과 닮은 제자를 만든다느니 게다가 학생 중에서 자기 말을 제일 잘 듣는 사람을 선정한다는 자기재생의 과정이 가장 잘 드러난 것이 이번 도쿄대학 도시공학의 박사과정 학생선발입니다. 이 경우에는 지도교관에게 충실한 학생만을 남겼습니다. 지도교관이란 교수나 조교수를 말합니다. 조교는 지도교관이 아니라는 것은 회의에서 명확히 언급되었고 아무리 학생을 지도하더라도 그것은 교수나 조교수를 대신해서 지도하는 것에 지나지 않습니다.

지도교관이 있는 학생만 받아들이겠다고 주장하고, 그 주장에 대해 다른 교관이 이견을 말하지 않을 때 받아들인다는 것이 선발기준이었다고 합니다. 그런데 아무개 학생은 입학을 허가하는 것이 좋겠다는 조교의 의견은 지도교관이 아니라는 이유로 각하되었습니다. 이렇게 되면 교수도 사실 자신이 없다는 것을 의미합니다. 그러니까 자기가 하는 말을 잘 듣는 학생을 선발하려고 하는 거죠. 만일 자신이 있는 사람이라면 대게 자기에게 이견이나 불만을 말하는 것이 훌륭한 장점이라고 생각합니다. 이는 보통 자녀를 키워본 사람이라면 특히 잘 압니다. 지나치게 조용하고 어른스러운 아이가 오히려 걱정거리죠.

요컨대 도쿄대학 교수는 현재 학생에게조차 자신감도 없다는 얘깁니다. 자기를 닮은 자기보다는 못한 학생을 원한다는 것은 결국 자기 자신은 아무리 크더라도 필연적으로 자기와 닮았으나 자기보다는 작은 학생을 선택한다는 겁니다. 그러면 몇 대를 거치는 동안 마지막에는 제로에 가까워지고 말겠죠. 70년 이상의 역사를 가진 도쿄대학이라면

열 번 정도는 그런 선정방법으로 각 학과에서 학생을 선발해왔을 테니까, 현재로선 제대로 된 학자가 하나도 없다는 것이 어쩌면 당연한 결과입니다. 이것은 곧 학문의 퇴화를 의미합니다.

그런데 정말 무서운 것은 오히려 학생 측에 있습니다. 이 교관이 자기를 닮은 자기보다 작은 존재를 원한다는 사실을 학생마저도 인정하고, 어떻게 하면 그에 걸맞게 공부할 수 있을까에 대해서만 죽어라 노력합니다.

학생조차 학문을 직업이라고 생각하지 않기 때문에 그럴 수 있는 겁니다. 만약 목수가 목공기술을 직업이라 생각하고 그것으로 먹고 살아가는 것과 마찬가지 의미에서 학문을 직업이라고 생각한다면, 일생일대의 직업에서 그런 못난 짓은 하지 않을 텐데 말입니다. 그런데 학문을 진지하게 직업이라고 생각하지 않으니까 그런 학자가 될 수 있는 겁니다. 지금 도쿄대의 정상화를 지탱하고 있는 가장 큰 요인 중 하나는 수업에 열심히 참여하고 있는 학생입니다. 학생이 있어야 교수도 있는 거니까요.

그러니까 현재의 학문이 그것을 직업이라고 생각하는 사람에게조차 경멸당하고 있는 겁니다. 진정한 학문이 존재한다고 진심으로 생각하는 사람이 아무도 없는 것이 현실입니다. 도쿄대 도시공학에서 벌어지고 있는 일은 교수회가 다수 혹은 전원일치로 추진하는 일입니다. 그렇게 해서 자기들보다 확실히 작은 존재니까 자기들 무리 안에 끼워줘도 괜찮겠다 싶은 학생만이 대학원에 진학하는 결과가 되었습니다.

조교로 채용될 때도 조건은 같습니다. 저의 경우는 어쩌다 일손이 부족한 기묘한 사태가 발생한 덕에 조교가 될 수 있었지만, 지금 같은 상황에서는 아마 조교가 되지 못했을 게 빤합니다. 이런 대학에 뭔가를 기대한다는 것 자체가 잘못됐다는 것만은 이 자리에서 우리가 확인해 둘 필요는 있다고 봅니다.

무엇을 만들기 위한 생산력인가?

지금까지 단순히 '학문'이라고 말했는데, 그렇다면 대체 '학문'이란 뭘까요? 저는 어차피 기술자라서 갑자기 '학문은 무엇이다'라고 그럴싸하게 설명할 수는 없습니다. 제가 직업으로 삼고 있는 기술에 대해서라면 어느 정도 설명할 수는 있습니다.

기술이란 어떤 물건을 만들기 위해 학문을 의식적으로 적용하는 것이라고 배워왔습니다만, 그렇다면 그 물건을 만든다는 것은 무엇일까? 즉 생산이란 무엇일까에 대해 생각할 때 역시 현재의 기술은 상당히 불공평합니다. 그것은 일전에 말씀드린 대로 자동차의 역사를 생각해봐도 10년, 20년 유지되어야 할 부품을 3년 만에 닳게 만들려고 궁리하는 것이 현재의 기술입니다.

사실 오늘 말씀드릴 내용에 대한 사례를 아주 많이 그리고 자세하게 적어놓은 재미있는 책이 최근에 출판되었는데, 무라오 코이치(村尾行一)라는 삼림학과 조교가 쓴 『죽음에 이르는 문명』(아키쇼보)이라는 책입니다. 거기에 아주 자세하게 서술하고 있는데, 요컨대 무라오 씨의 결론 그리고 저의 결론은 '생산력이란 폐기물의 생산력'을 의미한다는 겁니다. 일회용품의 생산력, 그것이 현재 사회에서 말하는 생산력이고,

만들면 만들수록 폐기물이 생산됨을 의미합니다.

그런데 기술이라고 하면 이것 말고도 여러 가지가 있습니다. 가령 지금 말한 폐기물 생산력의 예를 보면 아기들이 사용하는 플라스틱 그릇을 생각해볼 수 있겠죠. 그것과 같은 것을 우리는 나무를 깎아서도 만들 수 있어요. 물론 볼품없고 서툴긴 하겠지만 그래도 주변의 나무를 취미 삼아 깎아 만들어도 쓸 수 있습니다. 근대의 생산과정을 거치면 물론 플라스틱의 대량생산이 가능하겠지만, 아이 입장에서 보면 어느 쪽이 애정이 담긴 것일까요? 역시 서툴더라도 손으로 만든 나무그릇이 아이에게는 훨씬 만족스러우리라는 것은 부정할 수 없는 사실입니다.

이렇게 보면 '생산'이라는 개념은 '생산력'이라는 말과 결코 같은 것은 아닙니다. 그것을 같은 맥락이라고 우리가 착각하게 된 것은 사회주의국가의 실패에서 유래합니다. '자동차는 누가 만들어도 자동차다' '전기는 누가 만들어도 전기다'라고 생각하게 됐죠. 전기도 만드는 방법에 따라 사용방법이 규정되는 것처럼, 아마 누가 만들었느냐에 따라 사용법이 각각 달라지는 몇 가지 생산방법이 있지 않을까요? 이것이 현재 제가 품고 있는 의문입니다.

기술로 과학을 유추하는 무모함을 범한다면, 과학도 어쩌면 그런 식으로 누가 만들었느냐 혹은 어떻게 만들었느냐에 따라 내용이 달라질 겁니다. 여기서부턴 제가 잘 설명할 자신이 없어요. 이 문제에 대해서는 저보다 확실히 무라오 씨가 유능한 데다 문장도 아주 재미있게 잘 썼습니다. 관심이 있으신 분은 꼭 이 책(『죽음에 이르는 문명』)을 읽어보시길 추천합니다.

그런데 제 과거 경험에 비춰보면 —제가 지금 공해연구를 조금 하고 있습니다만— 이것을 처음 시작한 10년 전에는 제 친한 친구가 "저 녀석도 드디어 미나마타병에 걸려서 머리가 이상해진 건가?"라는 이야기를 했었습니다. 그 무렵에는 '공해'와 같은 테마를 연구하면 곧 제정신이 아니라고들 생각했거든요.

10년 전의 인기기술 하면 대개 전자공학과 고분자화학 그리고 원자력 같은 부문이었어요. 그런데 이런 걸 하면 20년 전인 종전 직후 무렵에는 제정신이 아닌 사람 취급을 당했습니다. 이런 것들이 장래의 기술이 될 거라고 하면 누구나 '역시 저 사람 미쳤어!'라고 했을 정도예요. 그렇다면 그 20년 전의 인기종목이 뭐였을까요? 그 무렵에는 비료의 생산과 원자폭탄이 인기종목이었습니다. 그보다 10년 더 거슬러 올라가는 30년 전에는 응용화학과 학생이 가장 원했던 취업자리가 화약회사였어요.

이렇게 10년 단위로 보더라도 기술의 내용은 자꾸자꾸 바뀝니다.

그래서 지금 제가 학생들에게 이것만큼은 확실하다고 말해줄 수 있는 것은, 10년 지난 미래에 인기학문이 될 것은 '지금 우리가 학문이라고 생각하지 않는 것 중에 있다'는 것뿐입니다. 이건 마치 보물찾기와 같은 거라서 이 이상의 것은 스스로 찾는 수밖에 달리 방법이 없습니다. 하지만 이것만큼은 확실하게 말할 수 있습니다. 지금 모두가 학문이라고 생각하는 것은 10년만 지나면 별것 아닌 게 된다는 것.

이 전자공학과 고분자화학 그리고 원자력, 비료, 원폭, 화학 같은 기술을 쭈욱 나열해보면 하나같이 군사과학의 일부이거나 부산물라는 걸 알 수 있습니다.

이 말은 곧 20세기의 과학이란 대체로 군사 즉 전쟁을 위한 과학을 중심으로 발달해왔다는 것입니다.

물론 이 자리에서 전쟁을 위한 과학과 평화를 위한 과학이 있는지 없는지를 놓고 토론할 생각은 없습니다. 그런 구분은 불가능하지만, 군사과학을 중심으로 해서 지금까지 줄곧 발달해왔다고는 말할 수 있습니다. 보다 강력한 군대와 보다 강력한 무기를 생산해낼 목적이었던 기술로 우리의 생활을 지탱하고 이익을 추구하는 기술로써 발달해오고 있습니다.

이렇게 보면 '대학의 대부분은 부품제조업이고 업종별 직업훈련소다'라고 제가 처음 이 강좌를 시작했을 때 드렸던 말씀은 아주 정확한 지적이었다고 할 수 있겠죠.

그 안에서의 학문의 자유란 무엇일까요? 그것은 가까운 장래에 어느 부문의 제품을 얼마나 생산해야 할까 라는 수요예측이 부품제조업에서는 필요합니다. 시장예측을 잘못하면 재고품이 쌓이게 되므로 어느 정도 정확한 예측을 해야 하는데, 바로 그것을 위해 학문의 자유가 보장되고 있습니다. 그러니 애당초 그렇게 대단한 것이 아니었던 거죠. 이것도 도쿄대학투쟁 덕분에 비교적 확실히 알게 된 사실입니다. 그렇다면 대학에서의 연구와 교육이라는 것도 결국 부품제조였다고 볼 수 있지 않을까요? 학문의 자유는 수요예측의 작업이었던 겁니다.

그럼 대학은 대부분 허상에 불과하다고 할 수 있고, 그 허상에 한 번뿐인 인생을 걸 생각은 아무래도 들지 않습니다. 따라서 여러분에게도 권할 수 없다는 것이 기술적 대책을 줄곧 이야기해온 현시점에서 제가 내린 결론입니다.

그렇다면 기술적 대책이란 어떻게 만드는가? 그것은 대학에서 나오는 게 아닙니다. 공해가 발생하고 있는 바로 그 현장에서, 그 문제를 직면하고 만 인간이, 불합리하지만 공해문제에 직면해 피해를 입은 당사자가 생각할 수밖에 달리 방도가 없습니다. 그런 인간의 압력과 이해력이 부족한 비판으로 기술자와 전문가를 생각하고 연구하게 만드는 것, 그것으로 뒤늦게나마 기술적인 대책이 조금씩 마련되겠지 하는 자신 없는 예측을 지금 하고 있습니다.

그러므로 기술적 대책의 원동력은 여러분입니다. 아마추어입니다. 그리고 세상 이치에 절대 밝아져서는 안 됩니다. 완고하고 이해가 더디고 고집불통이고 비현실적이고 알다가도 모를 위인들이라는 말을 들을지언정, 거기에 바로 여러분의 강점이 있다는 걸 잊지 마십시오. 그것으로 인해 비로소 자신이 전문가라고 착각하는 명청이들이 이윽고 뭔가를 깨닫고 자신의 일을 하게 됩니다. 결코 우리는 머리가 좋아지려고 하면 안 됩니다. 이해력을 높이고 이치가 밝아지려고 하면 여러분도 거기에 멈춰서게 될 겁니다. 기술적 대책도 역시 여러분의 어깨에 달렸습니다.

그런 부담까지 지는 것은 민폐라고 생각하실지 모르지만, 역시 지금의 일본은 이런 현실에 놓여있다는 사실을 직시하고 나아갈 수밖에 없습니다.

일개 기술자의 운동론

드디어 오늘의 테마인 '정리'입니다. '운동론'과 '조직론'이라고 거창하게 이름을 붙여보았습니다만, 이것은 저한테는 가장 취약한 부분이기도 합니다.

제가 자신 있는 건 제 손으로 BOD를 측정하고 그것을 활성오니로 처리하는 기술자의 일입니다. 그런 내가 왜 운동론이니 조직론을 해야 하지? 라는 느낌은 최근 몇 년간 저를 늘 쫓아다녔습니다. 그러다 결국 아무도 안 하니까 내가 하는 수밖에 없겠다는 생각에, 오늘 이렇게 잘 알지도 못하는 제가 이 취약한 부분에 대해 그동안 생각해온 것을 이야기하려고 합니다.

결론을 잘 기억해뒀다가 써먹겠다는 생각이시라면 성공할 리 없으니 일찌감치 포기하시는 게 좋을 겁니다(웃음소리).

지금까지 여러 차례 말씀드린 실례들에서 이끌어낸 〈우이 준의 제(諸)원칙〉이라는 것이 있습니다.

거기다 왜 네 이름을 붙였냐고 혼난 적이 있습니다. 그런데 최근 학문의 관습으로 보면 다른 사람이 애써 맺어놓은 결실을 마치 자기가 공부한 것처럼 날치기하는 것이 당연한 시대라, 이렇게 이름표를 붙여놓지 않으면 안 되거든요(웃음소리).

이것은 어디까지나 잘 나가는 사람의 이야기고, 또 한 가지는 틀린 것이 있으면 그에 대한 책임을 지겠다는 의미도 있습니다. 문득 생각이 나서 무심하게 다른 사람의 것을 사용했는데, 어쩌다 틀렸을 때 "그건 다른 사람 것이다, 나는 모른다"라고 발뺌할 생각은 추호도 없습니다.

앞으로 말씀드릴 여러 가지 원칙들에 있어서 틀린 것은 당연히 책임을 지겠다는 의지표시가 〈우이 준의 제 원칙〉이라고 제 이름을 붙인 의미입니다. 이 원칙들이 가능한 한 빨리 무용지물이 되기를 희망합니다. 우리의 공해반대운동으로 그런 원칙들이 얼른 과거의 것이 되고 필요 없는 것이 되기를 바랍니다.

첫 번째 원칙은 '기승전결의 4단계'입니다. 이에 대해서는 다행히 많은 사람이 상식으로 잘 알고 있어서 이 제1원칙에서 벗어나는 사례가 상당수 나오고 있습니다.

이것은 꽤 오래전에 말씀드린 거라 간단히 정리하면 '공해가 발생한다, 그 원인이 밝혀진다'는 제1단계와 제2단계일 뿐 공해문제는 여기에서 결코 끝나지 않습니다. 3단계 째에 반드시 반론이 있습니다. 반론과 정론이 부딪쳐서 4단계 째에 중화되죠. 이것은 문학에서 말하는 기승전결의 4단계와 매우 비슷합니다. 다른 점은 마지막에 툭 하고 끝나는 것이 아니라 공해일 때는 어딘지 모르게 애매함이 남죠. '결(結)'에서 끝나지 않는다는 특징이 있는데, 일단 이 4단계를 몇 번이고 몇 번이고 반복하면서 일본의 공해는 진행되어 왔습니다.

이것을 처음 발표한 것이 1966년이었는데, 그때부터 이 기승전결의 4단계가 비교적 유명해져서 일본공산당 팸플릿 등에도 인용되게 됐어요. 물론 일본공산당에서 생각해낸 원칙처럼 말이죠(웃음소리).

어쨌든 이 제1원칙에서 얻어진 또 하나의 원칙은, 반론이 제기되는 '전(轉)'이라는 단계에서 반드시 '제3자'라고 칭하는 권위가 등장하는데 막상 조사해보면 '제3자'는 없더라는 겁니다. "나는 공정한 제3자인데……"라면서 등장한 인간은 반드시 가해자 측에 붙은 인간이라는 사실에서 공해에는 애당초 제3자란 있을 수 없다는 원칙에 이르게 되었습니다. 이것이 제2원칙입니다.

그 당시에는 이 제2원칙의 중요성을 잘 알지 못했습니다. 피해자가 공해의 인과관계를 밝히고 싶어 하고 가해자는 애매하게 처리하려고 하죠. '공정한 제3자'라는 인간은 문제를 명확히 하느냐 애매하게 하느냐 어느 한쪽의 역할밖에 하지 않습니다. 따라서 피해자 편이냐 가해자 편이냐의 문제일 뿐이라는 의미에서 '제3자 없음'이라는 원칙을 처음에는 생각해냈는데, 나중에 좀 더 중요한 문제라는 사실을 깨달았습니다.

이것은 차치하고 이어서 제3원칙은, 이 역시 전에 말씀드렸던 '기하평균의 원리'입니다. 피해자가 주장하는 금액과 가해자가 주장하는 금액의 합의점은 기하평균 정도에서 정해진다는 겁니다. 결코 '더해서 2로 나눈다'는 방식이 아니라는 것이 제3원칙입니다. 이 역시 미나마타병을 살펴볼 때 말씀드렸습니다.

제4원칙을 저는 '종횡의 원칙'이라고 부릅니다. 피해자의 운동은 국가, 현(県), 시정촌(市町村)이라는 현실의 종적 계열에서 추진되고 있는 종적 정치계열을 인정하고, 그 구조의 아래에서부터 순차적으로 진정해서 올라가는 운동으로 승리한 예가 하나도 없습니다. 미나마타병도 그렇고 도야마의 이타이이타이병도 그렇고, 또한 전후(戰後)의 무수히 많은 공해 사건의 모든 예가 아래에서부터 진정을 올리면 이리저리 쫓아다니다 끝나고 말았습니다. 시(市)로 가면 "시청에서는 아무것도 해줄 수 없으니 현청으로 가봐라", 그래서 또 현청에 가면 이리저리 돌리다가 결국엔 "예산이 없으니 국가에 얘기해라. 후생성과 통산성으로 가봐라"라고 하죠. 그렇게 여기저기 쫓아다니다가 성공한 운동은 하나도 없어요. 이것이 바로 일본의 현재 정치계열을 인정한 범위에서의 운동, 즉 현실주의의 운동입니다.

하지만 세상에는 무모한 논의를 하는 사람도 있습니다. 국가도 현도 시정촌도 다 같은 평등한 지자체로 보고, 바로 그 옆에 공해 발생원인 기업도 나란히 세워두고 누가 됐든 상관없이 가장 빠른 놈부터 잡아채서 "이것 내놔라, 이렇게 저렇게 해달라!"라고 가장 빠른 기본지자체인 시정촌을 다그치는 방법도 있습니다.

요구형인 이상주의 운동을 하면 종종 호각을 이루면서 드물게 성공하기도 합니다. 반드시 이긴다고는 말할 수 없습니다. 다만 약자의 운동이라도 간혹 서로 맞붙어서 승리할 수도 있다는 것만은 말할 수 있어요. 이런 사례가 나온 것은 사실 전후 사례 중에서 미시마·누마즈 사건 이후의 일인데, 전전(戰前)에 발생한 아시오구리광산 광독사건 무렵에도 일시적으로 그런 시기가 있었습니다. 혹은 아라타 강(荒田川) 때도 그렇고요.

이럴 때 억지이론을 갖다 댑니다. "국가, 현, 시정촌이라는 각각의 서열을 국가가 정하지 않느냐?"고 따지면 "말도 안 되는 소리! 세금은 다 별도로 내지 않는가? 의원도 다 따로따로 선발하지 않는가? 국회의원과 현회(縣會)의원을 따로따로 선출하지 않는가? 이 말은 곧 각각이 독립된 지자체라는 의미다"라고 말합니다. 이것은 억지스럽게 보이지만 그렇다고 본질을 벗어난 이야긴 아니죠.

하니(羽仁) 선생은 자신의 저서 『도시의 논리』에서 한 발짝 더 나가 "세금을 아예 시정촌에서 거두면 된다. 거기서 남은 부분을 국가로 돌리면 된다"는 논리를 펼치고 있습니다. 이 주장은 제가 제4원칙인 '종횡의 원리'에 도달했던 시기와 거의 같은 무렵에 나온 것이라, 역시 연륜의 힘은 대단하다고 감탄했던 기억이 납니다. 하니 선생의 표현이 한층 엄격하고 예리합니다. "세금은 시정촌에서 거둬라, 남은 것을 국가에 주면 된다. 그렇게 하면 전쟁놀이할 장난감 살 돈 따위 남을 리 없다"

어쨌든 이 이상주의형 운동을 선택한 것으로는 최근의 예 중에서 우스키(臼杵)와 니가타(新潟) 혹은 미나마타(水俣)의 현재 등 몇몇 예가 있습니다. 어쩌다 드물게 이기는 경우가 있습니다. 하지만 처음에 말씀 드린 종적 계열을 인정한 운동은 반드시 패하고 횡적 운동은 드물게 승리하기도 한다고 생각하면, 반드시 지게 돼 있는 운동을 권할 수는 없습니다. 이왕지사 할 거라면 드물게나마 이길 가능성이 있는 운동방법이 백번 낫겠죠.

공해 자체가 초현실적인 것인데, 그걸 해결하자고 현실적인 운동을 한다면 잘 될 리가 없겠죠. 현실주의가 운동에 개입될 때는 왜 그런지 꼭 집니다. 그래서 저는 그것을 '운동의 종횡의 원리'라고 말합니다.

이것과 같은 것이 제5원칙으로 '조직에서의 종횡의 원리'가 있습니다. 이 역시 현실과 비현실의 차이일지 모르겠어요. 아무래도 권력이 집중된 형태의 조직에서는 아무래도 공해가 낯선 모양입니다. 그 전형이 바로 관청인데요, 부국(部局)제도에 따라 부장이 있고 과장이 있고 계장이 있고 그 아래 평직원이 있죠. 저마다의 권한을 윗사람이 집중적으로 가지고 있고, 그것이 또 한 레벨 윗사람에게 집중되는 형태를 가진 관료조직인 관청이 공해문제에 대해 제대로 된 대응을 할 수 없다는 것은 앞에서도 말씀드렸습니다. 요컨대 시스템적 조직인 관청은 공해문제에 무력합니다.

그 밖에도 그와 비슷한 조직들이 많습니다. 무엇보다 회사가 그렇죠. 회사에 가면 역시 계장, 과장, 부장, 상무, 전무가 있고 그 위에 사장이 있습니다. 생산을 위한 능률원리만을 철저하게 추구하다 보면 이런 중앙집권적인 조직이 완성됩니다.

한 가지 더 닮은 꼴 조직이 있는데, 그것은 바로 정당과 노동조합입니다. 역시 전문별 혹은 지역별로 세부적으로 분리되어 있고 그것의 권한은 중앙으로 집중되죠. 이 점에서는 정당이나 노동조합도 회사나 관청과 다를 바가 전혀 없습니다.

제가 최근 2년 동안 경험한 니가타의 미나마타병 소송에서 쇼와전공 측이 증언한 내용을 보면, 쇼와의 사원이면 사원, 외부 학자면 학자 다 자기 얘기만 합니다. 농약관계 증인은 농약만 조사하고, 공장폐수 관계자는 그것만 조사해요. 그리고 상호관련의 유무나 미나마타병 자체에 대한 것은 전혀 알아보려고도 하지 않습니다. 거기다 대고 왜 그렇게 됐느냐고 한 사람 한 사람에게 반대 심문을 하면, 답은 하나같이 똑같습니다. "내가 담당한 장소가 아니라서" "내가 맡은 일은 그게 아니기 때문"이라고요. 모든 증인이 똑같은 대답을 반복합니다. 그래도 그렇지 미나마타병에 대해 증언을 하려면, 적어도 구마모토의 미나마타병에 관한 책 한두 권쯤 읽고 현지에 가서 간단한 조사 정도는 할 수 있는 거 아닙니까? 그런데 절대 안 합니다.

이 얘길 듣고 정말 깜짝 놀랐는데, 쇼와전공에서는 스물 몇 명으로 구성된 조사위원회를 만들어 놓고 다른 업무는 다 배제하면서 풀타임제 월급을 주고 있어요. 그런데도 미나마타에 가서 미나마타병이 뭔가를 조사한 인간이 지금까지 증언한 사람 중에 한 명도 없습니다. 그런 인간들이 각자 할당받은 분야에서 자기한테 유리한 문제만 골라내서 과장한테 보고합니다. 과장 역시 그중에서 자기한테 유리한 걸 선별해서 부장한테 갖다 주는 겁니다. 이런 식의 종적 조직에서 유리한 자료만을 모은다면, 틀림없이 쇼와전공은 100% 맞고 피해자는 100% 틀리다는 답이 나오겠지요. 안자이(安西) 사장(지금은 사장을 그만두고 회장이 됐습니다만)이 "쇼와전공은 결백하다!"라고 확언하는데, 저는 그게 본심일 거라고 생각합니다. 하지만 그러기에는 형세가 영 좋지는 않다는 것을 안자이 사장도 뭐가 뭔진 모르겠지만 느끼고는 있겠죠. 쇼와전공은 절대 결백한데 재판은 돌아가는 모양새가 안 좋고, 신문은 피해자 편을 들고 사람들은 눈물바람이라니 말도 안 된다고 하는 걸 보면, 역시 아직 영문을 모르고 있는 게 분명합니다.

그런데 사실 일을 이런 식으로 분담해서 하면 능률은 올라갑니다. 능률이 올라가는 대신 공해는 반드시 발생하죠. 그러니까 공해가 발생할 수밖에 없는 형태의 조직에서 자신들이 일으킨 공해문제를 받아들인다는 게 쉬운 일이 아니겠죠. 그래서 이런 집권형 조직 즉 권한이 집중되는 형태의 조직에 뭔가를 기대해서는 안 됩니다. 그런데 기존의 조직은 대개가 여기에 속해버리니 남은 방법은 내가 직접 하는 수밖에 없는 겁니다.

그런 의미에서 가장 먼저 최대능률의 원리를 부정합니다. 능률을 너무 떨어트리면 못 움직이게 되므로, 능률이 조금 떨어지는 선에서 내가 하고 싶은 일을 한다는 원칙을 고수합니다.

그리고 혼자만이라도 공해반대운동을 하겠다는 사람들이 모여서 —숫자는 그렇게 많지 않아도 좋습니다— 완만한 연대를 구축합니다.

서로를 너무 속박하지 않을 정도의 연대. 각자가 하고 싶은 일은 하면서 상대방이 하는 일이 재미있겠다 싶으면 자기도 돕는 형식으로요. 그런 완만한 연대를 구축하면, 하나하나의 전쟁에서는 지더라도 긴 안목으로 봤을 때 종종 이길 수도 있습니다.

여기에서 얻어진 결론은 공해문제에 대해서는 시스템적인 대응을 피해야 한다는 겁니다. 공해에 관여하는 것은 결국 인간입니다. 인간은 —가령 저라는 인간은, 혹은 여러분 한 분 한 분의 인간은— 결코 시스템으로 설명할 수 있는 존재가 아닙니다. 그런데 이를 시스템적으로 취급하려는 쇼와전공 기술자의 증언이 왜 무서운가 하면, 그들이 말하는 내용은 다름이 아니라 지금 대학에서 가르치고 있는 교육의 결과라는 겁니다. 가르친 대로 행동하고 가르친 대로 말하기 때문에 저로서는 그들의 증언이 두렵습니다. 가능한 한 그런 교육을 하지 말자고 다짐하면서도 어느새 나도 모르게 해이해져서 내가 배운 대로 학생들에게 가르칩니다. 그렇게 배운 것을 그대로 실천하고 있는 것이 지금의 쇼와전공 기술자들의 증언입니다. "나의 전공은 이것이다. 그런 것은 다른 누군가가 잘하고 있을 것이므로 나는 모른다. 미나마타병과 관계없다. 배운 대로만 하면 된다"라고요.

1966년 이후의 나의 진보

다시 한 번 반복하면 제1원리는 기승전결의 4단계, 제2원리는 제3자는 없다, 제3원리는 기하평균의 원칙, 제4원리는 운동에서의 종횡의 원리, 제5원리는 조직에서의 종횡의 관계 즉 종(縱)은 약하고 횡(橫)은 강하다는 것. 여기까지는 사실 1966년에 대학원에서 처음 공해원론이라는 강의를 들었을 때 깨달은 것들입니다.

그런데 그 후 좀 더 근본적인 문제가 있다는 것을 알게 됐습니다. 지금부터 말씀드리는 것은 지금까지 줄곧 했던 이야기 중에 나왔던 것이긴 합니다만…….

좀 더 근본적인 것은 무엇일까요? 그것은 제1회에서 2회에 걸쳐 이야기했던 '공해와 차별의 구조가 완전히 같다'는 겁니다. 피해자의 인식은 총체이고 가해자의 인식은 부분이라는 원리. 이때 공해를 인식하는 것, 요컨대 공해라는 것을 알고 몸소 확인하고 그것을 물리치기 위해서는 아무래도 피해자의 입장에 다가가려는 노력이 필요합니다. 피해자의 입장이 반드시 되라고는 말하지 않겠습니다. 다만 그것은 그렇게 간단히 될 수 있는 것도 아니지만, 피해자의 입장에 다가가려는 노력이 없으면 공해에 대한 격투가 불가능하다는 겁니다.

그랬더니 '제3자는 없다'는 제2원리는 사실 생각보다 심각한 문제에 부딪히게 되더군요. 즉 차별문제에 있어서 제3자가 없다는 원리는 결코 인과관계만을 두고 하는 말이 아닙니다. 차별 현상에서 '나는 제3자다!'라는 입장은 가해자로 작용하게 됩니다. 이것은 이미 일본의 부락해방운동에서 살을 깎는 노력 뒤에 얻어진 원리인데, '나는 차별하지 않았다'는 말이 내포하는 '너는 차별했다'라는 지극히 불합리한 논리입니다. 역시 '나는 결코 차별한 적이 없다'라고 말하는 인간은 타인의 희생을 짓밟고 서 있습니다.

그리고 역시 66년 이후에 제가 이르렀던 원리 —이 역시 전에 말씀드린 건데— '공해의 무시가 고도성장의 요인'이라는 것. 공해를 고도성장의 왜곡쯤으로 간단히 볼 문제가 아니었습니다. 이것도 아무래도 근본원리 같아요. 그 증거가 바로 재계와 경제학자 그 누구도 지금까지 제 논리에 반론을 제기하지 않았다는 겁니다. 엉거주춤한 태도를 보이긴 하지만, 제대로 된 데이터를 제시하면서 네가 하는 말이 틀렸다고 말하는 경우는 한 번도 없었습니다. 그렇다면 역시 이것은 사실이므로 반론을 할 수 없다고 볼 수 있겠죠.

다음의 원리 역시 전에 말씀드렸을 겁니다. '외래어는 모두 공해에 별 도움이 안 된다'는 원리입니다. 세계 제일의 선진국인 일본에 외래의 이론을 적용한다는 게 웬 말입니까? 근대과학도 —다 그렇다고는 말할 수 없지만— 그다지 쓸모가 없어요. 기술 면에서는 더더욱 그렇고요. 이 원리에 대해서는 제법 이론(異論)들이 나왔습니다. 어쨌든 지금의 과학기술은 외래어와 외래이론 위에 성립된 것이나 마찬가지니까, 예컨대 학생 여러분이 정치이론을 논할 때 외래어와 한자 없이 말하는 것이 일단 불가능에 가깝겠죠? 외래어만이라도 사용하지 말라고 하면 아마 아무도 말하지 못할걸요. 게다가 외래이론도 안 된다고 하니, 이 점이 아마 일본과학자회의 사람들과 저의 의견차이라고 봅니다.

사실 미시마·누마즈의 공해반대운동에서 주민 측이 과학을 알고 이용한 덕분에 이겼다는 측면이 다소 지나치게 강조된 게 아닐까 하는 걱정도 있습니다만, 그것을 강조한 것은 잘한 일이었어요. 하지만 그 때문에 그 후의 공해반대운동에서 주민들이 과학을 배우는 것이 도움이 된다는 원리를 반성 없이 적용하는 '기계적인 적용'이 증가하고 있습니다. 예를 들면 '뭐가 됐든 ppm'이라는 논리. 거기에 역시 달려드는

혁신관료가 있게 마련이고, 아마도 요코하마 시(市)나 도쿄 도(都)에서는 그런 종류의 인간들이 많을 겁니다.

저번 시간에 말씀드렸듯이 지금의 과학기술은 필연적으로 공해를 초래합니다. 이런 사고방식은 미시마 사건 때 이미 있었습니다. 지금의 석유콤비나트의 흐름도를 빌려보니까 제품의 흐름은 있지만 폐기물의 흐름은 전혀 없어요. 흐름도를 작성한 당사자에게 물어봐도 "글쎄요, 그것은 어디로 가는 걸까요?"라거나 "어디론가 흘러가겠죠"라거나 "양은 알 수 없죠, 측정해보지 않고선" (웃음소리) 이라는 대답뿐입니다. 이른바 반쪽짜리 덜 떨어진 과학기술이라는 사실은 미시마 때도 문제가 됐었습니다. 그러니까 현대과학기술의 부정적 측면의 평가도 미시마 때부터 있었다고 할 수 있어요. 그런데 그것을 우리는 최근까지도 놓치고 있었던 거죠.

이 점을 철저하게 파헤친 것이 실은 우스키 운동입니다. 우스키 운동은 98%를 걸러내면 나머지 2%는 어느 정도의 양이냐? 그것만으로도 우스키 마을은 새하얗게 뒤덮이고 말 것이다는 식으로 현재 기술체계의 이면을 공략하며 공부했습니다.

여기서부터는 원칙이라고는 말하기 좀 어렵습니다. 오히려 이번에는 운동 자체에 대한 논의라고 할 수 있는데, 원칙을 다시 한 번 정리해 말씀드리겠습니다. 공해는 차별이고, 공해는 고도성장의 요인이며, 외래어는 공해에 쓸모가 없다 —이 세 가지 원칙이 1966년 이후 제가 얻은 결론이라는 것. 요즘에는 좀 부끄러워서 〈우이 준의 원칙〉이라는 것을 제7, 제8까지 만들 여력이 없어져서 이 부분에 대해서는 다만 문제를 제기하는 것으로 대신하겠습니다.

횡적 연대에서 종적인 연대로

지금부터는 운동 중에 최근 제기된 문제에 대해 잠시 살펴보겠습니다. 먼저 1960년대 후반에 나온 다른 지역과의 주민연대, 즉 횡적 연대는 거의 상식이 되었다고 할 수 있습니다. 주민이 서로 왕래하면서 경험을 교류하고 교환하는 것이 지금까지는 대개 상식이 되었습니다. 다소 지나친 점도 있습니다.

1970년 중간 무렵부터는 아시오 이래의 역사를 거슬러 올라가려는 움직임이 있었습니다. 여기에 어쩌다 불을 붙인 계기가 된 것은 사실 미야모토 켄이치 씨와 제가 아시오를 방문했을 때의 소란이 있었지만요. 또 이 공개강좌에서도 이런 구성으로 이런 내용의 이야기를 한 것이 그 움직임을 다소나마 부추기는 역할을 한다면 저로서도 기쁜 일입니다. 그리고 이 역사는 누가 뭐라 해도 희생자가 너무 많았기에 패배의 역사를 통해 우리가 공부하는 형태를 취해 왔습니다.

하지만 여기에서 한 가지 반성의 의미에서 '주민과의 진정한 연대가 가능했는가?'에 대해 의문을 가져볼 필요가 있습니다. 가령 욧카이치(四日市)라는 대기와 수질의 오염과 악취 등 이중삼중의 공해를 겪어야 하는 견본도시 같은 마을을, 공해를 조사한다는 명목으로 방문한 조사단의 수는 최근 10년 동안 무수하게 많습니다. 다 헤아릴 수 없을 정도일 겁니다. 여러분 중에도 가보신 분이 있을지 모르겠네요. 그때마다 욧카이치의 피해자가 그들을 안내하고 설명하는 등 온갖 노력을 안 아끼고 도와줍니다. 그런데 그곳을 방문한 사람들은 그 후에 그곳 피해자를 위해 과연 무엇을 했을까요? 그런 비판의 목소리가 지금 욧카이치에서 일고 있습니다.

"공해조사도 좋고, 제2의 욧카이치를 막기 위한 공부도 좋다. 하지만 지금 곤란에 처해있는 우리를 어떻게 할 것인가?"라는 비판입니다.

이것은 정당하기 이를 데 없는 비판이죠. 이에 대해 우리는 진지하게 대답해야 합니다. 하지만 이것은 또 아주 어려운 대답일 수 있습니다. 무엇을 해주길 바라는가 하는 것은 자신이 피해자가 되어보지 않고는 제대로 알기 어려운 문제죠. 이렇게 하면 피해자를 위한 것이겠거니 하는 잘못된 추측으로 얼토당토않은 일을 하는 경우가 있습니다. 예를 들면 기부금을 보냈더니 결과적으로 좋지 않았다는 실례는 미나마타에서도 욧카이치에서도 수두룩합니다. 그러니까 돈만 보낸다고 끝난 건 아니라는 겁니다.

무엇을 할 것인가에 대해서는 아주 신중하게 생각해야 합니다. 하나는 자기 눈앞에 있는 공해를 없애는 겁니다. 제가 니가타 미나마타병 재판에 집중하는 것은 니가타가 완전한 승리를 거두게 되면, 일본 전국에서 벌어지는 다른 사건에 미치는 긍정적 영향이 클 것이기 때문입니다. 만약 니가타가 불완전한 승리를 거둔다면 큰 도움이 되지 않겠죠.

패해도 좋습니다. 이렇게 말하면 여러분은 이상하게 생각하시겠지만, 아예 깔끔하게 진다면 그 역시 좋다고 생각합니다. 아시오의 가치는 더할 수 없을 정도로 완전히 패했다는 데 있습니다. 아시오의 패배의 역사 덕분에 비로소 다이쇼 시대의 공해대책의 진전도 있었습니다. 그러므로 정말 완전하게 진 곳이 우리 눈앞에 한 곳 정도 있는 것도 나쁘진 않습니다. 그렇게 생각한 적이 전에 있었습니다. 미나마타에

1960년부터 68년까지, 솔직히 말씀드리면 올해 초까지 다니면서, 이건 도저히 어쩔 수 없다고 느꼈을 때 제가 저절로 납득한 논리가 그거였습니다. 정말 마지막까지 완전히 패하는 거라면 나도 함께하겠노라는 각오.

미나마타 재판은 솔직히 너무 어려워서 지금도 솔직히 이길 거라는 자신은 없습니다. 이길 거라는 자신도 없는 재판을 왜 응원하느냐고 묻는다면, 어차피 할 거라면 깨끗하게 패해서 그런 식의 싸움은 두 번 다시 하면 안 된다는 모델을 제시하는 것도 하나의 운동에 대한 기여라고 보기 때문입니다.

운동론은 완성되기 어렵다

다음은 공해반대운동에서의 원칙 문제 —이것도 상당히 물의를 빚었죠— 에 대해 잠깐 이야기하려고 합니다.

과연 '운동이론'이란 것이 있는가? 이에 대해 여러 차례 말씀드렸듯이, 저는 공해반대운동이한 '잠자코 있으면 죽임을 당할지도 모른다'는 입장에 선 인간의 운동이라고 봅니다. 그것은 원래 무(無)전망, 무(無)원칙, 무(無)이론, 무(無)신념한 것이라고도 생각해요. 이때의 '잠자코 있으면 죽임을 당할지 모른다'는 입장에 서면 어떤 행동을 선택할까, 오늘 무엇을 할까 하는 문제는 비교적 간단합니다.

그런데 머릿속에 근대적인 사고방식을 가진 사람일수록 근대적인 사고방식으로 행동을 결정지으려고 하죠. 이럴 때는 이렇게 '해야 한다' '하지 않으면 안 된다' 혹은 '해선 안 된다'라는 식으로 말입니다. 이런 사고방식이 때론 운동에 큰 방해가 됩니다. 현재까지 학생의 여러 당파운동이 공해반대에서 성과를 올린 예는 제로는 아니지만 전무(全無)에 가깝습니다. 다소의 효과는 있지만 그래도 전무에 가깝다고 해도 무방할 정도로 효과가 없었던 것은 이 때문이 아닐까요? 요컨대 머리로 생각한 '하지 않으면 안 된다'는 식의 운동으로는 아무래도 이길 수 없습니다.

하지만 지금의 학생들이 받는 교육이란 항상 시스템화하고 체계화한 사고를 다른 사람에게 배우고, 책을 통해 완성된 형태를 읽느라 스스로 요구하고 자기 머리로 생각하지 않도록 교육받고 있습니다. 제가 괜히 흉을 보려는 게 아니라, 어떤 입장에서는 아주 좋은 일일 수 있어요. 자기 머리로 생각하지 않는 것. 부품의 생산이라는 면에서는 그렇게 하지 않으면 오히려 곤란합니다. 부품이 제멋대로 뭔가를 생각하게 된다면 기계는 움직이지 못하죠. 부품은 타인의 머리로 생각해줘야 합니다. 바로 그걸 위해서 여러분은 중학교 혹은 초등학교 때부터 타인의 머리로 생각한 이론을 반복적으로 암기해왔던 겁니다.

그런 과정을 십 수 년에 걸쳐 반복해오다 보면, 더 이상 자신의 머리로 생각한다는 것이 뭘 뜻하는 것인지 전혀 모르게 됩니다. 그래서 자신이 뭔가를 하고 싶다고 생각했을 때는 그것 자체가 마치 나쁜 일이라도 저지른 것 같다는 생각, 여러분은 해본 적 없습니까? '무엇무엇을 해야 한다'와 '무엇이 하고 싶다'가 대립했을 때는 역시 '해야 한다' 쪽을 선택하지 않으면 안 된다고 생각한 적 없습니까? 즉 하고 싶은 일이란 이미 사라지고 없습니다. 어쩌다 있어도 그것은 원칙에 반하므로 하면 안 된다고 머릿속에서 STOP신호가 반짝입니다.

우리는 지금 공해문제로 허우적거리면서 인간답게 살고 싶다는 아주 간단한 바람에서 운동을 시작했습니다. 건강과 생존이 위협당하고 있기에, 그 원인이 무엇이고 정체가 무엇인지 하다못해 그거라도 알고 죽고 싶다는 지극히 단순한 동기에서 출발해서 '하고 싶다'고 느끼는 것을 끝까지 해냅니다. 가다가 모르겠으면 처음으로 돌아가고, 역사를 돌이켜 봅니다. '하면 안 된다'느니 '하지 않으면 안 된다' '이래야 한다'는 형태의 운동에 가능한 한 마음을 뺏기지 않습니다.

제가 여기에서 가능한 한 '마음을 뺏기지 않는다'거나 '절대 해서는 안 된다'는 정도의 강한 의미를 담아 말씀드리는 것은, 여러분 연령대의 거의 모든 학교교육이 '무엇무엇을 해야 한다'거나 '무엇무엇을 하면 안 된다'는 식의 교육이기 때문입니다.

물론 이것에는 수많은 시행착오가 있을 수 있습니다. 자신이 선택한 행동이 틀려서 실패하기도 합니다. 뭐가 뭔지 몰라 출발점으로 돌아가서 역사를 돌이켜보면, 3년이고 5년이고 열심히 해왔던 것이 물거품이 되기도 합니다. 하지만 그것은 그것대로 어쩔 수 없는 일입니다. 다만 그 여정을 정확히 기록하고 다른 사람에게 정확히 전달해서 같은 실패를 하지 않도록 한다면, 그것은 그것대로 의미가 있고 도움이 됩니다.

제가 이른바 공해운동의 보고서 종류를 좋아하지 않는 것은 그 점입니다. 승리한 것, 잘한 것만 기록하고 있어요. 진 싸움에 대한 이야기는 찾아보기 힘듭니다. 하지만 실제로 제가 하는 공해반대운동은 진 싸움이 훨씬 많습니다. 이겼다는 보고는 싸움을 하는 데에는 그다지 도움이 안 됩니다. 제가 부딪쳤을 때도 진 싸움이 더 많습니다.

그럴 때 이긴 싸움에 대한 이야기만 늘어놓으면, 저보다 연배가 좀 위인 분이라면 전쟁 중의 대본영 발표로 큰 고통을 맛본 경험이 있을 겁니다. 일본은 마지막 순간까지 이기고 있었으니까요(웃음소리). 우리에게는 그 당시 결코 웃을 일이 아니었어요. 저는 중학교 1학년이었는데, 진심으로 일본이 옳고 이기고 있다고 믿어 의심치 않았습니다. 그런데 왜 머리 위를 날아오는 비행기가 미군 비행기고 폭탄은 쉴 없이 떨어지는지 너무 이상하다고 생각하면서도 일본은 역시 이기고 있다고 생각했어요.

그런 대본영의 보고, 대본영의 발표가 현재 공해반대운동에서도 종종 발표되고 있습니다. 그런 의미에서 우리에겐 역시 종이를 꿰뚫을 정도의 통찰력이 필요합니다.

전례는 없다고 각오할 일이다

마지막으로 드릴 말씀은 —이건 도대체 기뻐해야 할 일인지 슬퍼해야 할 일인지 조금 헷갈립니다만— 공해반대운동이란 역사상에 약간의 기록이 있는 것을 제외하면 전례가 없습니다. 교과서가 없어요. 외국에서의 입문서가 없습니다. 외국서를 수입해와서 번역해 읽으려고 해도 무립니다. 어쩌다 있다고 해도 그건 부분적인 것에 불과해요. 그렇다 보니 우리 같이 항상 전례가 있고 교과서가 있고 참고서가 있고 서양의 논문이 있어야 비로소 움직이는 인간들은 무엇을 어떻게 해야 좋을지 알 수 없는 아주 곤란한 지경에 처하게 됩니다. 하지만 생각을 조금만 바꾸면 이것은 참으로 영광스러운 곤경입니다. 내 앞에 아무도 없다는 것은 내가 바로 선두에 서 있다는 말이 됩니다.

지금은 잘 못 달리지만 이래봬도 제가 고등학교 때 마라톤 선수여서 (웃음소리) 선두에 선다는 것이 얼마나 힘든 일인지 너무나 잘 압니다. 다른 선수들을 뒤쫓다 보면 대개 마라톤이라는 것은 2위까지는 가능하거든요. 근데 선두에 서는 건 정말 힘들어요. 그래서 1위가 된다는 것은 영광의 고통입니다.

다만 부분적인 전제가 약간 있습니다. 그중 두 가지 정도만 여기에서 말씀드릴게요.

첫째는 이 강좌 초기에 말씀드린 바르샤바대학의 민가 형식의 교실. 이것이 어떻게 해서 생겼는지는 처음에 말씀드렸죠? 다시 한 번 반복하면 외국군에게 점령당해서 대학이 폐쇄되었을 때 목숨을 걸고 교수의 집으로 와서 공부한 학생들이 만든 것이 대학이었습니다. 그러다 걸리기라도 하면 목이 날아갔어요. 적어도 대학을 나온다는 것이 출세의 지름길은 아니었던 거죠. 먹고살 양식을 제공하진 않았어요. 그런 종류의 대학이었습니다.

또 한 가지 사례를 들어볼까요? 이것은 역사적으로 상당히 유명한 이야깁니다만, 16세기 프랑스 왕 중에 아주 문화적인 왕이 있었습니다. 프랑소와 1세가 바로 그 사람인데, 마침 르네상스에 해당하는 시대로 당시의 유럽 곳곳에서 위대한 학자를 모아서 자기 아들인 왕자의 스승으로 삼기로 했습니다. 자기도 공부할 생각이었다고 해요. 그건 일종의 살롱적인 지식으로, 위대한 스승을 초빙해서 이야기를 들으면서 자기도 지식인이 되고 싶었던 거죠. 하지만 당시 파리에는 파리대학 신학부라는 두드러진, 지금의 도쿄대학 정도의 권위를 가진 대학이 있었습니다. 소르본느대학입니다. 르네상스 초기라서 시기적으로는 스콜라철학의 말기에 해당합니다. 스콜라는 'school'을 의미하는 것으로, 학교에서 가르치는 철학의 말기로 신학의 지극히 사소한 것, 예컨대 '바늘 끝에 천사가 몇 명이나 설 수 있는가?' 같은 종류의 논쟁을 아침부터 밤까지 하던 학자가 많았습니다. 그런 대학이 얼마나 우습고 퇴폐했는가를 상세하게 적은 것이 프랑소와 라블레의 『가르강튀아』와 『팡타그뤼엘』입니다.

그래도 소중한 왕자를 그런 스콜라철학자한테 맡길 수는 없는 노릇. 지금으로 말하자면 저 부패타락한 도쿄대학에 내 귀한 아들을 보낼 수 없다 뭐 그런 거죠. 그때 왕의 측근인 학자가 일단 비싼 수업료를 지불한다는 약속으로 유럽에서 학자를 소집했어요. 에라스무스도 이때 교섭을 하긴 했지만 여러 사정으로 네덜란드를 떠날 수 없었다고 해요. 어쨌든 6명의 학자가 모였습니다. 이렇게 왕립교수단이 구성되었는데, 왕은 기껏 돈을 줄 약속을 하고 사람들을 불러 모아놓았으면서 노는 데 정신이 팔려서 그들의 존재를 까맣게 잊어버렸어요. 그래서 월급도 빼먹기 일쑤였죠. 당시의 월급치고는 상당한 액수였다고 하는데, 사실상 왕도 깜빡깜빡 잊어버리고 돈이 없어서였는지 월급도 자주 빼먹었어요. 그리고 왕자 역시 노는 데 정신이 팔려서 공부를 일절 안 합니다. 그래서 생활이 궁핍해진 선생들이 공개강연을 해서 (웃음소리) 돈을 벌었습니다.

건물을 훌륭하게 지어주겠다는 약속으로 왔는데, 왕립교수단이 파리에 소집한 것이 1520년대이고 건물을 짓기 시작한 것은 1610년, 게다가 완성된 것이 1778년으로 (웃음소리) 프랑스혁명 몇 년 전입니다.

그런 식의 왕의 변덕 때문에 소집된 왕립교수단 사람들은 얼마나 고생이 심했겠어요. 그래도 공개강연은 훗날까지 남아서 그것이 현재의 칼리지 드 프랑스가 된 겁니다. 이 칼리지 드 프랑스는 밤에도 강의가 열립니다. 누가 듣건 자유에요. 난방이 틀어져 있어서 부랑자들이 밤이면 잠자기 위해 모여든다는 이야기를 지난 12월인가 1월에 아사히신문에 나다 이나다 씨가 소개했던데, 어쨌든 이런 공개강좌의 시초에 해당한다고 할 수 있죠. 역시 처음에 생겼을 때도 소르본느에 대한 비판으로 생겼는데, 현재도 파리대학이나 소르본느대학에 비하면 칼리지 드 프랑스가 훨씬 더 수준 높다는 것이 일반적 인식입니다.

따로 입학시험도 없어요. 자유롭게 들을 수 있어요. 이런 강좌는 지금까지 문과계 학문에서나 가능하다고 생각했는데, 기술이나 자연과학에서도 가능하지 않을까? 그런 의구심에 대한 일종의 시도로 이 공개강좌를 시작한 겁니다. 이건 그다지 기술계 학문 이야기가 아니지 않느냐고 누군가 반박한다면 어쩔 수 없지만, 좀 더 기술적인 문제도 세미나와 병행해서 앞으로는 다뤄보려고 합니다.

그럼 지금까지 공해문제에 관한 강의에 어떤 것이 있었는지 살펴보겠습니다. 도쿄대학은 이 점에서도 선구적입니다. 1964년에 공개강좌 〈공해〉가 있었어요. 이 공개강좌의 강사로는 교수만 가능했는데, 강의를 할 수 있는 건 교수에 한정되었습니다. 조교수의 강의는 아주 드물게 허가되긴 했지만……. 1964년에 〈공해〉라는 공개강좌가 열리고 그것이 1965년에 도쿄대출판회에서 책으로 발간됐습니다. 여러분 중에 제목에 이끌려서 구매하신 분도 계실 거라고 봅니다. 내용을 읽어보면 '뭐야, 별거 없잖아?' 할 정도지만, 그래도 거기에 쓰인 것이 당시 대학교수의 지혜를 쥐어 짜낸 산물입니다. 그것도 이번처럼 열세 번의 강좌를 혼자서 감당하는 무모한 일이 아니라, 2시간만 하되 대신에 가장 자신 있는 분야를 이야기해주면 된다고 해서 나온 내용이 그 공개강좌였습니다. 지금의 교수들은 그 수준에서 별로 달라진 게 없습니다. 달라진 게 있다면 다소 신문 같은 데서 살짝씩 언급하는 횟수가 늘었다는 정도겠죠.

공식으로 열린 그다음 강좌는 작년(1970년)에 오사카시립대학에서 미야모토 켄이치 씨가 개강한 공해강의입니다. 이때 대강당에 1천 5백 명의 학생들이 모여들었는데, 오사카시립대 건립 이래 초유의 사태라고 할 정도로 유명한 강의였죠. 아주 성공적이었습니다.

그리고 1971년도부터 국립대학에 처음으로 공해 관련 강좌가 탄생합니다. 그것은 요코하마국립대학 안전공학과 안에 니가타 미나마타병 피고측 증인으로 나선, 말 그대로 분쇄당한 기타가와 데쓰조(北川徹三) 교수의 강좌입니다(웃음소리). 현재의 국립대학이 과연 어디를 향해 가고 있는가를 여실히 보여주는 사례입니다.

지금이 7시 20분이니까 여기에서 한 20분 정도 휴식 시간을 갖도록 하죠. 그리고 여기까지 저 혼자 너무 오래 떠드느라 여러분의 토론시간을 빼앗은 것 같으니까 후반에는 조금만 더 이야기하고 토론시간을 갖도록 하겠습니다.

〈휴식〉

앞으로 무슨 일이 벌어질까? - 근본적인 질문을 하라

　제 이야기의 마지막 부분에서는, 현실에서 앞으로 일어날 문제 중에 이번 여름에 당연히 제기될 것으로 보이는 전력문제에 대해 우리가 어떻게 해야 할지, 그리고 지금까지의 원론을 현실에 적용해서 생각해야 하지 않을까 하는 것을 먼저 이야기하려고 합니다.

　일단 틀림없이 거론될 문제는 올여름의 전력부족입니다.

　"전등도 꺼지고 텔레비전도 꺼질 것이다, 그게 싫으면 조시(銚子)나 후지카와(富士川) 혹은 간토(関東)지방 어디쯤에 거대한 화력발전소를 만들어라. 만들기는 우리가 할 테니 지역주민이 반대하지 않게 여론을 조성해라. 정확하게 말하면 뭣도 모르는 원주민들이 주절주절 뭐라고 하는데 —이렇게까지는 설마 말하지 않겠지만 (웃음소리), 이 말의 이면에 숨은 사상을 표면에 드러내면— 도쿄도민은 큰 곤충을 살리기 위해 작은 곤충들을 죽인다는 원칙을 확실히 알고 지역주민의 비논리적인 반대를 설득해 달라"

　이런 의미의 캠페인이 이미 2월부터 어느 신문에는 나오고 있고, 또 어느 신문에는 앞으로 나올 겁니다.

　이에 대해 우리가 어떻게 답하느냐에 따라 우리가 제대로 공해문제를 인식하고 있는지 어떤지가 분간됩니다. 이 때문에 과연 발전소를 세워야 하는가? 불쌍한 과소지역을 위해 고정자산세의 기본이 될 발전소를 만들어주는 것은 은혜라는 시각을 우리가 다소나마 가져야 하는지, 아니면 그런 요구를 묵인해야 하는지? 만일 그렇다고 한다면 현재의 전력자본 계획, 전력회사의 계획대로 가면 1985년 무렵에는 일본 전역에 40개의 원자력발전소가 생기게 될 겁니다. 40개소라는 방대한 원자력발전소를 어디에 어떻게 해서 만든다는 건지, 저는 대체 감을 잡을 수 없습니다.

게다가 좀 다른 측면에서 보면, 현재의 임해공업지대 혹은 원자력발전소나 화력발전소는 모두 풍부한 물과 원료를 찾아서 모두 해안지대로 나가 있습니다.

그런데 애당초 해안은 누굴 위해 존재할까요? 마이애미 비치니 와이키키 비치 같은 관광지를 떠올려보면 여러분 다 아시겠지만, 해안은 인간이 살기에 최적의 장소입니다. 그런 쓸 만한 해안들을 공장과 발전소 같은 것들에게 죄다 내주자는 것이 지금의 개발계획입니다.

그래서 지금 이런 전력회사의 주장을 무시할지 혹은 그것에 암묵적인 지지를 보낼지 갈림길에 있습니다. 여러분은 텔레비전이 혹은 전등이 꺼지면 큰일이라고 생각하나요? 아니면 정말 전기가 그렇게까지 필요할까라는 의문이 드나요? 어느 쪽을 선택하느냐로 아마도 우리가 살아남을 수 있을지 없을지의 갈림길에 와있다는 생각이 듭니다.

현재의 전력수요는 크게 80%가 산업용이고 20%가 가정용이라고 합니다. 이것은 아마 일본의 세정동향 같은 것을 보면 금방 알아볼 수 있고 또 전력회사에서도 그런 자료를 쉽게 구할 수 있습니다. 이런 점에서 최근 인상적이었던 것이 『도쿄전력 그래프』에 이케다 키요시(池田潔) 씨가 도쿄전력의 공해방지 노력에 대해 PR적 문장을 쓴 것이 있어요.

전력 용도의 내용을 전혀 문제 삼지 않고 전체 양만을 생각하거나, 아니면 여러분이 용도의 내용을 문제시하는지 어떤지……, 이 공해원론을 끝까지 들으신 여러분이라면 한 발짝 더 파고들어서 이해하기 힘든 질문을 던지는 습관이 나오게 될 겁니다. 도대체 뭘 하는 데 전기를 사용하는지? 그것을 자기 손으로 구할 수 있는 모든 재료를 동원해서 조사해볼 수도 있습니다.

또 전기료 수금원에게 물어봐도 되겠죠. 지금이야 은행이체가 제법 보급되어 있어서 전기료 수금원을 찾기가 어렵겠지만, 돈을 내는 이상에는 어디에 사용하는지 물어볼 가치는 충분히 있다고 봅니다.

그렇게 해서 가령 전력은 필요하다는 결론이 나왔다 하더라도 여전히 문제는 남습니다. 우리 소비자는 어떤 장소에 어떤 발전소를 세울 것인가에 대해 —예컨대 화력이냐 수력이냐 아니면 원자력이냐? 그리고 그것을 어디에 만들까를 선택하는 일을 전력회사의 기술자에게 맡길 것인지 아니면 우리 자신이 결정할 것인지를 선택해야 할 기로가 아직 남습니다.

그리고 방금 전기회사의 수금원을 얘기했지만, 전기회사의 수금원과 함께 생각하는 것은 원리적으로는 가능하지만 실제로는 좀처럼 쉽지 않은 일입니다. 아마 지금은 여러 기업에서 수금전문의 자회사를 이미 만들었을 겁니다. 그리고 그런 간단한 업무까지 대기업이 맡아서 하려고 하지 않죠. 그런 전문회사를 섭외해서 거기에 맡기면 됩니다. 세상은 갈수록 시스템적으로 운영해야 한다고들 하니까요. 시스템적으로 운영하고 서브시스템(하위조직)은 분리해서 목적조직을 만듭니다. 그리고 그런 목적조직에 있는 부분만을 분리해서 하청을 주면 됩니다. 그러는 편이 능률이 오르니까요.

그러므로 극단적인 예를 들면 운수성이 어디에 공항을 만들겠다고 결정하면, 그때부터는 공단과 가드맨 그리고 기동대가 할 일만 남습니다. 이것이 전형적인 서브시스템의 분리에요. 그렇게 하면 공단의 담당자와 돈으로 고용된 가드맨에게 아무리 선조 대대로 내려오는 토지의 소중함을 역설해도 "나는 고용된 사람일 뿐"이라는 한마디로 대답을 회피하거나 도망칠 수 있습니다.

지금의 사회가 이렇게 인간을 업무로 상호 분리해서 서로 싸우게 만들어요. 그렇게 해서 이익을 보는 양반들은 이익을 보는 구조.

사실은 이렇게 분리된 인간들이 다시 한 번 초심으로 돌아가 서로 어깨를 맞대고 협력해야 할 조직인 노동조합도, 본사노조와 하청노조로 나뉘고 하청의 하청인 회사는 조합조차 없이 서로 대립하고 물어뜯는 도구가 되고 말았습니다. 그러니 지금 있는 조합조직에 뭔가를 기대한다는 것 자체가 무립니다.

그래도 그것이 어느 정도까지 심해졌는지 최근 소문을 듣고 역시 깜짝 놀랐는데, 옛날 야스이 세이치로(安井誠一郎) 도정(都政) 때나 아즈마 료타로(東龍太郎) 도정 때에는 조합담당의 부지사(副知事)라는 직책이 있어서 조합간부에게 술 접대하고 뇌물을 주는 일을 했었죠. 미노베 료키치(美濃部亮吉)로 바뀌고 나서 그것은 원칙적으로 할 수 없게 됐어요. 그러자 부수입이 줄어서 가장 노발대발한 것이 누구냐면 조합간부에요. 그러니까 이번 선거에서 아랫사람들은 하고 싶겠지만 도쿄도청직원조합은 전체적으로는 움직이기 어렵게 됐죠. 저는 누군가가 그것을 사실을 토대로 부정해주길 바라고 있지만, 지금까지를 보면 그것을 부정하기에 충분한 사실은 없습니다. 일본의 기성 노동조합도 이 정도로 부패해 있습니다.

한편 중앙집결의 도정이 되면 공해는 격화될 게 뻔하지만, 중앙집결의 도정을 바라는 노동조합 간부가 없다고는 할 수 없는 것이 지금 우리 주변에서 펼쳐지는 도쿄 도의 현실입니다.

조금 다른 이야기일 수 있습니다만, 산리즈카(三里塚)공항에 관해서도 근본적인 의문을 캐 내려가면 지극히 기묘한 일이 됩니다.

어느 경제학자가 산리즈카공항을 정말 거기에 세워야 하는가에 대해 지극히 합리적인 계산을 해봤습니다. 어떤 순서로 했냐 하면, 항공기의 운임과 철도 운임이 상대적으로 어느 정도 차이가 나면 고객은 어느 쪽을 선택할까? 라는 수요예측을 철저하게 했어요. 그때 단순히 비교만 해도 항공기가 훨씬 더 쾌적해서 조금 비싸더라도 고객이 훨씬 많이 모일 것 같았습니다. 공공투자로 비행장을 공짜로 만들어줍니다. 비행장까지 가는 도로도 철도도 모두 공짜로 깔아줘요. 그리고 아주 많이 힘든 일인 항공관제도 다 공무원이 맡아요. 그렇게 세금으로 충당할 곳은 다 세금으로 충당하고, 연료도 분명 면제됐을 겁니다. 사실은 운임비에 해당하는 것만을 항공회사가 항공운임으로 받고 있습니다.

그런 공공투자까지 포함하면 현재 국내선 항공기 운임은 아무래도 정책적으로 저렴하게 책정돼 있다고밖에 볼 수 없습니다. 만약 필요 경비를 국내항공기 운임에 부과한다면 아마도 앞으로 몇 년 후의 수요는 오히려 주욱 감소하겠죠. 하네다(羽田)는 위축됐다고 해요. 그런 의미에서 산리즈카에 공항을 만들 필연성은 사라지죠. 지극히 소박한 질문에서 출발해서 이런 답이 나오게 된 겁니다.

그런데 왜 산리즈카에 공항을 만들까요? 그것은 이미 정치적인 요인, 즉 가와시마 쇼지로(川島正次郞)가 자기 선거구로 비행장을 가져왔다는 말 한마디 듣기 위해서라는 겁니다. 그 결과 지금 산리즈카의 농민배제가 국가목적의 요청 하에 '윗분을 위해서' '국가를 위해서'라는 사명으로 아주 체계적으로 강행되고 있습니다.

이에 대해서는 누가 뭐라고 하든 ―지역이기주의가 나쁘다고 하든― 저는 여기에서 한 발짝도 물러서선 안 된다고 생각합니다. 아무리 나라를 위하고 윗분을 위한다고 하더라도 산리즈카에 공항유치가 정해진 유래를 조금 자세하게 들어보면, 나머지는 지역이기주의가 왜 나쁘냐는 이해하기 어려운 비판밖에 없습니다.

그리고 이것은 이토 미쓰하루(伊東光晴) 씨가 지적하신 내용인데, 공해문제 중에서 일정 부분은 ―산리즈카에 전형적으로 제기되는 것처럼― 다수 인간의 사소한 편리가 소수 인간에게는 죽음과도 같은 불편과 고통이 될 수 있습니다. 같은 농부가 농협에서 돈을 모아 단체여행을 가려고 산리즈카에서 비행기를 타도록 하기 위해, 같은 농민이 토지를 빼앗기고 고향을 짓밟히지 않으면 안 됩니다. 거기에서 다수의 인간이 얻는 지극히 사소한 편리와 소수의 인간에게 부과되는 어마어마하게 큰 불편이 맞바꿔질 때는 '지역이기주의'가 답이라는 말밖에는 안 나옵니다. 이 점에 대해서는 이토 씨도 역시 지역이기주의밖에 없다고 말하고 있어요. 전력회사의 새로운 화력발전소가 현재 건설되지 않는 것은 오로지 지역이기주의 때문이라는, 이른바 머리가 좋고 사리가 밝다는 식자(識者)들의 의견을 저는 역시 받아들일 수가 없습니다.

전력도 그렇고 공항도 마찬가집니다만, 이렇게 커져버린 도쿄를 그대로 둔 채 형편이 불리한 것은 모두 벽지로 몰아넣는 ―무쓰, 시모키타, 오가와하라 호수, 스오우나다, 그리고 시부시만(灣)이나 주난세

이 같은— 전국종합국토개발 계획이라는 정책을 그대로 인정해도 될까요? 아니요, 역시 인정해서는 안 됩니다.

도쿄에 오면 먹고 살 수 있다, 살기는 힘들겠지만 어떻게든 밥벌이는 할 수 있다는 것을 다시 한 번 근본부터 의심해볼 시기가 온 겁니다.

그런데 조금 전 말씀드린 '지역이기주의가 왜 나쁘냐?'라는 주장은 사실 1970년의 공해반대운동론에서 얻은 최대의 수확입니다. 이 말을 처음 한 사람은 요코하마화물선 반대운동의 미야자키 쇼고(宮崎省吾) 씨입니다. 일본 전역에서 지역이기주의를 다뤘을 때 비로소 공공의 복지가 벌거숭이의 모습을 고스란히 우리 앞에 드러낼 겁니다.

'쓰레기소각장은 우리 동네에 오면 안 된다!' '우리 도시에는 절대 안 돼!'라는 주장들로 어디에도 세울 수 없게 될 때 비로소 공해가 없는 쓰레기소각장을 생각하게 될 겁니다. 그러다가 누군가 "정말 공해가 없다면 오우치야마(大内山) 일각에 만들면 어떠냐? 거기라면 교통편도 좋고……" (웃음소리)라고 하면, 그때서야 "공해가 생기니까 거기는 안 된다, 자연이 너무 아깝지 않느냐"라고 손사래를 치고, "너 공해가 없을 거라고 하지 않았냐?"라고 반박하고……. 이렇게 해서 공공복지의 실체가 비로소 명확해집니다. 그리고 그 결과로 주민의 동의를 얻는 거예요. 이것은 필시 작년의 공해반대운동론에서 얻은 최대의 수확이었다고 생각합니다.

그리고 또 한 가지 수확에 대해 말씀드리면, 책의 형태로 나온 것으로는 『식품공해와 시민운동』(후지와라 구니사토)이라는 책입니다. 작년 가을이었던 것 같은데, 이 책은 저의 공해원론보다는 다소 이론적인 책입니다. 이 책의 저자도 이론적이라는 점을 감안하고 쓴 겁니다. 저도 다소 이견이 없는 건 아닙니다. 식품첨가물이 피해가 있느냐 없느냐에 대한 논의는 일단 전문가에게 일임하기로 하고 '어떻게 운동을 추진할 것인가?'라는 시점에서 쓰인 책인데, 저는 이 점에 대해 이견이 좀 있습니다. 사실은 오늘 좀 명쾌한 운동론을 가지고 오고 싶었는데 그러지 못한 것이, 운동론을 생각하기 시작했을 때 우연히 이 책을 만났기 때문입니다.

이 책에 서술된 운동론의 형식은 '지자체 운동'이라는 형식을 취하고 있어요. 현재 소비자센터나 보건소 혹은 지자체와 같은 여러 기관을 예산이 없다거나 인원이 없다거나 혹은 주민 편에 서지 않았다는 이유로 비판하기는 쉽지만, 그다음엔 어떻게 할 것인가? 라는 의문을 제기하고 있습니다.

그에 대해서는 일단 주민들의 요구에 일손이 부족하다거나 예산이 없다고 변명하기 급급한 보건소면 보건소, 소비자센터면 소비자센터 같은 곳에 수많은 샘플을 들이밀며 이것도 안 되느냐 저것도 안 되느냐고 재촉합니다. 그렇게 하면 물론 현장의 관계자는 약한 소리를 합니다. 그렇지만 아무리 약한 소리를 해도 현실의 시민운동의 강점이란, 그런 현장에 지치지 않고 자꾸자꾸 찾아간다는 겁니다. 그렇게 함으로써 예산도 늘고 인원도 보충되고, 혹은 설립된 소비자센터나 보건소 같은 곳이 주민을 위한 기관이 된다는 겁니다. 그런데 아무것도 안 하고 불만만 늘어놓더라도 공무원은 공무원이다. 주민이 적극적으로 요구를 해야 비로소 기회를 낚아챌 수 있다는 시점에서 글은 전개되고 있습니다. 현재의 행정을 이렇게 소비자 측에 유리하게 끌고 갈 필요가 있다고 말이지요.

대학에서는 '화장지 요구'라는 것이 있습니다. 여러분도 다 알고 계실 겁니다. 어느 특정 당파가 자치회를 맡게 되면 반드시 제기되는 원성이 '화장실에 화장지를!' '밝고 즐거운 캠퍼스를!' (웃음소리)입니다. 아마 이것과 마찬가지가 아닐까요? 하긴 화장지 요구라는 것도 하기에 따라서는 상당히 큰 힘이 됩니다만, 지금은 확실히 유명무실해져서 학생들에겐 별 의미가 없지만 말입니다.

그런데 지금 '소비자센터를 만들어라!' 혹은 '보건소를 강화해라!' 같은 주장은 어느 정당에서나 하는 말입니다. 다만 그것을 실제 시민운동으로 이끌어내는 행동은 어느 정당도 하지 않습니다. 공해문제에서의 보건소 역할도 그럴 거라고 예측하고 주민들이 나서서 강력하게 요구할 필요가 있다는 것이 후지와라(藤原) 씨의 주장입니다.

이 책에서는 '소비자센터'라는 제목으로 서술되고 있는데, 소비자센터 업무의 내용에 대해 주민운동과 맞물리는 요구를 운동 측면에서 끊임없이 부딪쳐볼 필요가 있다는 것이 후지와라 씨의 결론입니다.

어쨌든 이 정도로 조리 있는 이야기를 읽다 보니 저같이 무원칙, 무사상으로 일관해온 사람은 운동론을 운운하기에 적절치 않은 게 아닐까 하는 생각이 들더라고요. 그래서 운동론의 마지막 부분이 아무래도 지금까지 해온 '뭐라도 좋으니까 행동하라'는 식의 운동과 이 정도로 잘 정리된 운동론 사이를 오가면서 좀처럼 제 생각을 정하지 못한 채 오늘까지 오고 말았습니다.

그런 의미에서 오늘 운동론과 조직론에 대해 기대하고 오셨을 여러분에게는 아무래도 오늘의 저의 이야기가 많이 부족했을 것이고, 저 역시도 지금까지 13회에 걸친 공해원론의 마지막을 장식하는 것 치고는 참 아쉽게 끝나고 말았습니다.

이것이 바로 우리가 직면해있는 이론의 수준이다, 즉 대단한 뭔가를 갖지 못했다는 시점에서 다시 새롭게 출발하도록 하겠습니다.

이것으로 제 이야기는 마치고, 그동안 하지 못했던 토론을 오늘 정리하는 차원에서 했으면 합니다. 여러 문제를 한데 묶어서 저와 여러분 사이에 주고받는 질문이라기보다는 여러분이 함께 토론하는 형식으로 진행하겠습니다.

그 전에, 그제 여러분이 현장에 들러서 응원해주신 덕분인지 현재 약간은 유리하게 진행되고 있는 도시공학과 교수들과의 단체교섭의 간단한 보고를, 현장 견학을 와주신 여러분에 대한 서비스 차원에서 오나가 타카노리(大永貴規) 군이 해주겠습니다. 상당히 지쳐 보여서 잘할 수 있을지 걱정은 됩니다마는, 가능한 한 간단하게 말씀해주세요.

도시공학과의 투쟁

오나가 타카노리(도시공학과 석사과정)

오나가

도시공학투쟁위원회의 오나가라고 합니다. 교수회와의 단체교섭의 전반적인 분위기는 어제와 그제 오셔서 보셨으니까 대충 파악하셨을 거라고 생각되므로 경과만 간단히 보고하겠습니다.

교수회 측이 나름대로 예상하고 있는 저희가 추구하는 논점을 매일매일 얼버무리는 형식으로, 요구과제를 저희 쪽에서 설정하기 때문에 교수들은 꽤 힘이 빠지기는 했을 겁니다. 어제는 스기키(杉木)라는 수질심의회의 위원을 맡았던 교수가 논쟁의 대상이었습니다. 사실 저희가 10여 명이 팀을 이뤄서 〈후지(富士)투쟁위원회〉라는 형태로 그 지역에서 1년 정도 활동을 해왔는데, 그때 활동한 결과를 정리해서 논문으로 제출했는데, 어제는 그 논문을 그가 어떻게 평가하는가에 대한 토론이 준비돼 있었습니다.

아주 단순한 이야깁니다만, 후지라는 지구는 지금까지 수계(水系)에서는 하나의 폐쇄된 흐름이 아니다, 다른 지역에서 스루가(駿河)만 공업용수도라는 형태로 물을 가져오려고 한다, 그때 수질규제로 그들이 생각한 'SS 70ppm'이라는 수질기준이 과연 무엇을 해결할 수 있느냐는 부분을 저희는 일단 문제시 했습니다.

그것은 왜 SS(부유물질)만을 문제시하는지, 그리고 SS 중에서 그것을 부하량이 아닌 수질로 규제하는 것은 왜인지, 게다가 70ppm이라는 수치가 어디에서 나온 수치인지 등의 문제를 제기했습니다.

그에 대해 한 공개토론 장에서 그에게 물어본 적이 있는데 70ppm은 기술적인 한계다, 그 이상은 낮출 수 없다고 답했습니다. 그것이 얼마나 얼토당토않은 이야긴가는 여러분도 잘 아시겠지만, 저희는 잘 몰랐습니다. 나중에야 조사해보고 그것이 말도 안 되는 소리라는 걸 알긴 했지만, 저희는 그렇다면 희석해서 내보지는 않을까? 라는 아주 소박한 의문을 가지고 있었습니다.

일단 70ppm이라는 수질기준이 형성돼버리면 공장은 그에 걸맞게 대응하게 됩니다. 희석해서 방출하면 결국 흘러나오는 오염총량은 일절 달라지지 않지 않느냐? 그런 의문에 대해 저희 나름대로 조사한 결과를 논문에 썼던 겁니다.

그런데 스기키 교수가 저희가 제출한 논문에 대해 다시 반박한 내용은 '확실히 수질기준으로는 부하량을 규제할 수 없을지 모르지만, 그것과 더불어 환경기준을 정하면 해결된다'라는 거였어요.

과연 그럴까? 어제의 논점은 바로 그거였습니다. 결국 후지지구는 다른 수원에서 물을 가지고 오기 때문에 환경기준을 정하더라도 결코 부하량은 달라지지 않는다는 것이 명확해졌습니다. 그때 듣고 있던 사람들도 다 알게 된 초등학교 산수 문제나 다를 바 없는 것을 두고, 그는 그렇지 않다고 굳이 설명하려고 했던 겁니다. 다른 기획팀 관료들도 "스기키 선생으로 말할 것 같으면 일본 수질오염의 권위자이다, 그 정도는 얼마든지 설명해줄 수 있다, 어서 반론을 해서 저 학생들 코를 납작하게 만들어 달라"라고 스기키 교수의 비위를 맞추느라 애를 썼기 때문에, 오히려 수습이 어려워지자 결국 도중에 컨디션이 안 좋다면서 나가더니 지금 입원 중이라고 합니다(웃음소리).

저희가 문제시했던 것은 결코 스기키는 능력이 없다거나 그런 것이 아니었습니다. 그런 거라면 저야말로 더 능력이 없다고 생각하거든요. 그런 문제가 아니라 그분이 하는 연구가 일상적인 감각과 너무 동떨어져 있어서, 그것 자체를 학문이라고 칭하고 있는 부분을 문제시했던 겁니다.

그분이 학문으로 해온 하나의 연구결과가 한 지역에 투영될 때는—그것은 보통 일이 아니므로— 그 나름의 효과가 됐든 결과가 됐든 미치게 될 겁니다. 그것이 어떤 형태로 지역에 영향을 미치게 될까, 그에 대해서는 일절 고려하지 않고 학문적으로 이것은 옳니 틀리니 하는 논쟁을 하고 싶지 않은 겁니다. 그 부분에 대한 문제 제기를 저희는 지금까지 해왔다고 생각합니다. 저희는 그런 문제제기에 대해 하나의 안티테제로써 후지의 구체적인 현상 중에서 무엇이 문제인가를 모색하고 싶었던 겁니다.

그것은 간단하게 말해서 두 가지 이유가 있습니다. 하나는 도쿄대학투쟁 과정에서 저희는 저희가 해온 투쟁의 외연을 확장하고 싶었고, 거기에서 저희가 얻은 문제를 여러 곳에서 다시 한 번 본격적으로 재도전해보고 싶었습니다. 그런데 매스컴 같은 데서는 그것을 학원문제로 규정하고 대학 안에 가둬버렸습니다. 하지만 어딘가에서 한 번 더 도시공학과 도시계획에 대해 생각하기 위해서는 다시 본격적으로 시도해야 한다는 인식이 남아 있었습니다.

그리고 한 가지가 더 있습니다. 한쪽에서 '도쿄대 해체'라는 과제를 저희가 슬로건으로 내세웠을 때, 무엇으로 해체할 수 있을까? 어디에서 해체할 수 있을까? 등 상당히 구체적인 방법으로 그 교수가 했던 연구와 학문이 구체적으로 지역에 어떻게 투영되었는가에 대해 반론을 제기해야 한다고 생각했습니다. 그래서 스기키 교수가 심의회 위원을 맡은 다고노우라(田子の浦) 지역을 저희 나름대로 문제시했던 겁니다.

이런 형태로 여러분이 이렇게 많이 이 자리에 모였다는 것도 그렇고, 저로서는 우이 준 선생님의 강의가 이해하기 좀 어렵습니다. 그리고 선생님과 뜻을 같이하는 여러분이 하고자 하는 것과 저희가 하려고 하는 것이 상당히 다를 수 있습니다. 어디가 결정적으로 다른가에 대해서는 아직 잘 모르겠습니다. 확실히 하는 작업은 반드시 필요하다고 생각하지만, 지금은 잘 모르겠습니다.

지금 도쿄대 내부에서 다투고 있는 투쟁 중 하나로, 저희가 추진 중인 도쿄대학투쟁이라는 형태로 '학문이란 무엇이며 연구란 무엇인가?' 혹은 '도시계획이란 무엇인가?'라는 문제를 제기했을 때, 도쿄대학투쟁은 다양한 폭을 가진 운동으로써 전개되어왔다고 생각합니다. 하지만 지금 다시 저희가 학문이란 무엇이고 연구란 무엇인가? 그리고 교수가 하는 연구는 또 무엇인가? 라는 형태로 문제를 제기했습니다. 그 또 한 번의 비판으로써 직원에 의한 도쿄대학투쟁이 농학부나 지진 연구 등에서 논의되고 있다는 사실은 일단 보고드려야 할 것 같습니다. 저희가 연구를 문제시할 때, 그 연구나 학문을 저변에서 지탱하고 있는 ―예컨대 매일 시험관을 씻는 업무를 하는 사람들의 노고가 있기에 비로소, 저희의 학문과 교수가 말하는 하나의 이념이 문제로 제기되고 성립됩니다.

직원에 의한 도쿄대학투쟁은 아주 간단하면서 단순한 문제에서 시작되었습니다. 임시직에 있는 한 사람이 지진연구소 교수에게 정직원으로 해달라고 말했는데, 그 교수가 내 말을 안 들으면 그만두라면서 그 직원을 발로 차고 때리고 한 사건에서 출발해 지금에 이르게 된 겁니다. 그렇게 싸우고 있는 임시직 직원이나 직원들의 투쟁은, 원래의 도쿄대학투쟁을 거쳐 지금 다시 연구하려고 하는 연구 자체가 그런 사람의 일상적인 작업 위에 성립된다는 것을 다시 한 번 문제시한 겁니다.

"우리가 그들을 위해 매일 시험관을 씻지 않으면 안 되는데 그것은 왜인가?"라는 의문에서 다시 문제시되었다는 점만을, 지금 투쟁에 참여하고 있는 농학부와 지진연구소 그리고 응용미생물연구 투쟁의 보고로써 추가적으로 말씀드립니다.

저는 아까 말씀드린 후지에 갈 때 반(反)도시계획운동이라는 형태로 저희의 운동을 규정했습니다만, 그것은 '도시계획'이라는 것은 구체적인 지역문제의 장에서 누군가를 위해 계획하는 것이라거나 누군가를 대신해서 하고 있다거나 여러 지역에서 일정한 대립관계를 우리가 조정한다는 식으로 지금까지 정의해왔다고 생각합니다.

'조정(調整)한다'라고 해버리면 그들이 도쿄대학투쟁 안에서 저희와 일본민주청년동맹과의 사이를 조정하기 위해 어떤 안건을 제시해왔는지 분명해지고, 그들과 저희를 조정할 수 있을지 좀 더 기본적인 문제로 제기된다고 생각합니다만.

그곳에 사는 사람이 구체적으로 무엇을 문제 삼고, 무엇이 그곳에서의 생활인가를 도시계획은 부정하는 것에서부터 '계획'이라는 행위가 이뤄지고 있는 게 아닐까요. 저희는 지금 실시되고 있는 도시계획을 구체적인 현장에서 어떤 식으로 분쇄할 것인가를 생각합니다. 그리고 비로소 도시계획, 도시의 문제, 지금 벌어지고 있는 도시의 여러 현상을 파악할 수 있다고 느끼고 반(反)도시계획운동이라는 것을 이념으로 내걸고 지금까지 투쟁해오고 있습니다.

그 구체적인 것 중 하나가 저희의 후지에서의 활동이고, 그것을 통해 지역 내의 문제를 다시 한 번 발굴해가는 과정에서 일상생활의 불투명한 층을 그 안에서 확대해나갈 수 있으리라고 생각했습니다. 그 안에서 정치문제가 다시 굴절되어 지금의 현상으로 두드려졌는데, 그 굴절을 크게 드러낼 수 있을 거란 느낌이 듭니다.

그것을 보편적인 과제로 보고 '도시계획이란 대저 이렇다!'는 형태로 문제를 제기한다면, 그 고유지역의 한 가지 문화의 문제라고 할까요 —문화라는 것은 원래 자기주장을 하는 것이라고 생각하는데— 그런 자기주장의 장을 잃게 되는 겁니다. 후지 지역의 어부들은 자신들의 어업에 대해 아주 대단한 자부심을 가지고 있습니다. 그것이야말로 하나의 자기주장으로서의 문화라고 저는 생각합니다. 그런 것을 하나의 전체적 과제로 간주해 버리기 때문에 '문화란 대체 무엇인가?' 혹은 '지역문제란 대체 무엇인가?'라는 형태로 분리해서 괄호 안에 묶을 수 없습니다.

그런 현장에서의 문제제기 방법을 저는 제 나름대로 철저하게 추구해 가면서 다시 한 번 도시의 여러 현실과 문제의 기본적인 구조의 근본 같은 것을 바로잡을 수 있으리라고 생각합니다.

지극히 정치적인 표현을 빌리자면 '도시의 총반란' 혹은 '지역의 반란'이랄까요, 그런 것을 저희는 추구해왔다고 생각합니다. 이건 정말 말씀드리기 부끄러운 단계밖에 안 되는 거라서 가능하면 말씀 안 드리려고 했습니다만, 대충 생각하고 있는 것은 이 정돕니다.

질문 및 토론

───── **사회주의에서의 생산력 문제**

우이 준   지금의 문제도 포함해서 토론하도록 하죠. 좀 어려워서 저도
잘 모르는 부분이 있었는데, 이번 주 3회(제11회, 제13회는 본서 8
장, 9장, 제12회는 『공해원론 제2권』의 7장에 수록) 초반부터 궁금했
던 점을 포함해서 토론해보겠습니다. 물론 밤늦은 시간까지는
할 수 없으니 9시 전에는 끝냈으면 합니다.

A   저는 오늘 다룬 문제에 대해 이야기하고 싶습니다. 생산의 개
념은 하나가 아니라고 했던 부분과 관계가 있는데, 우이 준 선
생님이 사회주의를 비판했던 부분입니다. 저도 선생님이 비판
하신 시스템적 교육을 받으며 자랐는데, 거기에서 배우고 읽었
던 것들을 생각하면, 가령 소련도 3년이면 쓸 수 없는 자동차
를 만들고 있는지, 그리고 우리 사회에서 여러 가지 먹기 힘든
음식을 먹어야 하는 처지에 처한 사람들이 있는데, 소련에서도
그런 비슷한 일들이 있는지요?
　　제가 이것을 묻는 것은 이 시스템교육 안에서 배운 것들을
돌이켜보면, 사회주의에서의 생산의 목적은 그 국민의 수요를

최대한 채우는 것이 목적이라고 배웠거든요.

그리고 자본주의의 경우에는 이윤의 추구. 최근에는 마쓰시타 코노스케(松下幸之助) 씨와 같은 경영자들이 "기업은 국가의 저축이다. 그러므로 사회적 책임이 있다"라거나 "기업의 존속이 자본주의 기업의 목적이다"와 같은 말을 합니다. 저는 역시 공해문제를 보면 이윤의 추구에서 시작된 게 아닐까 하는 생각이 들어서, 그런 체제를 생각하면 소련에서는 3년이면 고장날 자동차를 만든다는 건 —좀 놀랐습니다만— 생산의 개념과 체제의 관련이란 게 없는 건지 어떤지 그 점이 궁금합니다.

우이 준 제가 돌아다니면서 느낀 바로는, 생산력 지상주의는 현재의 소련형 사회주의 나라가 오히려 강한 것 같기도 합니다. 그래선지 방금 말한 3년 만에 고장 나는 자동차 이야기는 틀림없는 현실입니다. 하지만 또 하나의 현실로는 소련 등 동유럽에서는 식품첨가물은 거의 허가되어 있지 않다는 겁니다. 그래서 첨가물 걱정은 안 하고 먹을 수 있어요. 그냥 어느 것을 먹을까만 선택하면 됩니다. 이 부분은 사실 후지와라 씨의 책에도 다소 깊이 있게 다루고 있어서, 첨가물 전폐(全廢)는 쉽지만 부패에 의한 중독이 증가하는 것은 어떻게 할 것인가? 어느 선에서 균형을 맞춰야 한다는 논의가 활발합니다. 저는 이에 대해서는 답하기가 곤란하더라고요.

그리고 생산력 체제에 의한 내용물의 차이에 대해서는 제가 잘 모르는 부분이라, 가능하면 친구들끼리 용돈을 모아서 무라오(村尾) 씨의 책(『죽음에 이르는 문명』)을 한 권 사서 읽어보시길 추천합니다. 한쪽은 이윤이고 다른 한쪽은 총수요라고 했을 때, 사회주의에서는 총수요를 채우기 위한 생산이 이뤄지고 있다고 한다면……, 총수요란 과연 누가 정하는가 하는 의문이 남습니다.

대학을 나온 데다 공산당 증서를 가진 우수한 관료가 정한 다고 한다면, 그것은 상당히 삐걱거릴 겁니다. 그렇다면 이윤 원리로 가는 편이 좀 더 깔끔하지 않을까 하는 것이 이른바 최근의 경제개혁입니다.

그런 건 대강의 요점으로 말할 수 있어도, 공해 같은 문제가 되면 요점은 거의 달라지지 않는다는 생각이 들어요. 경제학자의 여러 논리에 대해 제가 진지하게 읽거나 논의하지 않게 된 것은 사실 그런 것 때문입니다.

실감(實感)만으로 뭔가를 말하기에는 —좀 터무니없을 수도 있고 그것이 사회의 진보를 부정하는 이야기일지도 모르지만— 의외로 마지막 지점까지 가면 인간의 육감이란 꽤 의지가 된다고밖에 말할 수 없습니다.

그러니 어디가 다르냐고 물어도, 생산력과 체제의 문제에 대해서는 역시 양쪽을 다 보지 않고는 딱히 이렇다고 말할 수 없습니다. 그렇잖아요? 이상한 이야기지만, 해삼이 왜 맛있는지를 타인에게 말로 설명하라고 하면 못하는 것처럼, 이 생산력이 지금은 비교적 체제를 초월한 존재로 간주되기 때문에 곤란하다고는 말하더라도, 그 이후의 설명이 아무래도 잘되지 않습니다. 아마도 당분간은 저로서는 할 수 없는 부분입니다.

무라오 씨는 이 공개강좌의 다음 주제인 〈가해자로서의 국가〉의 강사이므로, 이 생산력에 대해 토론을 하고 싶으시면 한번 부딪쳐보시길 바랍니다. 어쩌면 뭔가 답이 나올지 모릅니다. 이야기를 들었을 때 비로소 '앗!' 하고 놀랄만한 기상천외한 답이 대부분의 경우 오히려 나오거든요.

B   도쿄에서의 공해반대운동에 관해 여쭙고 싶어요. 공기나 물이
            생명을 위협하는 지경에 왔다고 보는데, 도쿄에서 공해반대
            운동을 어떻게 추진하면 좋을까 하는 점에 대한 선생님의 생
            각을 듣고 싶습니다.

우이 준   그건 저도 대답하기 어렵습니다. 확실히 뭔가 시작은 해야겠다
            는 생각에는 저도 동일합니다. 뭐라도 해야 하지만 지금 당장
            답은 없고, 왜 잘 안 될까? 라는 말은 상당히 감성적인 말입니
            다만, 미나마타의 아카자키(赤崎) 씨가 "그건 당연하다, 도쿄는
            도망친 노예들의 마을이니까"라고 한 마디 내지른 적이 있습
            니다. 확실히 도쿄는 땅에서 붕 떠 있는 생활의 도시입니다. 참
            고로 저는 대학을 나왔기 때문에 한층 더합니다. '말 없는 바보'
            중에서 머리로 일하는 악마란 놈이 있는데, 그놈은 머리로 일
            하는 데 익숙해져서 한층 더 하기 힘든 것들이 있거든요.
              그 점에 대해 다른 분의 의견이나 견해를 듣고 싶은데, 혹시
            의견 있으신 분? 요컨대 도쿄에서는 정말 하기 힘들까? 아니
            면 우리가 뭔가 간과하고 있어서일까? 그도 아니면 도쿄에서
            의 운동은 이래야 한다 라거나 —아까 '이래야 한다'는 말은 해
            선 안 된다고 했는데— 어쨌든 이렇게 하고 싶다는 의견 없습
            니까?
              그리고 심리적으로 —아마도 이것은 사회심리학에 해당할
            것 같은데— 사람들이 많으면 가령 나 혼자는 살아남겠지 하
            는 심리가 있다고 합니다. 이것은 대도시로 갈수록 강해집니
            다. 들판에서 달랑 혼자 번개를 만났을 때와 많은 사람 중에서

번갯소리를 듣는 것은 그 두려움이 전혀 다릅니다. 그와 마찬가지로 공해문제도 지금처럼 심해져도 '설마 나는 살아남겠지. 죽은 사람이 이렇게 많은데 뭐……' (웃음소리)라는 요인이 없다고는 말할 수 없을 겁니다. 하지만 이것은 현실과 대면함으로써 마냥 내버려 둘 수 없는 사실이 점점 분명해지고 있습니다. 그 부분도 우리가 직접 조사해보자는 취지로 올 4월부터 정식으로 출범해서 이미 준비운동이 시작되고 있는 세미나입니다. 우리끼리 하나의 현상을 조사해보자는 시도가 있습니다. 그 안에 '간단한 실험'도 있습니다.

사실 아까 오나가 군이 말한 자신들의 운동과 제가 하는 운동은 상당히 다른 것 같은데 그 차이를 잘 모르겠다고 했는데, 저는 딱히 그 차이가 뭔지 찾을 생각은 없습니다. 다만 감상으로는 대개 비슷하지만, 도시공학 내에서 학생이 제대로 활동하지 않으면 이 공개강좌를 유지할 수 없을 겁니다. 하물며 세미나는 더 유지할 수 없겠죠. 학생에게조차 강의실을 빌려주지 않는 사태, 세미나를 할 교실도 빌려주지 않는 것은 그런 점에서는 무관하지 않습니다. 하지만 학생과는 별개의 운동일 거라고 받아들이고 있어요.

방금 나온 도쿄에서 운동이 일어나지 않는다거나 무엇을 해야 좋을까 하는 문제는 좀 더 생각해볼 일입니다.

오나가   저기 제 설명이 많이 부족했는지 모르겠지만, 더 단적으로 말하면 이곳에 지금 상당히 많은 분들이 모여 계신데, 여기 오신 여러분들이 구체적으로 무엇을 문제시하고 있는가에 대해 알지 못하는 한 우이 준 씨의 강의에 모인 것이 자칫 하나의 신흥종교로밖에 안 비칠 수 있습니다. 더 단적으로 말하면 저는 공해라는 현상 자체를 문제시하고 있는 것이 아니라, 공해를 하나의 발화점 내지는 출발점으로 하여 시도된 운동 자체에 기대를 걸고 있습니다. 만일 무엇이 나의 문제인가를 생각하는 문제제기 방법이 딱히 없다면, 혹은 강의에 대한 어떤 야유도 반론도 없다면, 혹은 제가 생각하는 것과 완전히 다른 것이 일절 안 나온다면, 그것은 우이 준 씨의 강의는 지금 있는 하나의 권위, 현실에 형성되어 있는 하나의 권위를 대신해서 이쪽의 권위를 앞으로 만들어가는 것과 그다지 다를 게 없지 않을까 저는 생각합니다.

그러므로 먼저 무엇이 문제여서 이렇게 많은 사람이 모였는지, 혹은 여기 모여 있는 여러분이 무엇을 시작하려 하는지 등의 문제를 제기할 방법이 없는 한, 일반적으로 '도쿄에서 공해투쟁은 어떻게 하면 좋을까?'라는 문제가 제기되더라도 그것에 누구도 대답할 수 없거나 혹은 대답하려는 사람이 있다고 해도 도쿄 안에서 뭔가를 하겠노라고 대답할 여지가 의외로 없을 거라고 생각합니다.

운동의 물결은 넓고 깊어지다

C   조금 전의 의견에 반론을 제기합니다. 신흥종교라고 말씀하셨는데 신흥종교라는 것은 애초에 '이런 것!'이라고 단정짓는 경향이 강합니다. 하지만 우리는 아무것도 모르기 때문에 어떻게 해야 하는지를 배우고 그 시사하는 바를 깨닫게 되기까지의 프로세스 혹은 자료 ―예를 들어 미시마·누마즈에서는 이런 사실이 있었다거나 하는― 같은 것을 제공받고 있을 뿐이라고 생각합니다. 저같이 학문이 없거나 부족한 사람은 여기 와서

정말 많은 것을 배우고 있습니다. 그로써 선생님이 말씀하신 것과 내가 지금까지 생각했던 것이 왜 다른가 하는 것을 깊이 있게 생각해보기도 합니다. 그러므로 저는 이것이 결코 하나의 피해가 된다거나 권력이 된다고는 생각하지 않습니다. 그리고 무엇보다 권력이 될 수도 없겠지요(웃음소리). 이것과는 별개로 조금 전에 말씀해주신 의견도 아주 중요하다고 생각합니다.

어쩌면 그런 식으로 모두가 스크럼을 짜서 하나의 사회당이나 공산당 같은 것이 돼버릴 우려를 지금부터 예방하기 위해서는 정말 중요한 의견인 것 같아요. 어쨌든 실제로 있었던 일들에 관한 다양한 정보를 듣고 제 나름의 생각을 발전시킬 수 있다는 것이 저의 의견입니다.

안타깝지만 아직까지는 앞으로 어떤 운동을 추진해 가야 할까에 대한 것은 잘 모르겠습니다. 그것은 생각할 시간을 좀 더 가져야 할 것 같습니다. 이상입니다.

D(三浦) 지금의 문제에 관한 건데요, 저는 나가노 현에서 솔직히 좀 먼 곳에서 여기 도쿄대까지 와서 청강을 하고 있습니다. 여기에 오게 된 이유를 말씀드리자면, 저희도 역시 쇼와전공의 시오지리(塩尻)공장에서 내뿜는 분진공해의 피해자입니다. 그때의 운동의 추진방법은 —우이 준 선생님의 강의 내용에도 있었듯이— 너무 어려워서 권력적으로 해도 이것은 결론이 나질 않는다는 것도 사실입니다. 어떤 식으로 운동을 할까? 이것은 아마도 정치문제가 아니지 않나 생각합니다. 어디까지나 권력적으로 정리하기 어려운 건, 이른바 하나의 실무경제 문제이기 때문이라고 봅니다. 그래서 이에 대해서는 역시 개개인이 사실문제에 대한 지식을 극명하게 흡수하고, 그런 것을 자신의 기

초지식으로 삼아 싸움을 해나가지 않으면 정말 미약한 것으로 끝나고 말겠구나 하는 생각에서 참여하게 됐습니다.

이 정도로 많은 분들이 모여서 거의 정착된 강좌를 듣는데, 이것이 앞으로 어떤 형태의 운동으로 전개될까 하는 것은 다음 문제라고 봅니다.

일상생활에서 가령 물가(物價)가 문제시되면, 이것은 또 복잡한 문제가 얽히게 되어 이해대립이라기보다 개개의 입장에서 여러 가지 제약이 발생하게 됩니다.

물론 정치적인 작업이 아니므로 결국 해결되기 어려울 수도 있기 때문에, 저는 이런 강의를 듣고 과학적으로 해명할 수 있는 기초지식을 가지고 참고해서 앞으로의 공해문제에 대처하자는 생각을 가지고 있습니다.

솔직히 지금까지 공해에 대한 어떤 것도 ―아까도 말씀하셨듯이― 교과서도 없고 아무것도 없잖아요? 지금 공해가 일어나고 있는 지역에서의 보도를 듣고 자기들이 알아서 싸울 수밖에 달리 길이 없어요. 원래는 올해부터 교과서에 공해문제를 싣겠다고 했는데 (웃음소리), 아마도 중학교 교육부터 시작한다고 하는데, 이런 걸 마냥 기다리고만 있다가는 아무것도 못 하진 않겠지만 제대로 된 대응을 할 수 없지 않겠어요? 그러므로 이런 것은 너무 고지식하게 생각할 필요는 없다고 봅니다. 더구나 이 강좌를 다 같이 듣고 모두가 진지하게 검토하고, 이런 실무경제적인 입장에 서서 지역적인 인간성 확립을 추구하는 기초지식을 갖게 된다는 것에 의미가 있다고 저는 이해하고 있습니다.

우이준 지금 말씀해주신 세 분의 의견이, 제가 1학기 강좌에서 이야기한 공해원론의 성격을 각각의 측면에서 별도로 표현해주신 것 같습니다.

다만 강의 자체도 오나가 군이 말한 '불투명한 현실생활' 같은 것이 돼버려서 무엇이 문제니까 어떻게 하라는 식의 방법이 대체로 어렵습니다. 그래서 뭐가 문제니까 어떻게 하라는 방법을 취하면 앞으로 나가지 못하리라는 예감 때문에, 이번 열세 번에 걸친 강의를 저는 주로 사실을 나열하는 형태로 구성했습니다.

이때의 '사실'은 많은 사람에게 직접 들을 수 있는 것이라, 책을 읽어서 알 수 있는 것과 직접 듣는 것에는 엄청난 차이가 있습니다. 이것은 여러분에게 특별히 말할 필요도 없는 거겠지만, 무엇보다 이 강의를 하면서 제가 가장 좋았던 것은 여기에서의 토론이 점점 저를 벗어나서 여러분 안에서 자유롭게 움직이기 시작했다는 느낌이 조금씩 들기 시작한 겁니다. 오늘은 시간이 없어서 이 이상 토론을 진행할 수 없는 것이 안타깝지만, 아마 저도 이 교단을 내려가서 여러분과 함께 토론할 수 있는 순간이 머잖아 오리라고 생각합니다.

그렇게 되면 이런 서클 같은 사람들의 집합이 있을 때 그에 대립할 것인지 서로 보완할 것인지, 그런 역할을 하는 주간대학은 어떤 것을 원하는가가 아니라 여러분이 어떤 것을 원하는가에 대한 답이 언젠가 나오게 되리라 기대합니다.

이 공개강좌를 준비하는 과정 자체가 아주 힘들고, 또 막상 해보니 아까 오나가 군이 말한 비판 등이 확실히 있습니다. 그렇다고 그것이 무의미하냐 하면 역시 무의미진 않습니다. 지난 반년 동안 여기까지 용케도 왔구나 싶어서 우리 스스로가 대견합니다. 그리고 저 개인적으로도 매주 개최된 이 공개강좌 덕분에 평소 같으면 무료하게 지냈을 텐데 다행히 매일 공부도 했고, 그중 일부나마 여러분에게 전달되어 앞으로도 남게 되리라는 것이 최고의 수확이었다고 생각합니다.

다음에 여러분 주변에 공해가 밀려오려고 할 때 이번에는 여러분이, 이렇게 거창한 건 아니더라도 혼자 혹은 세 명 혹은 서른 명을 상대로 해서라도 공해원리는 무엇이고 이러이러한 공해가 있었노라고 전하는 데 있어 이 공개강좌가 도움이 된다면, 작년 가을에 시작해서 13번에 걸쳐 진행해온 이 강의가 참 보람된 것이 되리라 생각합니다.

그리고 물론 이왕에 할 거면 이런 것도 공부했으면 좋았을 걸, 혹은 이 부분을 더 고려했어야 했는데 등등의 후회는 산더미처럼 많습니다. 그것들은 앞으로 한 1년 더 공부해서 다시 해볼 생각입니다. 몇 년이든 하고 또 할 겁니다. 도쿄대학 공학부 안에 항상 일주일에 한두 번은 누구든 가서 이야기를 들을 수 있고 토론할 수 있고, 그리고 의욕만 있으면 실험도 할 수 있고 자기가 가진 의문을 풀 수 있는 그런 장소를 꼭 만들고 싶습니다.

시간이 다 됐네요. 아직 하고 싶은 이야기가 많이 남은 것 같은데 솔직히 정리하기가 쉽지 않습니다.

4월부터는 여러 사람의 이야기를 빌려 제가 생각하고 있는 것, 그리고 일본의 공해피해자가 하고 싶은 말, 그런 것을 여러분께 들려드리고 또 우리가 무엇을 하고 무엇을 하고 싶은지를 찾기 위한 단서를 마련해보고자 합니다.

지금까지 열심히 참여해주시고 경청해주신 여러분께 깊은 감사의 말씀을 드립니다. (박수)

미우라(三浦) 씨의 편지

(제1학기를 마친 후, 시오지리 시(市)의 미우라 토시마사(三浦敏正) 씨가 이상의 토론 내용을 보충한 편지를 보내왔기에 여기에 게재한다.)

안녕하십니까, 이윽고 봄이 찾아왔습니다. 제1회 공개강좌가 무사히 끝난 것을 진심으로 축하드립니다.

그런데 3월 18일 밤, 마지막 강좌가 끝날 무렵에 있었던 토론에서 첫 번째 질문자가 하신 "도쿄에서의 공해반대운동을 어떻게 추진해야 좋을까?"라는 질문에 대해서는 아마 청취자 상당수가 그 같은 지도요령적인 정리를 바라고 있지 않았을까 생각합니다. 그 점에 대해서는 귀하의 강좌를 통해 터득한 청취자 전원이 공해사건 해명을 위한 기초적 사고력으로 각자의 지역사회에서 문제가 되는 공해사건을 해명하면서 문제점 해결방법의 발상과 실천행동을 위한 지도적 역할을 완수해가리라 확신합니다. 동시에 그처럼 소박한 요망에 대해서도 앞으로 연구와 실천행동 안에서 스스로 체득하고 해결해가시리라 생각합니다.

그래서 미력하나마 오늘까지의 저의 경험에 비춰 말씀드리면, 공해문제는 국가적 견지에서 볼 때는 지금이야 큰 정치문제이고 큰 사회문제라는 것에는 이견이 있을 수 없으므로, 공해 관련 14개 법안도 제64 임시국회에서 성립될 수 있었습니다. 하지만 현지 투쟁의 입장에서는 어디까지나 실무경제적 투쟁으로 자치문제이기도 하면서 사회문제이며 지역적 주민운동의 원점이 있다고 봅니다.

정당을 비롯해 노동단체와 그 밖의 단체가 추진하는 공해반대운동을 보더라도 정치운동으로서는 아무래도 익숙하지 않은 경향이 강한 현상은, 사실 앞에서 서술한 바와 같이 공해투쟁의 실질이 어디까지나 실무경제투쟁에 있기 때문이 아닐까 걱정이 됩니다. 즉 각종 단체의 공해반대운동의 시도도 패자들의 몸부림 같은 행동 이상으로 비치기 어렵고, 정치운동으로는 의외로 성과를 얻지 못한 사유는 그와 같은 미묘한 사회와 경제의 '실무적 요소'가 강하기 때문에 추상적인 정치론으로 받아들이지 못해서라고 사료됩니다.

지금 저희 시오지리 시에서 쇼와전공 시오지리공장에 대한 공해반대투쟁의 피해자 그룹도 지방선거를 맞아 각자의 입장에서 복잡한 분열의 양상을 보이고 있습니다. 다만 선거가 끝이 나야 비로소 다시 동병상련의 단결을 보이리라 생각합니다. 정치적으로 혼란이 너무 심한 마을이다 보니 현재로선 대기상태라고 할 수 있습니다.

그렇더라도 제 개인의 운동은 결코 약해지지 않았으니 부디 안심하시기 바랍니다. 개인적 실천행동이야말로 가장 중요하다고 생각합니다만, 광범위한 지식계층의 지원을 비롯해 그 밖의 외부적 지원의 중요성에 대해서도 두말할 필요가 없습니다.

지금 청년단도 해체되어 없는 이 지역에서, 지역사회의 인간환경 확립을 위해서 저는 예순의 나이에도 공부를 게을리하지 않고 애절한 싸움을 지속하고 있습니다. (후략)

1971년 3월 21일 시오지리 시 미우라 올림

제1학기를 마치며

아직도 제1학기가 끝났다는 실감이 나지 않습니다. 도시공학과에서 연이어 벌어지고 있는 학생단체교섭과 실험실의 어수선함 등의 긴장감이 가라앉지 않은 탓도 있겠지요. 하지만 그 뿐만은 아닙니다. 공부를 좀 더 했으면 좋았을 걸, 또는 토론시간을 더 갖고 싶었는데 하는 아쉬움들이 머릿속에 꽉 차서 전체를 돌아보며 차분히 생각할 여유가 전혀 없었습니다. 돌이켜보면 정말 부족한 강의였고 게다가 살얼음 위를 걷는 듯한 하루하루였습니다. 추운 겨울밤에 강의참석을 위해 찾아오시는 여러분의 열의에 얼마나 보답할 수 있었을까, 식은땀을 흘리면서 지난 6개월을 돌이켜보고 있습니다. 언젠가 하루가 가고 해가 바뀌었을 때, 이 반년의 시간을 즐거웠던 한 추억으로 회상할 때가 오기만을 기다릴 뿐입니다.

어쨌든 이것이 내가 가진 모든 것인가를 자문하노라면 아무래도 미안함이 앞서서 도중에 몇 번이나 그만둘까 고민했던 적도 있습니다. 그때마다 저를 격려해준 것은 청중의 열정과 실행위원회의 훌륭한 실행력, 그리고 어느 정도는 대학내부의 부정적인 평가에 대한 반발이었습니다. 매주 정말 보람 있는 일이라는 감동에 고무되어 드디어 여기까지 왔습니다. 다만, 실행위원회 여러분의 노고에 대한 감사의 말씀을 최종회에 잊어버린 것은 평생 지울 수 없는 후회로 남을 겁니다. 강의록이 2주 만에 완성된다는 것은 프로가 보기에도 혀를 내두를 정도의 속도입니다. 뿐만 아니라 테이프에 녹음된 강의를 받아서 만든 원고가 제 손에 도착했을 때는 손댈 필요가 거의 없을 정도로 정리가 마무리되어 있었습니다. 최근 수년 동안 꽤 많은 글을 써왔지만, 이렇게 편한 교정은 처음 해봤습니다. 게다가 회의장의 준비와 자료 작성 등 실로 각양각색의 잡다한 업무를 분할하고 각자 맡은 바를 멋지게 처리해준 것은 지금까지 만난 적 없던 아주 평범한 시민들이었다는 사실은, 경외를 넘어 두려움에 가까울 정도입니다.

여러분이 필요하다고 느끼면 이처럼 엄청난 일도 해낼 수 있다는 자신감이 생기는 반면, 만일 내가 이야기하는 내용이 가짜라면 말도 안되는 나쁜 짓을 한 셈이 되고 또 그것은 1천 명에 가까운 사람들 앞에 적나라하게 드러나고 버려지겠구나 싶어 등골이 오싹하기도 했습니다.

만일 이야기가 별 볼일 없거나 지루하면 관객은 언제든 자리를 뜰 수 있고 관람료를 돌려봤고 돌아갈 수 있습니다. 다음에는 오지 않겠다는 가장 간결하면서 분명한 의사표명으로 제 이야기를 비판할 수 있습니다. 이야기의 내용 외에는 바쁜 일상을 보내는 시민을 붙잡아둘 수 있는 것은 아무것도 없습니다. 특권을 가지고 그 특권을 제한된 학생에게 나눠준다는 대학교수의 입장은 여기에서는 완전히 버려야 합니다. 특권을 버림으로써 비로소 나는 진실해졌다는 사실을 절감했습니다.

그 무엇보다 지금의 대학과는 전혀 다른 세계가 여기에 있다는 사실도 알았습니다. 도쿄대학에서는 몸과 마음을 깎는 경쟁으로 선발된 학생이 재미있을 것 같으면서 취업도 잘 될 것 같은 학과를 선택하고, 그 결과 몇 십 년간 변함없는 수업과 외국서적의 인용, 그것도 대부분이 틀렸거나 권력을 지키기 위한 학문 등을 마지못해 들어야 합니다. 쌍방이 특권을 가지고 나눠먹기 형식으로 인간관계가 형성되는 그런 곳에서 제대로 된 학문을 할 수 있을 리 없습니다. 게다가 교수들은 자신들의 지위를 마치 제 힘으로 만들었다고 착각하고, 후계자와 동료를 멋대로 선택하면서 오늘날의 대학을 만들었습니다. 학생들이 도쿄대학 해체를 외친 것은 그런 대학이고, 그 대학이 기동대를 불러 학생들을 내쫓았습니다. 우리 역시 기동대에게 쫓겨나야할 자격을 갖추고 있을지 모르지만, 그날까지는 이렇게 조용히 대학해체 작업을 무대 정면까지 밀고 나갔으면 합니다.

한 주 운동의 보고나 최종회의 토론에서 보았듯이, 이 강좌는 한편으로는 시민집회의 성격을 띨 가능성이 있었습니다. 솔직히 시간이 좀 더 있었더라면 하는 원망을 듣곤 합니다. 제가 강의에 좀 더 능숙하고 준비가 충분했더라면, 아마 이 정도 내용은 절반의 시간으로도 여러분에게 전달할 수 있었을 텐데 하는 자책도 듭니다. 다음 기회에는 내용을 좀 더 정리해서 여러분과 의견을 서로 교류하면서 다차원적인 세계를 만들어가고 싶습니다.

이 강좌가 운동으로서 어느 정도 유효했는가에 대해서는 여러 의견들이 있습니다. 하지만 운동은 유효성이나 효율만으로 평가할 수 있는 것이 아니라는 생각이 듭니다. 참가자가 얼마나 발전할 수 있는가, 그 점을 우리는 자칫 잊어버리기 쉽습니다. 이 강좌의 기관차 역할이 되어줄 세미나가 어떻게 움직이게 될지, 저는 그에 대해 긍정적인 희망을 가지고 있습니다.

요즘은 매일 같이 어두운 뉴스들뿐입니다. 그에 대응하는 다양한 기성조직의 부족한 움직임은 세상의 종말이 가까워오고 있음을 실감하게 합니다. 그래서 혼자 골똘히 생각하노라면 절망적이 될 때가 종종 있습니다. 지금까지는 그럴 때면 지방의 공해반대운동 현장으로 달려가, 그곳의 밝은 에너지를 보고 그곳 사람들이 힘차게 움직이고 있으면 전혀 가망이 없지는 않구나 라고 스스로를 격려하고 돌아오곤 했습니다. 그런데 이번 강좌에 모인 사람들에게도 그와 동질의 밝음이 있습니다. 그리고 그런 사실에서 반대로 도쿄에도 인간이 살고 있고 운동이 성립될 기반은 있다는 사실을 깨달았습니다. 경우에 따라서는 우리에게 아직 기회가 있을지 모릅니다.

제2학기 이후, 이 무대에서 펼쳐질 시민집회에서 과연 어떤 것들이 만들어질 수 있을지, 정말 기대됩니다. 칼리지 드 프랑스나 바르샤바대학과 같은 것이 만들어져서 그곳에서 진정한 학문이 논의된다면, 우리는 지금 크나큰 개혁기 문턱에 와있는지도 모릅니다. 물론 그보다 먼저 공해가 우리를 파괴할지 모를 상황이긴 하지만, 아시오의 참패와 쓰라린 투쟁이 다이쇼 시대의 전진을 낳은 옥토가 되었듯이, 가령 이 운동이 실패하더라도 다음 시대를 지탱할 그 무엇이 된다면 더할 나위 없는 행운일 것입니다.

마지막으로 다시 한 번, 여러분의 뜨거운 경청과 참여에 감사드립니다.

1971년 3월 25일

지은이 소개

우이 준(宇井純)

1932년 도쿄 출생. 1956년 도쿄대학 공학부 졸업 후 닛폰제온(주)에서 3년간 근무. 1965년 도쿄대학 공학부 도시공학과 조교. 70년, 공해에 관한 연구와 조사결과를 시민들에게 직접 전달하는 장을 마련하고자 자주공개강좌 〈공해원론〉을 개강. 이후 15년에 걸쳐 환경문제의 시민학습운동을 조직하고 시민들에 의한 공해감시운동, 피해자구제 및 지원활동에 참여하는 등, 전국의 공해반대운동에 대한 서비스·정보네트워크를 구축. 1986년, 오키나와대학 교수, 88년 동대학 지역연구소 초대연구소장에 취임. 2003년, 오키나와대학 퇴직, 동대학 명예교수. 2006년 11월 서거.

저서로는 『검증 고향의 물』(1983), 『미래산업의 구조』(1986), 『공해자주강좌 15년』(1991), 『미키여, 걸으며 생각하라』(1980) 등 다수.

옮긴이 소개

김경인

일한전문번역가로 활동하면서 일본의 공해문학과 원폭문학에 관심을 가지고 열심히 공부 중인 일본근현대문학박사. 주요 역서로는 이시무레 미치코의 『고해정토-나의 미나마타병(슬픈 미나마타)』, 쿠로다 야스후미의 『돼지가 있는 교실』(이상, 달팽이출판), 더글러스 러미스·쓰지 신이치의 『에콜로지와 평화의 교차점』(녹색평론사), 카와무라 아츠노리의 『엔데의 유언』(갈라파고스) 등이 있으며, 공저로 『한국인 일본어 문학사전』(제이앤씨)이 있다. 논문으로는 「이시무레 미치코의 '국화와 나가사키'를 통해 보는 조선인원폭피해자의 실태와 한」(『일본어교육』), 「공해사건 문학의 시스템 및 가치 고찰」(『일본연구』), 「재해와 관련된 일본 옛날이야기 고찰」(『일본어문학』) 등 다수가 있다.

임미선

조선대학교 인문학연구원 HK⁺사업단 연구보조원. 도쿄학예대학 대학원에서 일본어교육으로 석사학위를 취득한 후 오차노미즈여자대학 대학원에서 국제일본학 박사과정을 수료했다. 현재 전남대학교 언어교육원과 전라남도 인재개발원에서 일본어를 강의하고 있다.

조선대학교 재난인문학연구사업단
재난인문학 번역총서 04

공해원론 3
(원제: 合本 公害原論)

초판1쇄 인쇄 2023년 2월 3일
초판1쇄 발행 2023년 2월 17일

기획   조선대학교 재난인문학연구사업단
지은이   우이 준(宇井純)
옮긴이   김경인 임미선
펴낸이   이대현
편집   이태곤 권분옥 임애정 강윤경
디자인   안혜진 최선주 이경진
마케팅   박태훈

펴낸곳   도서출판 역락
출판등록   1999년 4월 19일 제303-2002-000014호
주소   서울시 서초구 동광로 46길 6-6 문창빌딩 2층 (우06589)
전화   02-3409-2060
팩스   02-3409-2059
홈페이지   www.youkrackbooks.com
이메일   youkrack@hanmail.net

ISBN 979-11-6742-272-9 94300
     979-11-6742-269-9 (세트)